JN185820

SD選書｜266

日本の近代住宅

内田青藏著

鹿島出版会

はじめに――「日本の近代住宅」

今日、多くの人々は「住宅」は所有するものであり、また、住宅の建設されている「土地」も個人で所有するものであると考えている。しかしながら、一般的にいえば、戦前までは借家が多く、住宅やその土地を自分の所有物にしようという傾向は弱かった。しかも、江戸時代の武士階級においては、自分自身の好みの反映というよりは、住宅は身分の象徴であり、それゆえ、ある藩においては身分に対応した住宅の規範（モデル住宅）を用意していたところもあったし、門や玄関のように武士階級しか設けることの許されないものもあったのである。

明治以降、すなわち、武士階級支配が終わると住宅に関わる様々な制約が解けた。それに伴い、住宅づくりはそれまでとは明らかに異なる行為となった。身分の象徴ではなくなったのである。それでも、多くの人々はそれまで続いてきた考え方にとらわれ、表面的には消失していた身分の象徴を相変わらず求めた。しかし、徐々にではあるが、自分自身の好みの反映としての新しいデザインや新しい生活を求め、さらには新しい時代や都市との関係といった様々な視点から住宅を追求することが行われた。

このように個性の表現として住宅を見ることは、新しい住宅デザインの導入と展開を促した。そして、それとともに、住宅の中での生活も変化しはじめた。デザインと生活はまったく切り離されていたわけではなく、新しいデザインの導入が新しい生活の導入も促したのであり、デザインと生活は表裏一体の関係があったともいえる。こうした動きは、とりわけ、大正期にはっきりと見ることができた。すなわち、大正期には生活改善運動と相俟ってアメリカを中心とする欧米の強い影響を受けた住宅は、椅子座式に端的に見られる新しい生活の住まいとして流行することになる。まさに、新しい住宅のスタイルが、そのまま新しい生活の場を意味していたのである。

ところで、住宅に自分自身の個性を表現しようとすることは、今日でも行われている。都市住宅として、様々なタイプの集合住宅が提案・実践されているにもかかわらず、相変わらず庭付き一戸建てを志向する傾向が強い。しかも、いまだ多くの人々は住宅の外観に固執する傾向が強いようだ。このことは、同じ住宅の様式の多様さを見た大正期とは大きく異なることである。すなわち、今日の多様さは単なる外観の表現だけで生活の追求とは遊離したもののように感じられるからである。しかも、その個々の好みという考え方は、それらの一戸建ての住宅が集合化されて町並みを形成したときに不調和という形で問題が表面化することにもなる。公共性の意識が欠けているともいえるが、わが国の近代の住宅の変遷の中で自分自身の好みということがとりわけ重要視されているのは、おそらく、江戸期にその身分による取締りがきびしかった反動として、明治期以降の人々が自分の好みに急速に走ったことに起因するようにも考えられる。

そうは言っても、「近代住宅」が、所有物として個人個人の好みの追求というベクトルに沿って変化してきたことは疑いようがないし、そのことが「近代住宅」の変遷の原動力でもあった。それゆえ、住宅の商品化という現象も生じていたし、これからも続くと考えられるのである。

さて、本書は明治以降の住宅の変遷の動向として、自分自身の好みとしての〈住宅のデザイン〉と〈生活〉の二つに注目し、その二軸の織り合いの中で〈近代住宅〉の変遷の過程を見ようとしている。そして、本書ではこの〈自分自身〉の代表として、一般大衆の一郭を占める建築家に注目した。明治期にあっては建築家は「住宅」を自分たちの職域外のものと考えていたが、徐々に最も重要な領分と考える建築家――〈住宅作家〉――が存在するまでに変貌するからである。なお、ここでいう「近代住宅」とは、すでに触れたように所有物としての住宅であり、商品として扱われた住宅である。それらは、今日のわれわれ一般の所有する住宅の原型となったものであることは、もはやおわかりと考える。

日本の近代住宅　目次

DTP　奥山良樹

第一章　制度としての洋風化の開始——明治初期から明治中期

1　天皇と洋服と洋館――和洋館並列型住宅の成立

明治という時代

明治の人たちの肖像画や写真は、男らしさや女らしさがてらいもなく直に伝わってきて気持ちがいい。写真がメモ代わりになった今日とは違い、単なる一瞬の表現ではなく、その一枚に自分たちの過去から未来までの生き方を表現しようとする意図さえ感じることができる。それは、徳川幕府のとった鎖国政策が破られ開国してできた明治という複雑な時代背景にも起因するのであろうが、そのような不安定で未成熟の社会にあって次の時代の基礎をつくるのは自分たちであるという明治の人たちの自覚のあらわれなのかもしれない。

また、そのような写真の細部に注目すると、洋服姿にちょんまげがあったり、和服に靴を履いていたりという今日ではもはや見かけない姿が見えたりする。そのような〈和〉と〈洋〉が混在した姿であるにもかかわらず、違和感があまりなく力強さを感じてしまう。それは正しく、明治という時代をよく現しているものだからかもしれない。

図1　築地ホテル館外観錦絵・擬洋風建築の最初といわれる明治元（1868）年開業の日本初の外国人用ホテル

銀座煉瓦街

洋服姿にちょんまげという今日で言えば不思議な姿は、建築の中にも見ることができた。一般に擬洋風建築あるいは開化式建築とも呼ばれるもので、明治二〇年代頃まで各地に建てられた役所や学校といった公共建築に見られる姿である［図1・2］。しかしながら、当時の為政者たちはそのような和洋の混在した不思議な建築を求めたのではなく、一刻も早く欧米の建築と比べても遜色のない本格的なものを求めた。こうした志向は、必然的に庶民の生活に関わる住まいにまで押し寄せてくることになる。その典型的な動きに商店と住宅を兼ねた併用住宅の連なる銀座煉瓦街の建設があった。

明治五（一八七二）年和田倉門の会津屋敷からの火災により銀座から築地一体が焼け野原となった。新政府は、この銀座から築地への道筋が外人の通行の多いことを重要視し、道路の拡幅・歩道の設置・ガス灯の配置などによる道路の整備と防火建築としての煉瓦造建築による本格的な西欧風の町並みの形成を計画したのであった。設計は、アイルランド人のエンジニアであるトーマス・J・ウォートルス（Thomas James Waters,

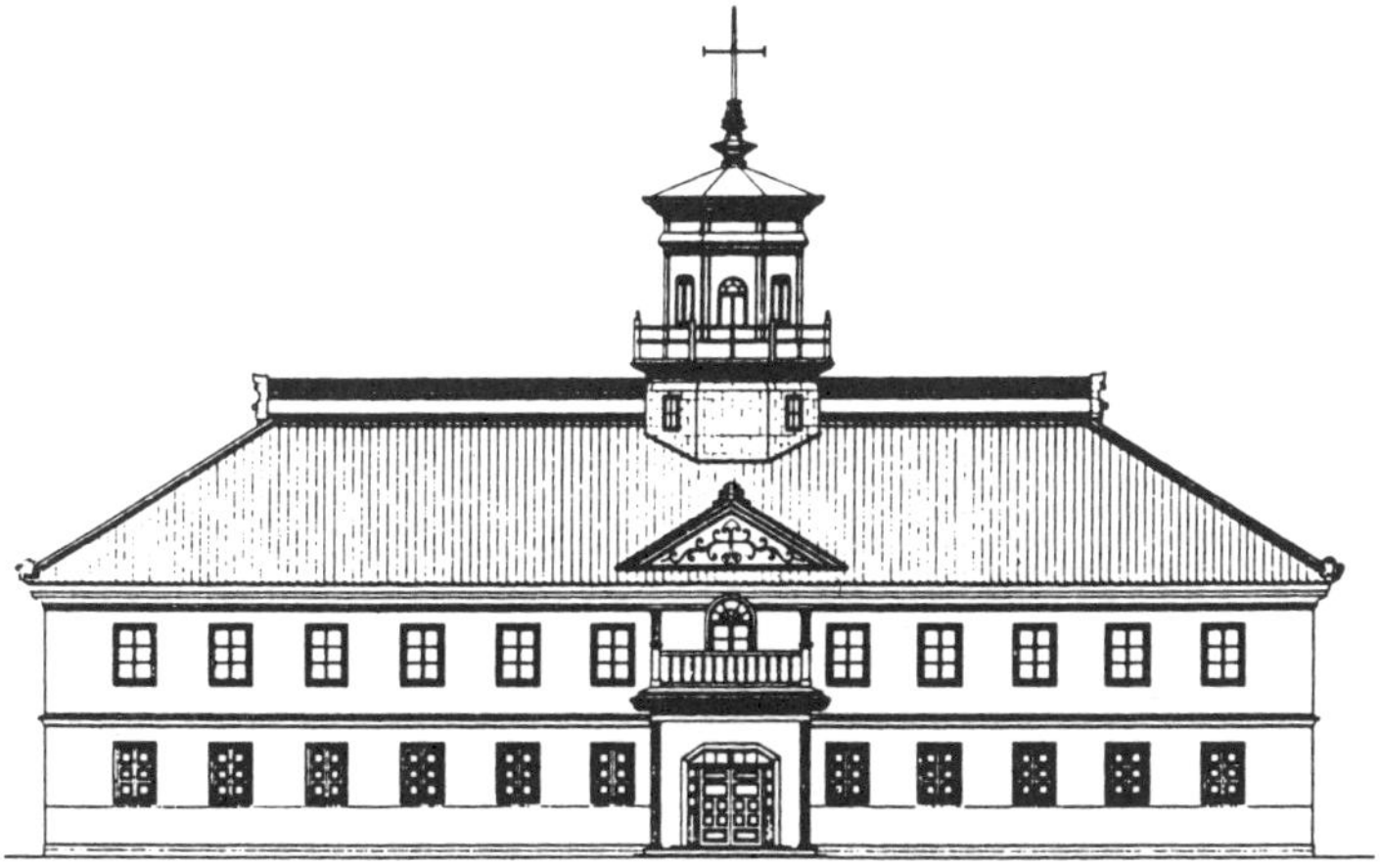

図2　開智学校立面図・明治9（1876）年竣工の擬洋風建築を代表する地方小学校

1842-1898)で、様式としてはトスカナ式の列柱を用いた古典主義系のジョージアン・スタイルが採用され、明治一〇(一八七七)年にほぼ工事は終了した[図3]。このウォートルスは、明治初年、お雇い外国人として最も活躍した建築技術者で、明治四年に竣工した大阪造幣寮の迎賓館である泉布観は現存する代表的な住宅に類する建築である[図4]。

この銀座煉瓦街の出現は、当時の社会ではあまりにも突然なものであったため、その政策は多くの批判を受けたが、当時の政府の考え方が極めてよくわかる例といえる。

天皇と洋服

欧米の建築の積極的導入という動きは、様々なかたちで伝統的な生活の変革を促すことになる。そして、この生活の変革を最も早く実践し、その範を示したのは実は明治天皇であり、皇族の人々であった。

多木浩二は、明治以前の天皇が庶民の目に触れることがなかったのに対し、明治天皇のように積極的に庶民の前に姿を現す現象を〈権威の視覚化〉と呼び、その過程を論じている(『天皇の肖像』)。この視覚化の過程で、天皇は伝統的衣装を脱ぎ捨てることになる。

明治政府は、近代国家をめざす動きの中で服装問題にも着手した。明治四年に

上:図3　銀座煉瓦街大通り
下:図4　泉布観外観

は郵便が洋服の着用とともに開始され、官吏の洋服を公許した。そして明治五年一一月には、明治政府は大礼服と通常礼服を西洋服とする西洋式の官服制を確立することになる。これにより朝廷の会議に参列する人々の衣服はすべて洋服でなければならなくなったのである（『日本婦人洋装史』）。そして、これに伴い、天皇の姿も大きく変わることになる。例えば、明治三（一八七〇）年に初めて一般の人の前に現れたときは伝統的な貴人の姿であったが、同五年五月に行われた近畿・中国・四国・九州の巡幸時には燕尾形ホック掛けの洋服へと変化し、また、翌六年には断髪も行っていた［図5］。

天皇と洋館

さて、洋装となった天皇が次に手をつけたのは住宅を洋風とすることであった。明治宮殿の建設である。この明治宮殿の造営の経緯については小野木重勝の『明治洋風宮廷建築』に詳しい。それによれば、西洋式の官服制を定めた同じ明治五年、先の銀座煉瓦街の設計を行ったウォートルスにより旧江戸城の西の丸御殿に西洋式の宮殿が計画されている。この案は実現せず、同年今度は赤坂仮皇居にボアンビルの設計で西洋式の謁見所が計画され工事も行われたが、これも地震で中止となった。その後、再び西洋式の宮殿と謁見所の計画が立案されるがいずれも中止となっている。そして、紆余曲折を経て明治二一（一八八八）年に完成した明治

図5　洋服姿の天皇

宮殿はそれまでの中止となった計画とは異なり、外観は伝統色の強い木造の建築であったが、内部は様々な行事・儀式がすべて立式で行えるよう計画されていたのである［図6・7］。

図6　明治宮殿外観

図7　明治宮殿内部

一方、既に述べたように天皇は明治五(一八七二)年以後多くの時間をかけて各地を巡幸している。その際問題となったのは、天皇のお休みとなる住まいであった。洋館がなかった場合はその地の名望家などが選ばれたが、明治四〇(一九〇七)年の鳥取の仁風閣が当時の皇太子(後の大正天皇)の宿舎になったように、既にあった洋館を利用するという方法が積極的にとられたようである。洋服を着た天皇の住まいは洋館という一つの図式が用意されていたのである。この図式は、当然ながら皇族や華族と呼ばれる人々、さらには高官、資本家といった人々の個人住宅へも波及することになる。その最初の動きは、天皇の行幸を迎えることのできる人々の間におこった。彼らの住まいである伝統的な住宅の横にお迎えする天皇の行幸御殿として洋館が建設されたのである。

行幸御殿としての洋館の建設

明治五年三月に元長州藩主毛利家では、現在の品川プリンスホテルの建てられている場所に洋館を建設しはじめ、翌六年に完成している。木造二階建てで外観は下見板張りのペンキ仕上げ、規模は建坪八七・五坪で、七・七坪の台所が附属した洋館であったという。そしてこの洋館は伝統的な和館と渡り廊下でつながっていたのである。ちなみに、この洋館の工事一式の代金は約一万円で、当時としては高価なものであり、本格的洋館であったことがうかがわれる。また、工事の請負人は現在の鹿島建設の創立者の鹿島岩蔵であった(『鹿島建設の歩み』)。

ところで、この毛利元徳邸で注目されるのは、洋館建設早々の明治六年五月二七日に明治天皇の行幸を迎えていることである(『明治天皇行幸年表』)。この行幸とは、天皇が大名や他の公家の住宅や別荘に訪れることを指し、例えば、江戸幕府の草創期には御水尾天皇を迎えるために京都の二条城二の丸に行幸御殿を建設している。また、有名な八条宮の桂離宮の新御殿は御水尾上皇の行幸に際し増補されたものと言われている。このように、江戸時代においては行幸は政治と深く結び付いた行為であり、幕府にとっては権威を象徴するための重要な行為であった。そのため、お招きするにあたって専用の御殿を用意し、手厚く迎えたのである。

このような特別な御殿を用意して迎えるという江戸時代の行幸のあり方を考えれば、時代は明治に変わっても行幸のあり方は基本的には同じであったと想像されるのである。とすれば、毛利邸で建設した木造洋館は、天皇を迎えるための行幸用の御殿であったと考えても不自然ではない。時代が明治になり、その御殿は伝統的な建築ではなく洋館に変わったのである。ちなみに、日本人の私邸で西洋風を取り入れた最初のものは、赤坂区福吉町にあった黒田長溥邸で、明治四年同邸の一部に西洋館をつくりはじめ同七年に完成したという(『明治工業史』)〔図8〕。そして、この黒田邸も竣工後の明治八年一月三一日に明治天皇の行幸を迎えていることから、この洋館も行幸御殿としての性格を持ち合わせていたことは十分考え

図8　黒田邸外観

られるのである。

毛利・黒田の洋館の建設理由は推測にすぎないが、松方正義邸の洋館は行幸御殿として建設されたと言われているものである。すなわち、ハル・松方・ライシャワーによると、祖父で明治という時代を築いた元老の一人である松方正義は、明治二〇（一八八七）年一〇月一四日、明治天皇・皇后両陛下の行幸を迎えるため、行幸御殿として煉瓦造の西洋館を建設したのだという（『絹と武士』）。その西洋館の設計にはジョサイア・コンドルがあたり、様式は「ビィクトリア朝風」で家具はすべてイギリスから輸入されたものであったという。ただ、この明治二〇年竣工の松方邸の設計はコンドルとあるものの、従来知られているコンドルの作品目録にはない。この点は一考を要するが、ここでは、行幸御殿として建設された具体例としてとりあえず紹介しておくことにする。

新しい時代のステータス・シンボル

先の多木浩二は、天皇の洋服化の動きをとらえて「衣服が先行して変わっていくことは、しばしばたんに表層の風俗的出来事として理解されているが、本質的には政治的かつ知的な次元の変革の一部であった」と述べている。とすれば、なぜに建築も欧米化していたかもおよその理解ができることになる。すなわち、繰り返すならば、かつて、たとえば大名が天皇を迎えるために豪華な行幸御殿を建設したように、明治になると、政府高官や大富豪たちは行幸御殿として生活の場である伝統的な和館に並列させて本格的な洋館を建設したのである。明治天皇は、今日の日本が歩んできた道を既に予感していたかのように、明治初年に真っ先に断髪し、公式行事も儀式もすべて洋装による立式で行うように変えていた。そのため、とりわけ皇族の人々は、それに従い日常の生活様式を伝統的和装による座式から、洋装の椅子座式へと変えたのである。洋装や椅子座式の生活の場である洋館は、新しい時代の行幸御殿として必然的な建築形式であったのである。もちろん、天皇を迎えることのできたのはごく限られた人々であったが、和館の横に洋館を構える形式は、その後、新しい時代のステータス・シンボルとして上流階級そして中流階級の住宅形式に受け継がれていくことになる。

和洋館並列型住宅の成立

このように、洋館は明治初期には行幸御殿の建築形式として建設されはじめた。ただ、この洋館はあくまで天皇をお迎えする空間であり、日常生活の場ではなかった。お迎えした人々の日常的な生活は、あいかわらず伝統的な在来住宅である和館で行われていたのである。そのため、とりわけ初期の洋館は、日常生活の場として認識されておらず、台所などを設けていないものも見られた。天皇を迎えるという行為は、誰でもできたわけではなかったが、〈迎える〉という行為は〈客を迎える〉という行為へと変質し、やがて、接客の場としての洋館建設が次第に上流階級の間で普及していくことになる。接客の場としての洋館と和館はそれぞれ独立し、廊下で結ばれ、外観上は和館と洋館が並んで見えることになる。そのため、このような住宅形式は今日では和洋館並列型住宅と称されている[図9]。

さて、では、このような住宅形式はいつ頃から普及しはじめるのであろうか。一般には明治二〇年代以降といわれている。河東義之によれば、立式ながらも伝統的様式でつくられた皇居に代わって本格的な洋館を建設しはじめたのは、皇族たちであり、ついで、政府高官の官舎、そして民間の上流階級の私邸というように普及し、その流行の背景には、明治一七(一八八四)年七月に発布された華族令の影響が少なからずあったという(「ステータスシンボルとしての洋館」)。新たに華族に列せられた多くの政府高官たちは、具体的な表現としての和洋館並列型住宅を志向したからであろう。また、河東は、明治二四年の『各省所管官有財産目録』から、政府高官の官舎の形式について紹介している。すなわち、明治一八年から一九年にかけて建てられた内務省の官舎の基準を簡単に示すと以下のようになる。

内務大臣官舎：煉瓦造洋館＋和館
秘書官官舎　：木造洋館＋和館
属官官舎　　：和館

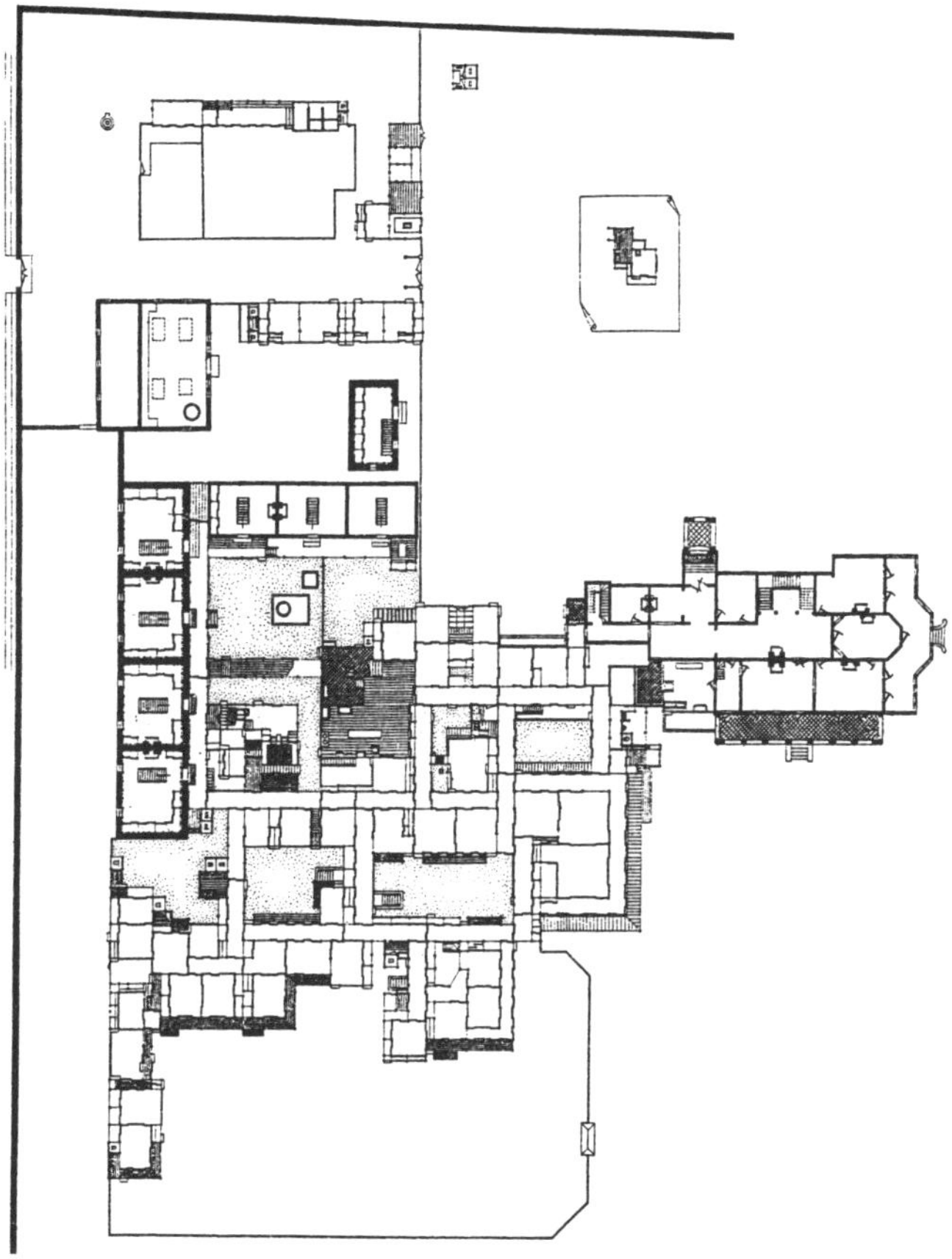

図９　茅町岩崎邸　平面図および外観

これから、和洋館並列型住宅がはっきりと身分の象徴として採用されていたことがわかる。その意味では、官舎に採用されたことで、この形式が市民権を得たといえるであろう。

和洋館並列型住宅での生活

では、この新しい時代のシンボルとして建設された和洋館並列型住宅の生活はどのようなものであったのか。例えば、当時の食事は「当時の上流階層の日本の伝統的食事に対する疎遠と西洋料理に対する傾倒ぶりは想像を越えるもの」があったという(『日本の食事形式』)。このように「想像を越える」ほど西洋料理が流行していたとすれば、その食事の場はおそらく接客用に建設した西洋館の食堂を用いたと思われる。

明治二四(一八九一)年に片山東熊の設計で目白に建設された山縣有朋別邸には、『ベルツの日記』で著名なエルヴィン・ベルツがしばらく滞在していた[図10]。その時の食事の様子をベルツは、

朝食は八時、昼食は正午、晩餐は六時と定まって時を違へない

朝食には牛乳一合麺麭《パン》二片を摂りコーヒーを飲む……

昼食は和食で一汁三・四菜ぐらい、主として魚肉と野菜……

晩餐は洋食、スープとともに三皿、それに多少の野菜……

と記している。これによると、昼食は和食であるが、朝食・晩餐は完全な洋食をとっていたことがわかる。この食事から想像するに、洋館では本格的な西洋式の生活が展開されていたと考えられる。

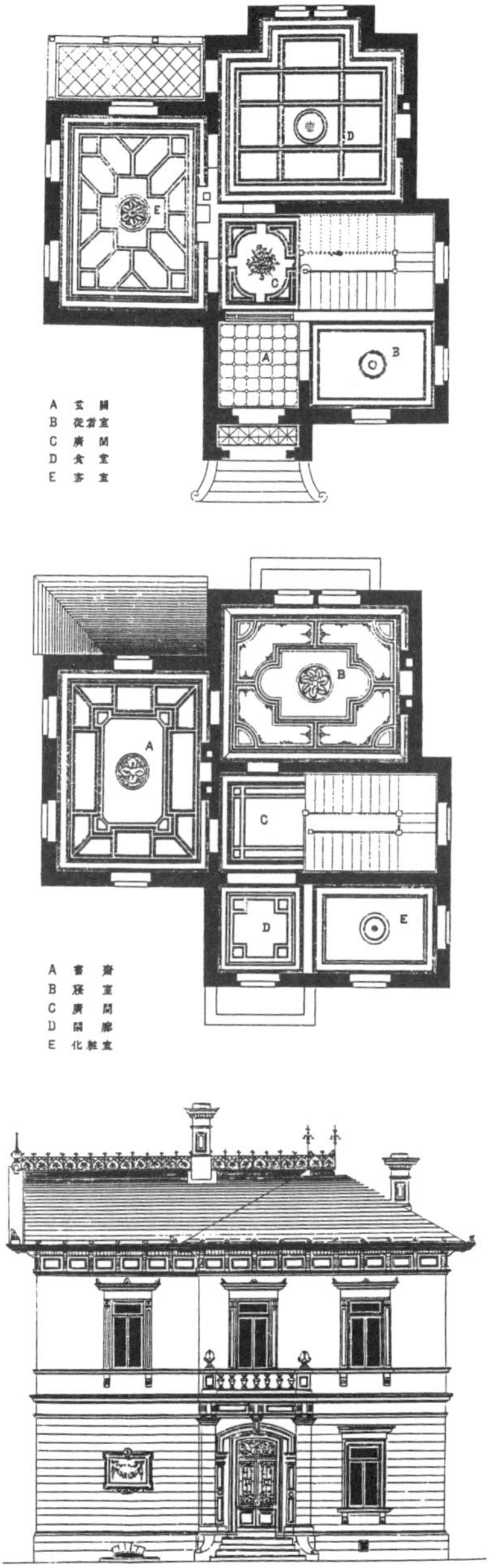

図10 山縣有朋別邸
1・2階平面図および立面図

2　明治期の住宅観――国家と生活

佐野利器の住宅観

　ところで、上流階級の住宅の場合は、経済的な制約がなく自由気ままに好みの生活が出来た。しかし、一般のいわゆる中流階級の人々の住宅の状況はどうであったのであろうか。また、住宅をつくる側の建築家の意識はどうであったのであろうか。ここでは、まず、佐野利器に注目しながらつくる側の意識を見ていきたい。佐野は、わが国の耐震構造理論の基礎を確立する一方、大正期には都市問題・住宅問題に興味を持ち積極的に様々な提案をすることになる人である。

　明治一三（一八八〇）年に山形に生まれ、後に東京帝大教授となる佐野は、幼い頃から形や色の良い悪いは婦女子のすることで男子の口出しすることではないという教育を受けたという。そのため、明治三三（一九〇〇）年東京帝大に入学した際、「国家公共の為に働きたい、個人の住宅とか色彩や形の問題などやりたくない」と考え、構造学を目指したという（『西洋館を建てた人々』）。このことから、佐野の中にあっては、「個人の住宅」の仕事は「国家公共」の仕事より下位に位置付けられていたことがわかる。

　佐野は、わが国でも有数のエリートであったから「個人」より「国家」を重んじていたのは当然であるようにも思えるが、明治期の男子の仕事にあっては「国家」に奉職することが何よりも重んじられる傾向があったのである。

東京帝大建築学科の卒業設計のテーマ

「個人」より「国家」を重んじていたのは佐野一人ではなかった。ちなみに、明治年間の東京帝大建築学科の卒業設計のテーマを見ると大半が国家と関係の深い建築のテーマであり、一般の人々のための建築のテーマは少なく、住宅に至ってはまったくといっていいほどない。今日でも住宅を卒業設計のテーマとすることは少ないものの、大正時代になるとアパートメントハウスなどと共に職工住宅などのテーマが見られることを考えると、明治期は、住宅、言い換えると「生活」を扱うことがまったく考えられなかった時代と言えるかもしれない。それゆえ、佐野のように明治期に建築家となるための高等教育を受けた人々は、官公庁や銀行・工場といった「国家」の見えかくれする建築に携わるのが常で、自分自身の生活の場である住宅は視線には入っていなかった。たとえ、住宅を扱ったとしても、大半は政府高官や貴顕紳士の住宅という一般の住宅からかけ離れた特別なものでしかなかったのである。

ちなみに、東京帝大の卒業設計のテーマから住宅関係のものを拾い上げると、明治一五年に「A PRINCE'S RESIDENCE」(皇太子の宮殿)、明治一八年の「A NOBLEMAN'S MANSION」(貴族住宅)をかわきりに、明治三五年には「A

図 11　「A PRINCE'S RESIDENCE」（明治 15 年　河合浩蔵設計）

図 12　「A NOBLEMAN'S MANSION」
（明治 18 年　渡邊五郎設計）

図 13　「A DWELLING HOUSE」
（明治 35 年　清水清三郎設計）

図 14　「A VILLA AT SEA-SIDE」
（明治 37 年　加護谷祐太郎設計）

図 15　「A SUBURBAN HOUSE」
（明治 38 年　弘中儀一設計）

図 16 「住宅」
(明治 43 年　安井武雄設計)

図 17 「A MANSION」
(大正 2 年　増田清設計)

図 18 「共同住宅」(富永長治設計、大正 7 年)

図 19 「職工長屋」(矢田茂設計、大正 9 年)

DWELLING HOUSE」（住宅）と題するものが初めて見られる。ただし、住宅と称しても大規模の西洋館である。その後、明治三七年には「A VILLA AT SEA-SIDE」（湖畔の別荘）、明治三八年には「A SUBURBAN HOUSE」（郊外住宅）が、そして明治四三年はじめて安井武雄が日本語のタイトルに象徴されるように在来様式の和風意匠を加味した「住宅」を扱っている。規模からすると、やや大きいが中流層を意識した住宅をテーマとしたものでは最初のものといえる。そして、大正期になると、大正二年に「A MANSION」（住宅）、大正七年に「共同住宅」がテーマとなり、このテーマはさらに大正九年には分離派の一人である矢田茂により「職工長屋」として、下層民を含むいわゆる庶民向けの集合住宅へと展開されている［図11—19］。なお、職工人用住宅をテーマにしたものは明治期にも存在する。明治二三年の横河民輔の「TOKYO CITY-BUILDING」である。いずれにせよ、卒業設計のテーマからだけでも、明治期から大正期にかけての建築家の意識の変化をはっきりと知ることができるのである。

中流住宅の洋風化の動き

エリート建築家の大半が、住宅にあまり興味を示さなかったとはいえ、僅かながらも自分の生活する一般的な住宅の問題に興味を示した人もいたし、そもそも上流階級の間で定着していた和洋館並列型住宅の形式が中流住宅に影響を与えずにはいなかった。その具体的な動向が、明治三一（一八九八）年の「和洋折衷住家」の提案であった（「和洋折衷住家の地絵図に就て」『建築雑誌』No.142、明治三一年）。提案者は岡本鑒太郎である。岡本は明治二三年東京帝大を卒業し、当時は清水組（現清水建設）の技師長として活躍していた。

岡本は、「和洋折衷」という考え方に基づく具体的提案を掲げる前提として、

① 今の時代に和洋の折衷が必要かどうか
② 必要を認めたとして折衷が可能かどうか
③ 可能として本当に実行できるものなのか

の三つの問題を掲げ、順次それに答えながら論旨の展開を図っている。当時の住宅事情を知ることもできるため、まず、これらの論旨を見ながら岡本の提案を見てみたい。

さて、①については、旧来の住宅を墨守する必要はないし、折衷などは鵺建築《ヌエケンチク》となるから必要があれば和洋各別に建てよとの説があるが、気候風土から西欧の直写は無理があるため、相互の長所を取るという折衷の必要性が起こると述べている。この必要があれば和洋館を別々に建てよという主張は、和洋館並列型住宅形式を支えた一つの考え方であったことから、岡本がこの上流階級の住宅形式に

対して批判的であったことがうかがえる。また、この岡本の主張で重要なのが気候風土論の展開である。後述するが、西欧の住宅の強い影響の中で模索される日本の近代住宅の変遷過程に様々な形で重要な影響を与えた一つの基本的考え方がこの気候風土論であり、この気候風土論の進化とともに日本の近代住宅の変遷の動きも変化してきたのである。その意味では、この岡本の主張を起点として、建築界では気候風土論に基づく建築論が積極的に論じられはじめたのであった。

②の折衷が可能かという点については、和風住宅をベースにしたものと西洋住宅をベースとしたものの両方から近寄りながら進めば折衷の住宅も可能であるとし、また、③については実際に建設した折衷住宅を紹介しながら可能であることを述べている。ここで注目したいのは、②の折衷の可能性についてである。すなわち、住宅の折衷化の方法は、和風住宅をベースにしたものと西洋住宅をベースとしたものの二つに大別されるとし、その両方からの歩み寄りから新しい住宅が生み出されると主張している。この方法は、正しく、明治以降試みられたわが国の住宅の変遷のプロセスであったと考えられるからである。

では、岡本の紹介した和洋折衷住宅とはどのようなものであったか。それは、中小規模の伝統的和館の各部屋に暖炉を設けたものであり、平面形式は伝統的形式を踏襲している［図20］。この暖炉の導入は明らかに日本住宅の欠点である暖房設備の欠如を補うためであり、さらには、暖炉が西洋住宅のシンボルであったからと考えられる。岡本の言葉に従えば、気候風土の問題からあくまでも平面形式は伝統的住宅を基本として西洋住宅の暖房設備を導入したものということになる。これからわかるように岡本の折衷化の方法は、住宅の一部を折衷するのではなく、あくまでも住宅全体を一様に折衷するものであった。そして、また、その基本的考え方は和と洋の欠点をお互いの利点で補うというものでもあった。

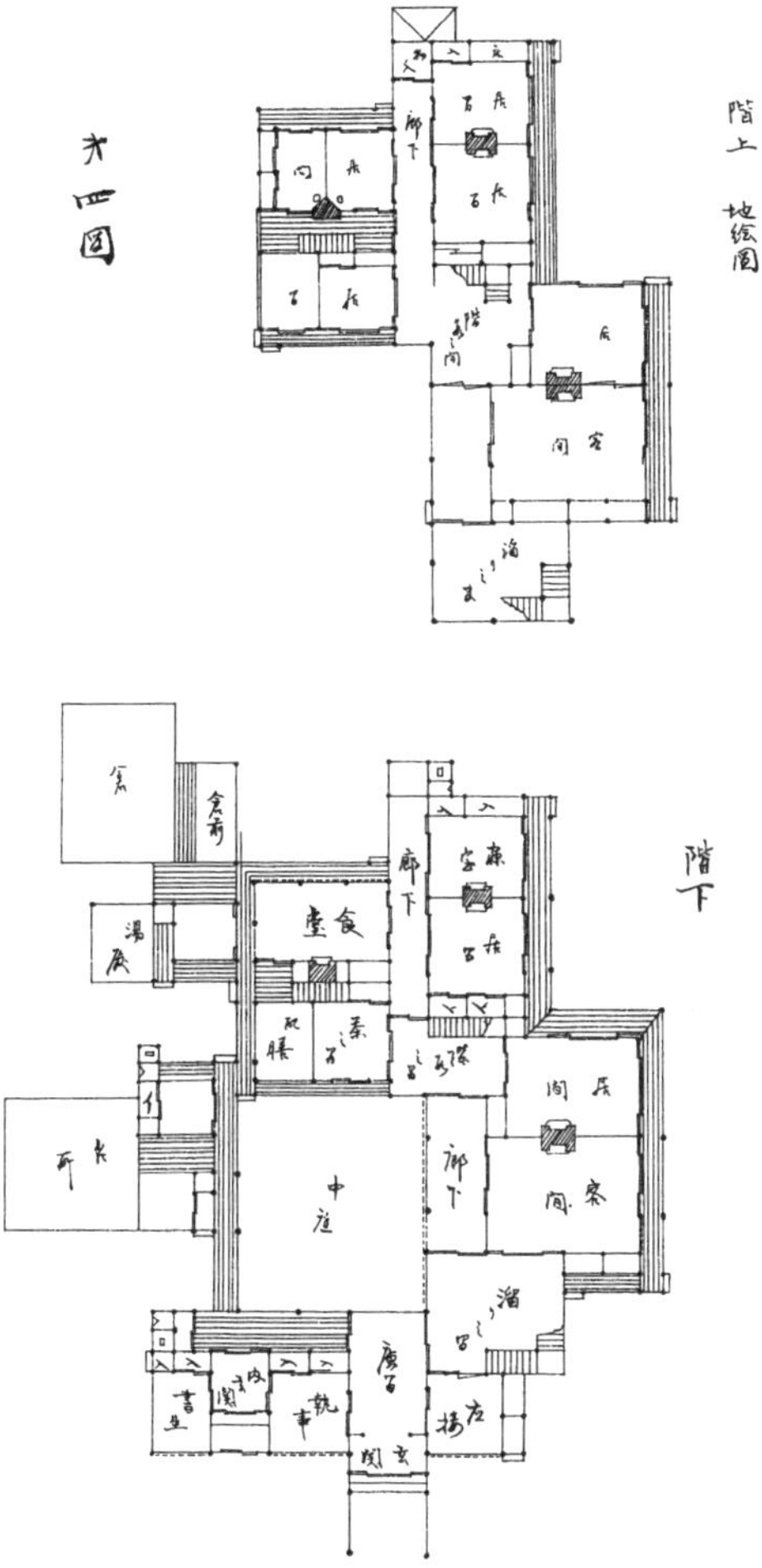

図 20　岡本が紹介している改良住宅の例
岡本はこうした改良が進めば、自分の望む完全な折衷住宅が誕生するであろうと論じている

もう一つの「和洋折衷住宅」

ところで、この明治三一年には呉の海軍技師であった北田九一が、岡本の紹介例とは異なるもう一つの「和洋折衷住家」(『建築雑誌』No.144)を提案している。それは、当時、中流住宅の洋風化の問題がかなり注目されていたことを教えてくれる。

この北田の提案は、新しい中流住宅に上流階級に浸透していた和洋館並列型住宅の形式を積極的に取り入れようというものであった。すなわち、北田は上流階級の住宅は、「完全なる和洋の二館を備ふ。此故に各館互に固有の美を競ひ粋を網羅して」いるとし、経済的に余裕のない中流階級にしても「此僅少なる範囲内に猶幾分の西洋室を望むは。世人目下の状態なるべしと信ず」として住宅の折衷を主張している。これからもわかるように、北田の折衷の方法は岡本の紹介している方法とは異なり、あくまでも旧態の日本家屋に一・二室の西洋室を設けるという部分的に洋風化を試みることにより折衷化を図るというもので、具体的には、在来の中小規模の和館の玄関脇に「西洋室」の応接間を設けることであった[図21]。この「西洋室」を洋館と読み替えるとよくわかるように、まさに和洋館並列型住宅を全体に縮小した形式(──「小規模和洋館並列型住宅」──)であったのである。なお、西洋室が玄関脇に付加された理由は靴のまま出入りするからであり、このことは当時の洋館が和館とは異なり靴のまま出入りすることを前提に計画されていたことを教えてくれる。

また、この西洋室の外観に目を転じれば、外壁や窓の形式も和館とは異なっている。これは、外観にしても在来部分と異なることにより上流階級と同様に新しいシンボルを備えていることを表現したかったためと思われる。

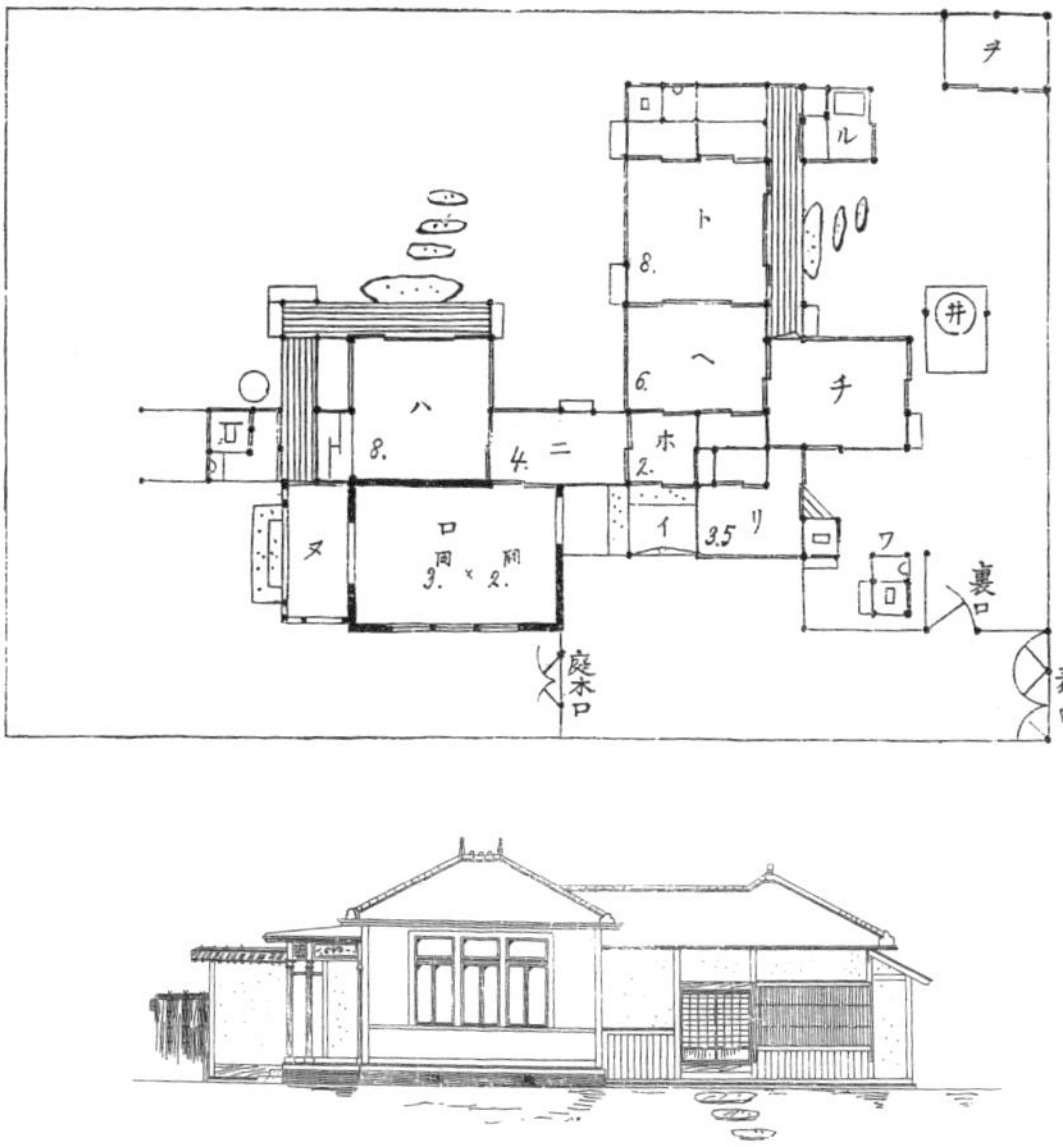

図 21　北田考案の和洋折衷住宅平面図および立面図

二つの住宅の行方

ともあれ、明治三一（一八九八）年に『建築雑誌』誌上をにぎわした二つの「和洋折衷住家」の提案では、伝統的和館を基本とする折衷化の二つの方法が示された。それは、全体に西洋住宅の要素を導入することにより一様に折衷する方法と部分的に西洋住宅の要素を付加させるものである。この二つの方法のうち、それ以後の動きの中で継承されることになるのは部分的に付加させる北田案であった。それは北田案が伝統的生活部分はまったく変えずに新しい時代のシンボルである西洋室を備えていることを外観上表現できたからである。そのため、この方法は、後にいわゆる中廊下形住宅として戦前の中流住宅の典型的形式へと発展していくことになる。これに対し、従来の住宅の欠点である暖房設備の欠如を改良するため、岡本案は暖房用に暖炉を畳の部屋に設けるため、伝統的な数寄屋風書院造の室内意匠の均整を壊してしまう危険性があったのである。ただ、そのように危険性を伴うゆえ、その処理は建築家の腕の見せどころでもあり、一部の建築家の間では好んで用いられた方法でもあった。いずれにしても、これらの提案を一つの契機として中流階級の住宅、すなわち、今日の住宅の祖型となる中小規模の独立住宅の洋風化の問題が少しずつ重要視されていくことになる。

第二章　デザインの発見と海外への視点——明治後期から大正初期

1　アール・ヌーヴォーの導入

西洋館の普及と様式の変化

和洋館並列型住宅としてはもちろんのこと、独立したかたちで建設された洋館においても、その様式までわかっているものは極めて少ない。その中で、ジョサイア・コンドル(Josiah Conder, 1852-1920)［図1］の作品は比較的よく様式がわかっている。明治中期の有栖川宮邸はルネサンス様式［図2］、北白川宮邸はフレンチ・ゴシック様式、海軍大臣官邸がフレンチ・ルネサンス様式、岩崎久弥邸がジャコビアン様式、というようにである。これらの様式は、基本的には古典主義系のもので、全体的に住宅としてはやや重厚で堅苦しい雰囲気をもつ様式といえる。

一方、コンドルも明治後期になるとそれまでの煉瓦造の洋館とともにそれより規模が小さくかつ木造の洋館を手掛けるという傾向が見られる［図3］。それらの木造洋館の様式は、古典主義系のものではなくゴシック系あるいは当時イギリスで流行していた軽快で変化に富んだピクチャレスク系の影響を受けたハーフティンバーが多く見られる［表1］。小規模のものが多いのは、和洋館並列型住宅のより広い層への普及を意味し、また、在来住宅との類似性が認められるハーフティンバーが多く見られるのは、コンドルが和洋館の並列する邸宅で和館に最も調和する木造洋館の形態として思い至った結果であった(『明治洋風宮廷建築』)。このコン

図1　ジョサイア・コンドル

ドルの作風は当時広く受け入れられていたようで、『建築世界』が明治四二(一九〇九)年に行った「第三回懸賞募集紳士邸宅建築設計応募図案」の第一等当選案の和洋館並列型住宅の洋館はゴシック系のハーフティンバーで計画されたものであった［図4］。

なお、大正六(一九一七)年の古河邸は和館がなく、洋館だけの建物で、内部を見ると二階には畳敷の和室が導入されている。それまでの洋館が椅子座式の生活様

図2　有栖川宮邸外観

図3　コンドルのハーフティンバー様式の住宅例、今村邸外観

図4　明治42年の紳士邸宅建築設計応募図案一等当選案

式に対応するように設計されていたのに対し、ここでは内部に床座式による畳敷の部屋も設けられているのである[図5]。これは明治初期の和洋館並列型住宅では、洋館はあくまでも接客部分でしかなかったのに対し、時代とともに洋風生活が浸透し、和館で行われていた家長や家族の日常生活が洋館へと移っていった結果を示していると考えられる。こうした形式は、まさに和洋館並列型住宅の発展したものであり、洋館単独和室吸収型住宅とも称することができるであろう。

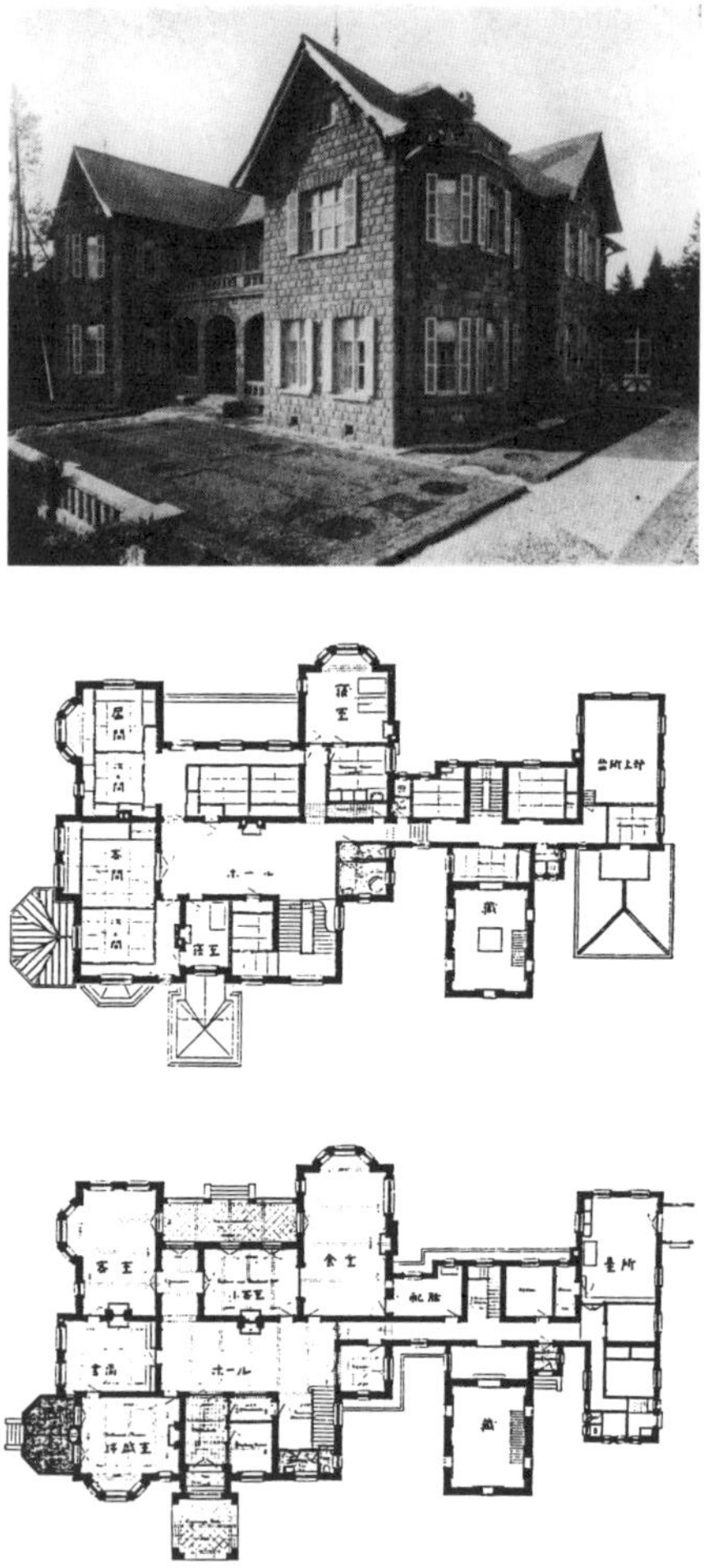

図5　古河邸外観および平面図

明治17	有栖川宮邸	煉瓦造2階	ルネサンス様式
明治17	北白川宮邸	煉瓦造2階	フレンチ・ゴシック様式
明治19	内務大臣官舎	煉瓦造2階	
明治19	陸軍大臣官舎		
明治25	海軍大臣官舎	煉瓦造2階	フレンチ・ルネサンス
明治22	深川岩崎家別邸	煉瓦造2階	チューダー・ゴシック
明治29	茅町岩崎家別邸	木造2階	ジャコビアン様式
不詳	河村伯爵邸	煉瓦造2階	
不詳	カークード邸	木造2階	
明治29	スクリッパ邸	木造2階	
明治33	本郷高田邸	煉瓦造2階	ルネサンス様式
明治34	青山高田邸	木造2階	
明治37	コンドル自邸	1階煉瓦造・2階木造	ハーフティンバー
明治38	仙台坂上松方邸	煉瓦造2階	
明治38	三田小山町松方侯爵邸	煉瓦造2階	
明治39	品川御殿山益田男爵邸	1階煉瓦造・2階木造	ハーフティンバー
明治39	鎌倉渡辺邸	木造2階	ハーフティンバー
明治40	高輪岩崎家別邸	煉瓦造2階	
明治40	大磯赤星別邸	1階煉瓦造・2階木造	ハーフティンバー
明治40	鳥居坂末延邸	木造2階	ハーフティンバー
明治42	平河町寺島伯爵邸	木造2階	
明治42	岩崎家箱根別邸	煉瓦造2階	(外壁:野面石積)
明治42	市ヶ谷近藤男爵邸	1階煉瓦造・2階木造	ハーフティンバー
明治44	番町アルウイン邸	木造2階	ルネサンス様式
明治44	番町加藤子爵邸	木造2階	
明治45	目黒岩永邸	木造平屋	ルネサンス様式
明治45	白金三光町園田男爵邸	木造2階	
明治45	赤坂台町赤星別邸	1階煉瓦造・2階木造	
大正 2	桑名市諸戸邸	木造2階	
大正 2	田町今村邸	1階煉瓦・2階木造	ハーフティンバー
大正 2	岩崎家元箱根別荘	木造2階	(1階外壁:野面石積)
大正 4	島津公爵邸	煉瓦造2階	ルネサンス様式
大正 6	西ヶ原古河男爵邸	煉瓦造2階	(外壁:野面石積)(スコティッシュバロニアル様式)
大正 7	小田原山縣公爵別荘	煉瓦造平屋	
大正 8	広尾成瀬邸	RC造2階(一部3階)	(コンドルによる唯一の鉄筋コンクリート造)

表1　コンドルの主な住宅関係作品リスト
『建築雑誌』(402号、大正9年)を基に作成。様式などは河東義之編『コンドル図面集』を参考とした。

武田五一による新様式の導入

コンドルの例からもわかるように、明治中期頃建設されていた大半の洋館は古典主義系の様式のものであった。しかしながら、留学・遊学者が増えると、コンドルが日本に伝えた建築様式とは異なる流行中の新しい様式に出会い、率先して実践しようとした建築家も現れてくる。それは日本人建築家による主体的な近代の建築様式の導入の開始をも意味していた。そのような建築家の一人が武田五一であった［図6］。武田五一は、東京帝大建築学科助教授であった明治三四（一九〇一）年、デザイン研究の目的でイギリスを中心に留学した。この留学時、武田はグラスゴーを訪れマッキントッシュをはじめとするグラスゴー派の作品に触れ、また、フランス・ベルギー・オーストリアなどを回り、パリのアール・ヌーヴォーやウイーンのセセッションにも触れている。その中で、特に魅せられたのがグラスゴー派やウイーンのセセッションで、これらは共に曲線的な傾向から近代的な直線化・単純化へと向かう中で追求された平面的でグラフィカルな傾向を特徴とするものであった（「武田五一とアール・ヌーヴォー」）。明治三六（一九〇三）年に帰国すると、京都高等工芸学校図案科教授（現京都工芸繊維大学）に転任し、同じく三五年に東京美術学校（現東京芸術大学）から移ってきていた画家浅井忠と共に新しいデザイン教育を開始し、また、実際の建築作品にアール・ヌーヴォーを試みた。その代表作品が明治四〇（一九〇七）年竣工の福島行信邸［図7］である。

図6　武田五一

福島行信邸のアール・ヌーヴォー

福島邸は、貿易会社である福島合名会社社長福島行信の自邸として建てられたもので、アール・ヌーヴォーという様式を受け入れた背景には、福島自身明治二九（一八九六）年から三二（一八九九）年までイギリス留学の経験があり、おそらくイギリスを席巻していた新しい建築の動きを自分自身の目で確認していたからと思われる。武田の用いたデザインの内容は「アール・ヌーヴォーといっても、フラ

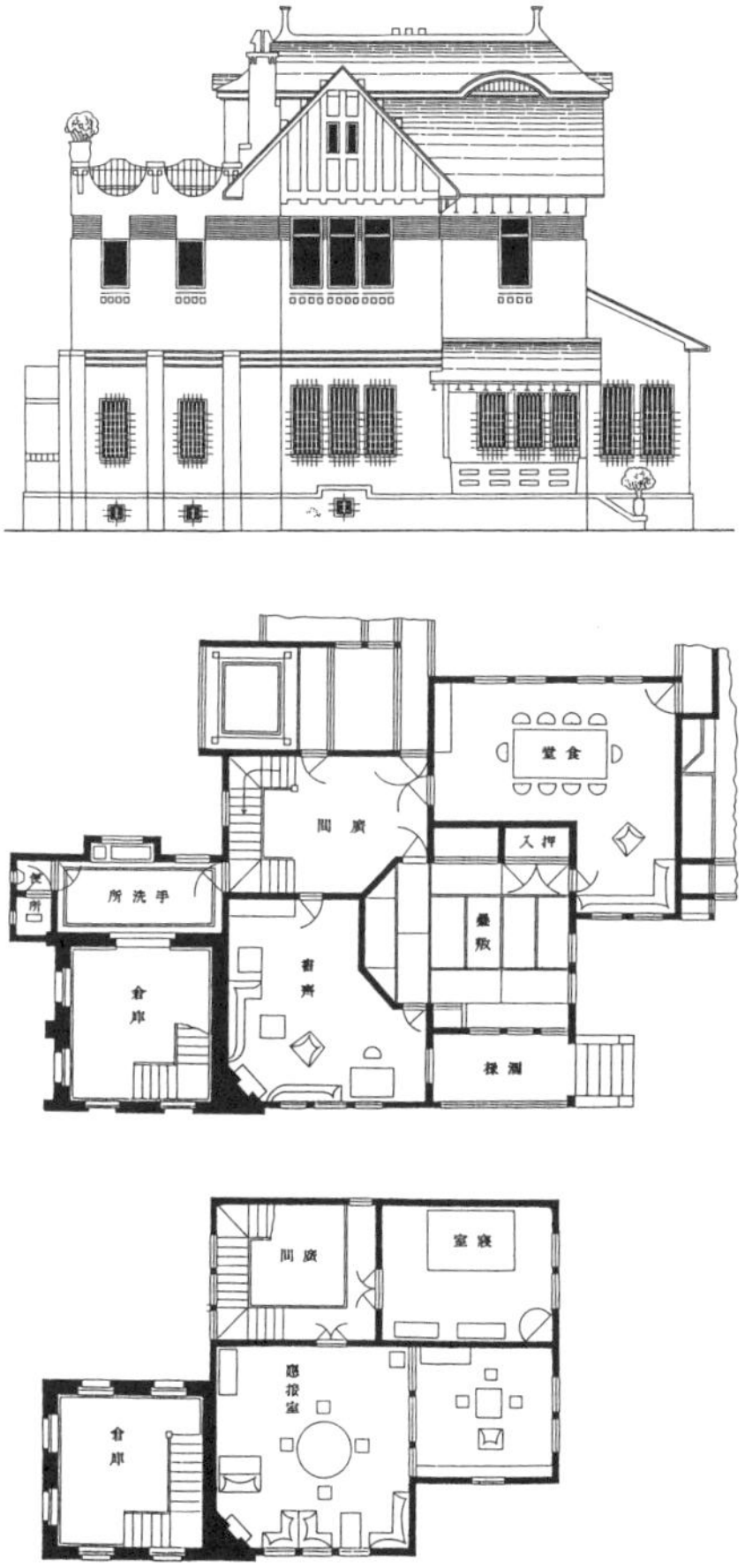

図7　福島邸一・二階平面図および立面図

ンスやベルギー系のにぎやかに反転曲線が重なりあうのとは相当にちがっていて、系統でいうなら、マッキントッシュやウイーン・セセッションにいちじるしく近い」(『アール・ヌーヴォーの館・旧松本健次郎邸』)もので、それは武田自身が留学時に強く惹かれたものであった。しかも、アール・ヌーヴォーのデザインは単に住宅本体だけにはとどまらず、家具はもちろんのことカーテン・ステンドグラス・建具などにまで見られ、まさに部分から全体にわたって施されていた。

福島邸の「和室」

ところで、この福島邸で注目したいのは、この住宅がいわゆる洋館でありながら一階中央に畳敷の和室を設けていることである。このことから、それまでの接客の場としての洋館から脱却し、この住宅は生活の場として計画されていたことがうかがわれる。また、この和室を少し詳しく見ていくと、他の部屋が西洋建築特有の大壁造であるのに対し、柱が見える伝統的建築と共通する真壁造となっている。この室の姿は、基本的には西洋館の中に「和室」を持ち込んだ形式で、外観の統一から開口部だけは他の部屋と同様に上げ下げ窓となったと考えられる。これは、すでに紹介した岡本が指摘していた西洋館を基本とした和洋折衷化の動きといえるし、西洋

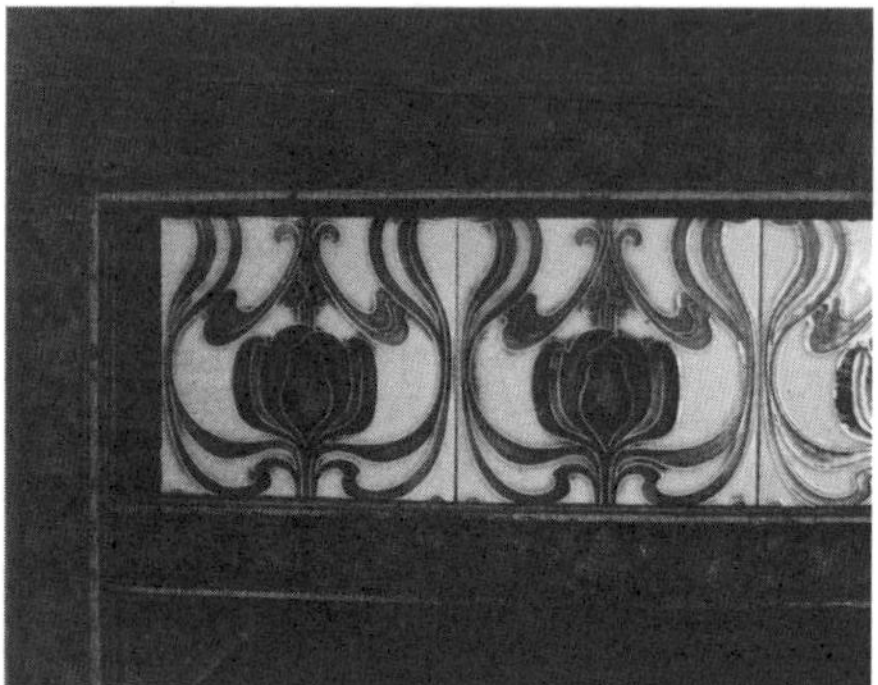

図8　天鏡閣外観および暖炉タイル詳細

館の〈和風化〉の動きの最初期の例とも考えることができる。

アール・ヌーヴォーの流行

この福島邸に代表されるアール・ヌーヴォーは、明治後期に建設された住宅に部分的ではあるがよく採用されていた。明治三八(一九〇五)年の渡辺千秋邸(木子幸三郎設計)・伊庭貞剛邸(野口孫市設計)、明治四一(一九〇八)年の田辺貞吉邸(野口孫市設計)などで、それらの住宅は、大邸宅ではないが、いわゆる中流階級の住宅としては規模の大きなものであった。また、明治四一年の有栖川宮別邸として建てられた天鏡閣の家具やマントルピース[図8]にもアール・ヌーヴォーの影響がみられるし、辰野金吾・片岡安の設計による明治四四(一九一一)年の松本健次郎邸では、外観はハーフティンバーで、内部の壁面や家具にアール・ヌーヴォーをはっきりと見ることができる[図9]。ただ、先の福島邸でもわかるように、この新様式を実際に受け入れることができたのは、海外留学などの経験者や経済的にも恵まれていた人々に限られており、その意味ではまだいわゆる中流階級全般を対象に導入されたものではなかった。

いずれにせよ、このアール・ヌーヴォーの導入は外国人のもたらした様式ではなく、あくまでも日本人の目で確認し実践したものであり、それは、

図9　松本邸外観および内部

新しいモダンなデザインの発見の第一歩であった。ただ、それはデザイン面の斬新さはもたらしたが、生活を変革することを目的としたものではなかった。

一方、このアール・ヌーヴォーの華やかなりし頃、デザインよりも生活の変革を目指して海外に熱い視線を向けていた人々もまた存在していたのである。バンガロー様式への視線である。

2 バンガロー式住宅の導入

海外への視線——「西豪州の住家」

岡本・北田の和洋折衷住宅の提案からちょうど一〇年後の明治四一（一九〇八）年、岡本の後を継いで清水組（現清水建設）技師長となった田辺淳吉は西豪州、すなわち、西オーストラリアのベランダを配したバンガロー式の住宅を『建築雑誌』の中で紹介している。この紹介記事は、イギリスの建築専門雑誌に紹介された記事の翻訳を兼ねたもので、紹介の目的はわが国の中流住宅のモデルとして西オーストラリアの住宅に注目したのであり、言いかえれば、わが国将来の住宅像の範を直接外国の住宅に求めたのである。

田辺は、まず、衣食の分野に比べて住の分野の改良が一般にはほとんど行われていないことに触れ、在来住宅の改良形として普及していた上流階級の和洋館並列型に対しては、住むという「根本の問題に対しては格別の興味と利便とを認むることが出来ない」とし、くわえて上流階級は経済的にも改築することは思うまであるため興味はないと述べている。そして、田辺の興味は、社会活動の中で重要なる地位を占めていながらも経済的に制約を受ける中流階級の住宅にあるとし、「如何に中流社会に於ける欧風趣味の要求に応ずる住家を建築せば可なるか」に対して「民度趣味風土に応じたるユニバーサルの住家改良問題に一歩を進め」たいと述べている。

さて、田辺はこの西オーストラリアの住宅に注目した理由として、西オーストラリアとわが国との気候の類似性を指摘している。具体的には、緯度が九州と一致すること、消夏法として日本の縁側に相当するベランダが発達していること、また、材料が同じ木造で軒の出も深く外観も日本の在来住宅と類似していること、さらには住宅規模が日本の中流住宅に手ごろであることなどを挙げている。これらから、田辺が大邸宅に見られるような煉瓦造・石造ではなく、中流住宅にふさわしく格式張らない木造の軽便な小住宅を海外に物色していたことが窺える。

こうした共通点を確認した上で、田辺は西オーストラリアの住宅が日本の中流住宅と異なっているのはプランであるとし、「中央に廊下をとり各室が日本の家の如く連続的でなく夫れ夫れ独立して居ることで、先づ日本の家を少し安直に西洋風にやつて見やうと云ふには此位のプランニングは至極穏健のところ」とその模倣を薦めている[図10]。

このように田辺がバンガロー式の住宅を取り上げ、廊下の存在や部屋の独立性を評価しているのは、当時、欧米住宅に関する知識への関心が高まっていたからである。欧米住宅と在来住宅を比較することにより在来住宅の欠点が明確化され、それを根拠とする在来住宅批判が展開されていたのである。

在来住宅批判

ここで、少し当時の在来住宅批判について触れておきたい。在来住宅の批判が日常の生活面まで含めたものとして本格的に展開されたのは、明治三一(一八九八)年の八月から九月にかけて連載された『時事新報』紙上の「家屋改良談」が最初といえ、翌三二年には単行本として出版され、多くの読者を得ていた。著者の土屋元作が建築家ではないためか、扱っている内容は木造を煉瓦造・石造にというような材料や工法といった工学的な面を扱っているものではなく、内部での生活そのものの批判であった。ちなみに、明治三二年の『女学雑誌』(No.488)では「日本住家の不便不潔を痛罵し、家屋改良の急なるを説き、虚飾を軽じ実用を尊び、跪座を変じて踞座となし、各室を区別し、雅を後にして美を先にし、衛生と経済上に注意する等の方針を以て改良論を為したるものなり(中略)畳より来る害を挙

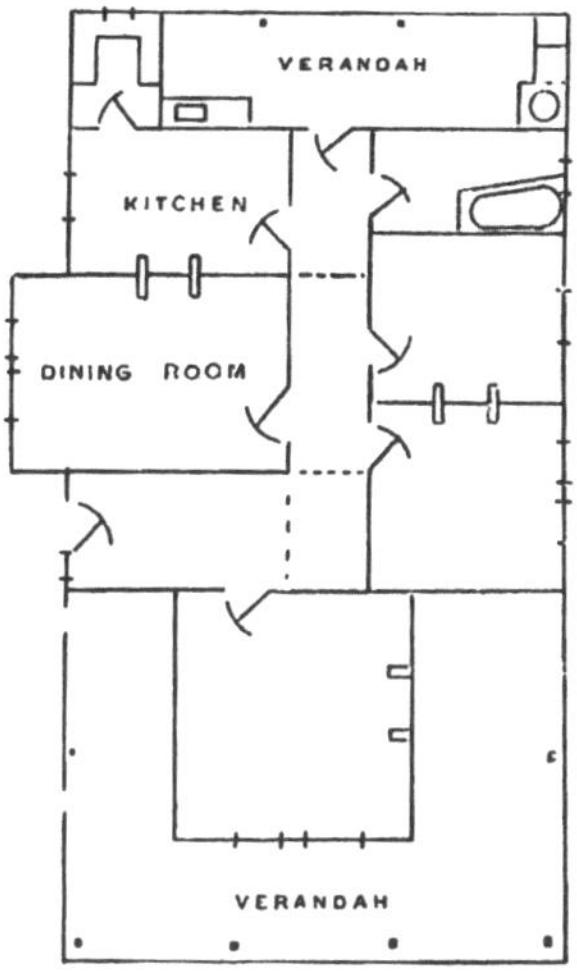

図 10　西オーストラリアの住宅平面図および立面図

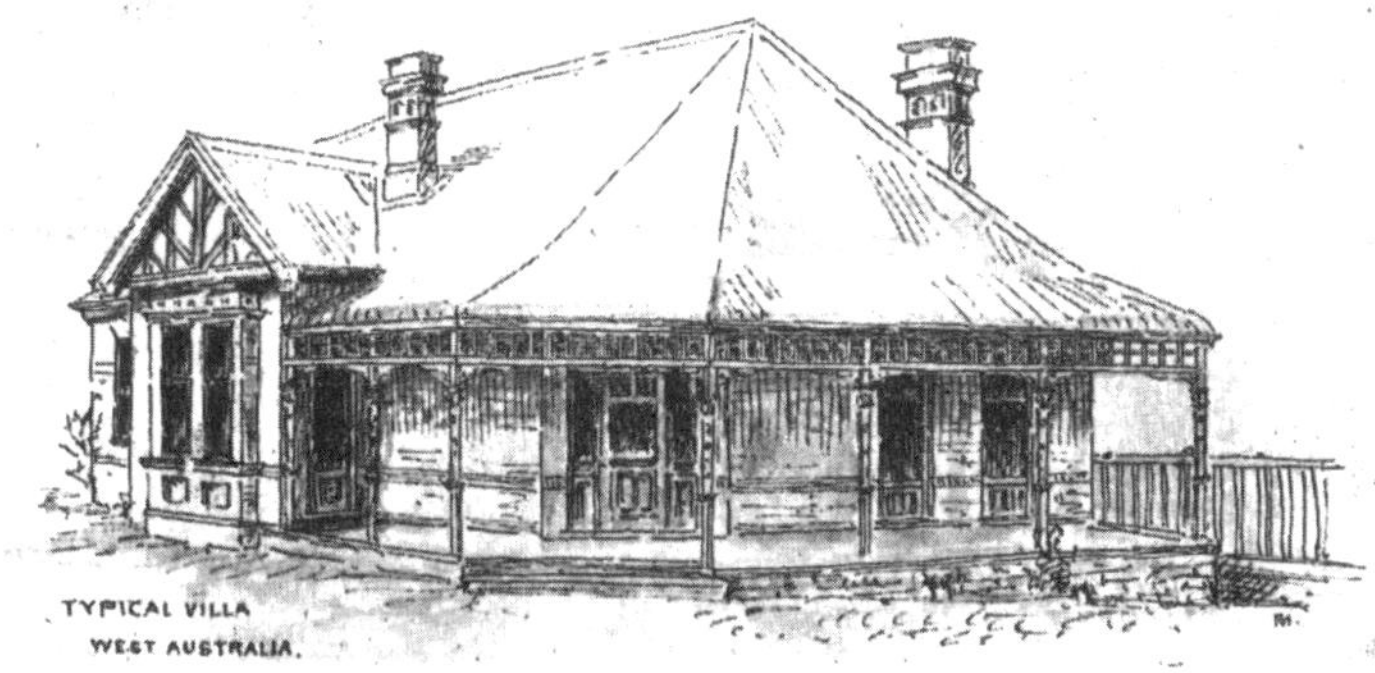

けて踞座を主張する等を始め今日住家の欠点と不便は挙けて尽さざるなし」と、その主張をもらさず紹介している。このように土屋は、物理的な欠点ばかりではなく、後の大正期の住宅改良運動の中で最も重要視されるテーマとなる起居様式の問題にも触れ、伝統的な床座式を椅子座式に改めることを主張していた。そして、明治三六(一九〇三)年には、この生活を含む視点からの本格的な在来住宅批判が建築専門家の間からも開始されることになる。

建築家による批判の開始

明治三六年、『建築雑誌』誌上では三人の著名な建築家による在来住宅批判が展開されている。この三人とは、滋賀重列(イリノイ大卒・東京高等工業学校助教授)・矢橋賢吉(東京帝大卒・大蔵省営繕管財局)・塚本靖(東京帝大卒・東京帝大助教授)で、滋賀は米国で教育を受け、また、矢橋・塚本は各々欧米の建築視察を終えた直後であった。そのため、彼らの批判は欧米での生活体験を通してのものであり、それゆえ、日常生活面まで踏み込んだ批判ができたのである。

彼らが主張した在来住宅の批判は、基本的には共通しており、それらは明治から大正期にかけて指摘された批判内容のベースとなったものであった。具体的には、部屋の通り抜けの不都合・声の筒抜けの不都合、そして部屋の機能の未分化の不都合である。部屋の通り抜けの不都合というのは、在来住宅では移動する際に通路部分が確立していないため、他の部屋を通り抜けて行かなければならないという欠点を指摘したものである。ちなみに、この欠点が先の田辺が西オーストラリアの住宅の中廊下に注目した理由である。また、声の筒抜けの不都合というのは、各部屋の間仕切りが固定されたものではなく襖や障子という薄くてかつ可動なものであるため、隣の部屋の話し声が聞こえてしまうというものである。そして、部屋の機能の未分化の不都合というのは、各部屋の用途が明確ではなく、食事をしたり睡眠したりというように一つの部屋が複数の機能を持ち合わせていることの問題点を指摘したものである。今日、一つの部屋が多機能に対応できることはフレキシビリティーとして伝統的住宅の特徴と評価されているが、当時は洋室のように各部屋はそれぞれの用途と対応するようにデザインされることが必要と考えられていた。それゆえ、多機能の部屋はそれに対応するデザインができないと考えられ、欠点として挙げられていたのである。これらの欠点は、いいかえれば、日本の伝統住宅の特徴である開放性への批判でもあり、この特性が欧米住宅の特徴である閉鎖性から生まれたプライバシーという考え方の欠如を意味するともいえる。すなわち、個を単位とした近代的家族生活を行うためにはプライバシーの確保が必要不可欠のものと考えられはじめていたことがうかがえるのである。

なお、近代的家庭生活の浸透のプロセスを論じることはできないが、この近代家族の萌芽としてここではいわゆるホームの必要性を説いている明治三八（一九〇五）年の『理想の家庭』（湯浅観明、富田文陽堂）を挙げておきたい。家族のあり方に対しても欧米をモデルとした改変を求める主張が始まっていたのである。

ともあれ、これらの指摘は在来住宅批判というよりはむしろ在来住宅そのものの否定であったのである。田辺の海外への視線の背景には、このような在来住宅に対する否定的な風潮があったのである。

3　住宅の商品化と「あめりか屋」

橋口信助とバンガロー式住宅

田辺は、バンガロー式の住宅をわが国の中流住宅のモデルとして紹介したにすぎなかったが、明治四二（一九〇九）年、アメリカのシアトルから帰国した橋口信助は、アメリカで生産されたバンガロー式の組立住宅を持ち帰り、新しい中流住宅としてその輸入を試みていた。橋口は帰国後直ちに、販売会社である住宅専門会社「あめりか屋」を開設している。その後、「あめりか屋」は販売会社からわが国最初期の住宅専門の設計施工会社へと発展し、それとともに橋口の導入したバンガロー式の住宅は、大正期には中流住宅の理想像の一つとしてもてはやされるまでになる。その流行現象は、橋口が新聞・雑誌というマス・メディアを積極的に利用して、住宅が「商品」であるということを広く認識させたこと、そして、購買層のターゲットを「都市中間層」(『体系日本史叢書生活史III』)であるいわゆる中流階級としたこと、によるところが大きかった。この都市中間層こそ、今日のわれわれ一般の意識の根底にある中流意識をイメージさせる階層であり、今日の一般住宅の祖型である庭付きの一戸建て住宅の持家を追求した人々であった。また、「商品としての住宅」という考えを提示した橋口は、単に住宅を一般消費財である「商品」として近代的経済システムに組み込んだだけではなく、それまでの家長を中心として家族個々の生活を省みなかった住宅を変えようとしたのである。すなわち、橋口は、生活の器としての住宅の洋風化、とりわけアメリカ化が必要であるとし、それまでの在来住宅批判の考え方を継承しながら、アメリカ住宅の導入という具体的方法を実践しながら、将来の住宅像を真剣に考えていた人々に強い影響を与えたのである。

橋口信助の前半生

ところで、橋口信助といっても、どういう人物か知らない方が大半であろう。ここでは、明治以降のわが国の住宅を大きく変えていく素地を築いた橋口の経歴を少し詳しく紹介しておこう。

橋口は、明治三（一八七〇）年三月一六日、現在の宮崎県日南市（旧飫肥藩）にある山林製材業を営む商家の長男として生まれた［図11］。跡継ぎとして大事に育てられたが、時にはきびしく立居振舞いなどの礼儀作法を教えられた。この立居振舞いの中で、橋口が最も苦手としたのがその基礎となる正座であった。この正座にまつわる行儀作法の修得の苦い経験が、後に、橋口に畳に座るという伝統的起居様式は非能率的で、新しい住宅にふさわしい起居様式は椅子座式が良いと主張させることになるのである。

明治一八（一八八五）年九月、橋口は現在の一橋大学の前身である東京商業学校に入学するものの半年後にはやめて、再び故郷に帰り、父の家業を継ぎ、結婚もするというように順風満帆であったが、明治後半期に入る三三、三四年頃、家業の具合が悪化し彼の人生は大きく変わることになる。橋口は故郷に家族を残し、一旗揚げようと渡米したのである。

渡米・シアトルへ

橋口の渡米先は北米の代表的都市シアトルであった。明治二九（一八九六）年、日本郵船会社ではシアトル航路を開設しており、横浜からおよそ二〇日でシアトル港に到着することができた。英語を話せない日本人移民を対象に港では仕事を斡旋する日本人が待ち受けていたり、日本人街には仕事を斡旋するホテルもあるな

図11　橋口信助

ど仕事に不自由することはなかった。ただ、英語の話せない移民が従事することのできる仕事は限られ、主に肉体労働であった。橋口の場合は、当初はアメリカ人の家庭に入り下男として働くものの、職を転々とし、その後、日本での経験を生かして製材所でも働いた。その内容は、木材の運搬から丸鋸などの機械を用いての切断であった。このように仕事にあぶれることはなかったが、渡米後の生活は決して楽なものではなかった。

定住を希望する日本人の多くは、貯金ができるに従い肉体労働から離れ、商売や農場経営に向かう傾向が強かった。橋口の場合も例外ではなく、シアトル第四街に日本人を相手とする古着屋を始めている。この商売は、当初の想像以上に繁盛した。この当時の様子を伝えてくれる写真がある。四階建ての建物の一隅に店舗があり、その前での記念写真であろうか。二つの看板があり、一つは「橋口商店」、もう一つには「NIPPON ARTISTIC TAILORS」とある［図12］。

米松材伐採事業計画の挫折

橋口商店が好調にもかかわらず、橋口は新たな野望を抱いていた。古着屋の権利を他に譲り、それで得たお金を基に新たな事業に着手することになる。その事業とは、かつて日本で手掛けていた木材伐採業をアメリカで再開することであった。おそらく、渡米先を林業で有名なシアトルとしたのも、木材業をアメリカで

図12　橋口商店

もう一度興したいという理由からだったのかもしれない。

橋口は、オレゴン州のコロンビア川周辺の広大な松林を買い求めたという。そして、伐採に従事する労働者を確保するため、移民会社の設立を企てたのである。しかしながら、勤勉ゆえにアメリカで経済的パワーを持ちはじめた日本人を排斥しようとする気運もすでにあり、例えば明治二五(一八九二)年サンフランシスコ・モーニング・コール紙が排日に関する記事を特集するなど各地に排日ののろしがあがっていたのである。明治政府は、アメリカですでに排斥を受けていた中国人と日本人とが同一視されることを問題にし、明治四一(一九〇八)年、日本側が自主的に移民を米国移住者の父母妻子などに限るという日米紳士協約を結んだ。この協約のため、橋口の移民会社の計画はもちろんのこと、伐採従事者を確保できない木材伐採業の計画も日の目を見ることはなかったのである。

組立住宅の販売をめざして

橋口は、日本人排斥運動の展開されるアメリカにとどまり新たな事業を興すことに不安を感じ、再び、祖国日本でアメリカでの経験を生かして新しい事業を始めることを考えていた。その事業とは、下男としてじかに見たアメリカ人の機能的で椅子座式の住宅を販売することであった。ちなみに、組立住宅の通信販売を行っていた大手のシアーズ・ローバック社は明治四一年に初めて通信販売用カタログを発行し、本格的に住宅販売事業に進出していた[図13]。当時のアメリカでは、一戸建ての組立住宅が一般住宅として普及しはじめていたのである[図14]。カタログ販売されている住宅は、橋口には、かつて住んでいた在来の住宅と比べて経済的で機能的であり、何よりも畳のない生活が理想的にみえたのである。こう決心すると、住宅建築の材料および組立住宅六棟を購入し、明治四二(一九〇九)年、橋口は一路祖国日本をめざしたのである[図15]。そして、帰国後の同年一一月、現在の文部省のほぼ正面に位置する東京市芝区琴平町一番地に「あめりか屋」の看板を掲げることになる。

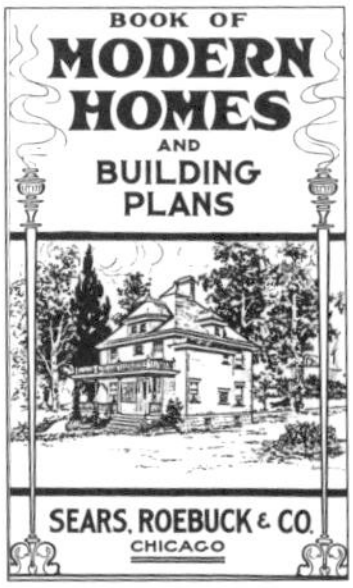

図13 「シアーズ」のメール・ハウスのカタログ

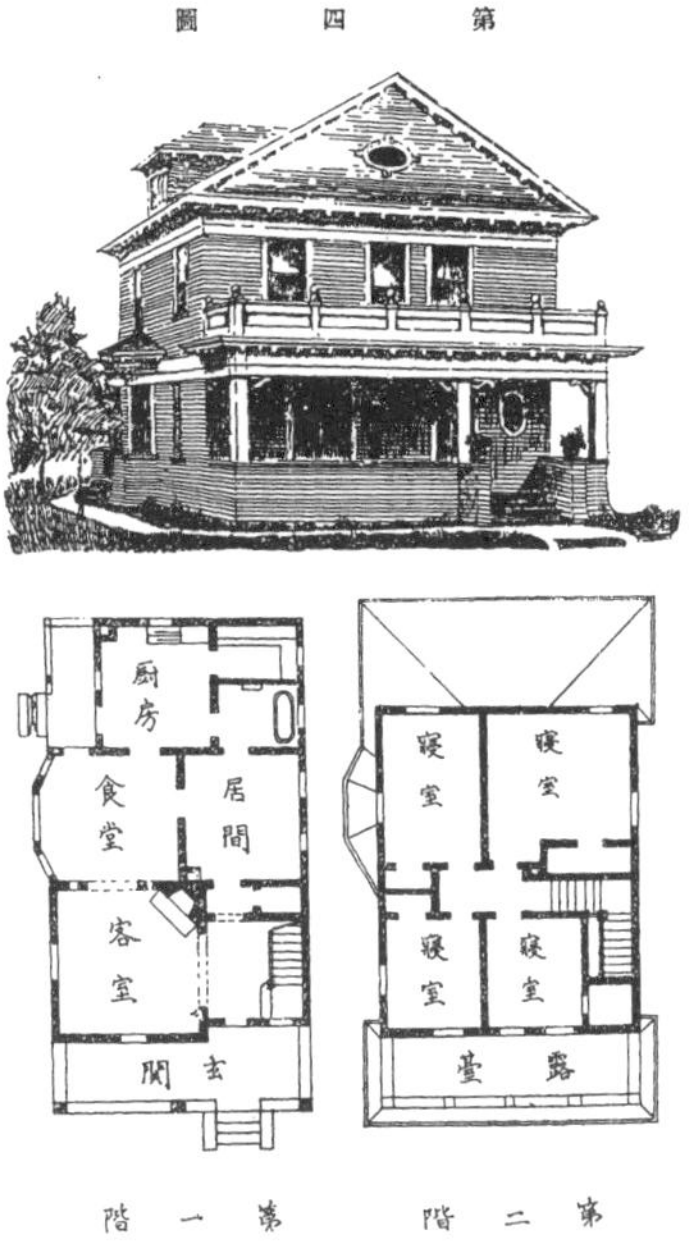

図14 明治末に日本に紹介されたアメリカの組立住宅

図15 橋口の持ち帰った組立住宅の例

アメリカのバンガロー式住宅の系譜

ところで、すでに述べたように橋口が持ち帰った組立住宅の様式はバンガロー式というもので、このバンガロー式住宅は、その後わが国の中流住宅のモデルとして建築関係雑誌を賑わした。田辺が紹介したのは西オーストラリアの住宅であったが、その後建築関係の雑誌などで取り上げられるのはアメリカのものとなる。このアメリカのバンガローは、暑い地域であるカリフォルニア地方を中心に流行したもので、もとは英国のインド進出とともに英国本土にもたらされた「バンガロー」で、イギリスを経てアメリカへと伝播する中で少しずつ洗練されていったものと考えられる[図16]。そして、このバンガローが一時期、中流住宅のモデルとして流行したのである。その流行の理由について、例えば、大正一一（一九二二）年に大野三行は次のように述べている。

洋風と云つても英、米、独、仏、露、伊等様々な様式があり、特徴があり、決して一種ではない。そこでわが邦人の趣味、思想、感情に適すると同時に気候風土にも適さなければならない。で、ながい経験と研究によつて日本に適し日本人の好む様式は米国に於て発展せるバンガロー式、又はコツテイジ式であると云ふ事になつたやうである。

（『バンガロー式　明快な中流住宅』大正一一年）

図16　バンガローの一例

このように、アメリカのバンガローの流行した背景として、海外の中小規模の住宅の中で、気候・風土そして趣味・思想・感情からアメリカのバンガロー式やコテージ式が日本人に適しているという認識があったのである。

もう一つのバンガローの系譜

ところで、話が少しそれるが、この「バンガロー」という様式は、田辺や橋口によって明治末期に積極的に導入が試みられたが、初めてわが国にもたらされたものではなく、実は、幕末から明治初期にかけて居留地にも数多く建てられていた。ちなみに、今日、幕末から明治一〇年頃までの住宅建築で国の重要文化財に指定されているものを見てみよう。長崎のグラバー邸(一八六三年竣工)、オルト邸(一八六五年竣工)、リンガー邸(一八六六年竣工)、鹿児島紡績所技師館(一八六七年竣工)、大阪の泉布観(一八七〇年竣工)そして菅島燈台附属官舎主屋(一八七三年竣工)などである。これらに共通する特徴は、建物周囲にベランダを配した開放的な住宅であることである。また、オルト邸が売りに出された際の『長崎新報』(一八七一年一月)に掲載された広告によれば、この住宅の様式は「The Stone Bungalow」と記されていることから、バンガロー式の住宅であったことがわかる。このことから、他のグラバー邸やリンガー邸なども一般的にはバンガロー式住宅と称されていたと考えられるのである[図17・18]。

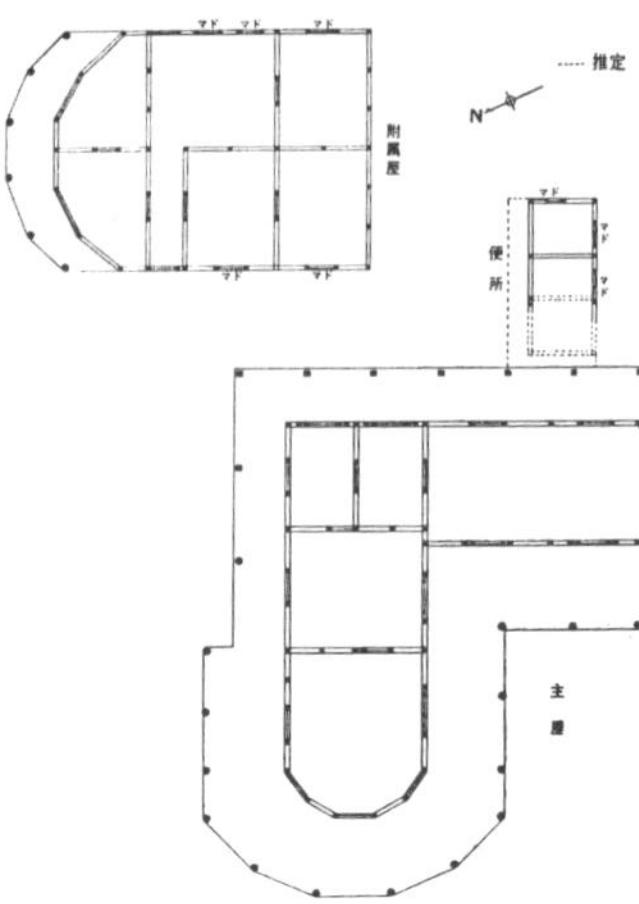

図 17　グラバー邸外観および平面図

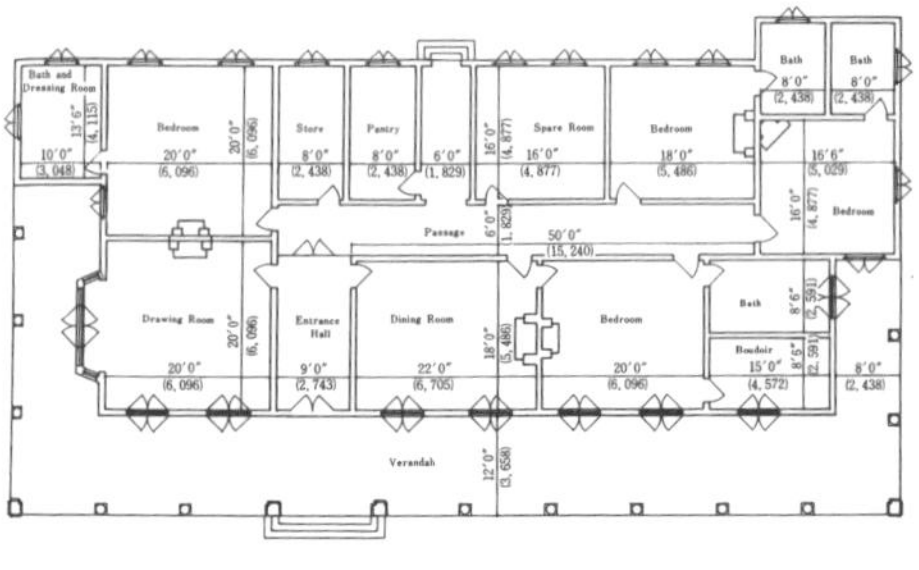

図 18　オルト邸外観および平面図

では、なぜ、開国とともにもたらされた住宅がバンガロー式であったのであろうか。実は、このバンガローはもともと、インドの原住民の民家形式で、英人のインド進出に伴い、インドにおける住まいとして英人がこの形式を取り入れることにより普及した形式であったのである。すなわち、一八世紀中葉からのインド支配後半期になると、政策の変更から建築も新古典主義系の列柱廊を多用し、一九世紀中葉には半円アーチのアーケードも採用していたという(『明治の建築』)。つまり、英人はインド進出の中で植民地住宅(コロニアル様式)としてベランダや列柱廊を周囲に設けた形式を生み出したのである。以後、次々と開かれた東南アジアの開港場では、英人を中心に蒸し暑い気候風土との関係もあってこのベランダを持つコロニアル風の建築が建てられた。日本に渡ってきた英人グラバーやオルトは、香港や上海というベランダを持つ建築で埋め尽くされていた開港場を経てわが国に来たのである。その意味では、彼らは自分たちが経由してきた開港場で接した建築をわが国でも試みたといえる。

このように、わが国にもたらされたバンガローは、東南アジアを北上して伝えられた系譜とイギリスからアメリカを経由して伝えられた系譜の二つがあったのである。いずれにしても、幕末から明治初期にバンガローがもたらされてはいたが、それがわが国の住宅のモデルと認識されるようになるにはおよそ四〇年後の明治末期まで待たねばならなかったのである。

第三章　理想的生活の発見とデザインの多様化——大正時代

1 博覧会と住宅

インテリの台頭と生活改善の鼓動

明治末期から大正期にかけて、理想的中流住宅を求める動きは様々なかたちで現れていた。この中流住宅を求める理由を簡単に述べると、都市中間層の台頭であり、経済的にはそれほど恵まれてはいないものの、高等教育による高い教養ゆえ伝統的生活だけを継承することなく、限られた経済面の中で新しい生活を取り入れた住宅を求めたのである。この都市中間層の増加を決定的にさせたのが、大正七(一九一八)年の大学令と高等学校令の公布であった。これにより、公・私立の大学・単科大学の設立さらには高等学校の設立が認められ、学生数が急増した。ちなみに、明治四三(一九一〇)年の大学の在学生数は七千人であったが、大正九(一九二〇)年には二万二千人、そして、昭和五(一九三〇)年には六万九千人と約一〇倍に増加しているという(『近代日本の百冊を選ぶ』)。まさにエリートが急増していたのである。

この都市中間層を中心とする新しい生活の追求の動きは、婦人雑誌にも顕著に現れてくる。例えば、明治末期には、主人中心の封建的家庭生活から脱皮して、新しい家庭生活を追求することを目的とした『婦人之友』やその前身であった『家庭之友』などが創刊されていた。この『婦人之友』にはあめりか屋のラディカルな事業なども紹介されており、当時の婦人雑誌が都市中間層などの知識階級の主婦を対象に、欧米の合理的生活の啓蒙化を積極的に開始しはじめていたのである。

家庭博覧会の開催

大正期になると啓蒙活動も具体的なものとなり、さらに主婦と子供の生活が重視された。そのような典型的な啓蒙活動として、大正四（一九一五）年五月一日から六月二五日まで、上野公園不忍池畔を会場に家庭博覧会が開催された。明治以降わが国では各種の博覧会が開催されたが、これは「家庭」をテーマとした最初の本格的な博覧会であった。主催は、国民新聞社（今日の東京新聞）で、創刊二五周年記念として企画された［図1］。開催の目的は「如何なる家に住むべきか。如何なる食物を用ふべきか。又如何なる衣服を纏ふべきか（中略）時代に適合したる家庭及び家庭の生活を、理論の

國民新聞

國民新聞創刊二十五年記念

家庭博覧會

大正四年五月一日より六月下旬迄
上野公園不忍池畔に於て開催

東京たより

危險な宗教狂

獨帝

図1　家庭博覧会の開催を告げる新聞記事

上に説かずして、ありのままの実際に示さん」とあるように、社会の変化に伴う衣食住の新しいあり方を具体的に示すことにあった。

なお、関西では明治末期から主に私鉄の沿線開発とともに乗客誘致戦術として各種の博覧会が行われ、偶然にも小林一三率いる阪急電鉄では、大正四年に宝塚新温泉で同名の「家庭博覧会」を開催している。これは、宝塚新温泉の来遊客を得るため行われたもので、規模も大きくはなく、婦人や子供向けの新しい家庭娯楽イベントであったという(『宝塚戦略』)。いずれにしても、主婦や子供を中心とする家庭生活の近代化がようやく重視されはじめたのである。

展示された住宅

家庭博覧会の出品希望者は公募された。住宅関係の出品数は衣・食関係のものより少なかったが、展示の方法が単に図面だけではなく、大半が実物模型によるものであったため、素人にも理解しやすく好評であった。出品作品のうち、最も多かったのが台所関係の作品で、特に東京帝大教授の入沢医学博士夫人・入沢常子考案の「一畳半の台所」は話題を呼んだ[図2]。これは、それまでの関東地方によくみられる伝統的な座り流しを、能率的で衛生的な立ち流しに改良するとともに、動かずに手を伸ばすことだけで調理が行えることをめざした提案であった。この他、『婦人之友』を創刊した羽仁もと子は「裁縫室と納戸」[図3]、日本女子大学校は「子供室」〔図4〕などを出品している。それらは、それまで主人中心に考えられていた住宅の中に確実に主婦や子供の場を獲得しようとする提案であった。また、これらの女子教育家とともに、東京瓦斯会社は「風呂場の瓦斯器具」や「座敷の瓦斯器具」を、白洋舎は「洗濯場」を出品し、家事の機械化による能率の向上を主張している。そして、住宅専門会社のあめりか屋は屋外展示として庭園の中に「純西洋風郊外住宅」を出品していた。郊外住宅のあるべき姿を示すには、庭が不可欠であり、そのためには屋外展示でなければならなかったからで

図2　一畳半の台所

図3　羽仁もと子出品の裁縫室と納戸

図4　日本女子大学校出品の子供室

ある。そして、これらの公募作品以外に主催者自らの国民新聞社による実物大の「中流住宅」も展示されていたのである。このように、生活改善の啓蒙活動の中でわが国でも本格的に「見せるための住宅」が登場することになる。

国民新聞社出品の「中流住宅」

国民新聞社が独自に住宅を出品した理由は「家庭改善の目的を達する為め、近年世人の最も頭を悩ましつつある中流家庭の邸宅を知何に建つれば万人の希望に副ふをや実際に示」すためであった。この一文から、住宅が注目されていた様子がわかるというものである。

住宅の設計は、東京帝大教授伊東忠太の指導の下で大正三(一九一四)年に東京帝大を卒業した遠藤新が担当した。伊東と博覧会名誉会長の平田東助は姻戚関係にあったから、おそらくその縁で伊東が担当したのであろう。また、遠藤は後に帝国ホテルの設計を担当したフランク・ロイド・ライトの影響を受け、独特な作風による建築活動を展開することになる。住宅も多数手掛けており、そのような遠藤の処女作品としても注目される作品である[図5]。

さて、その模範住宅は、木造平屋、建坪四四・五、工費約三〇〇〇円、家族構成は親子四人と女中一人として計画された。伊東はこの住宅の設計主旨として、起居様式はもはや時代は床座式を不便とし、生活思想においても在来の主人本位

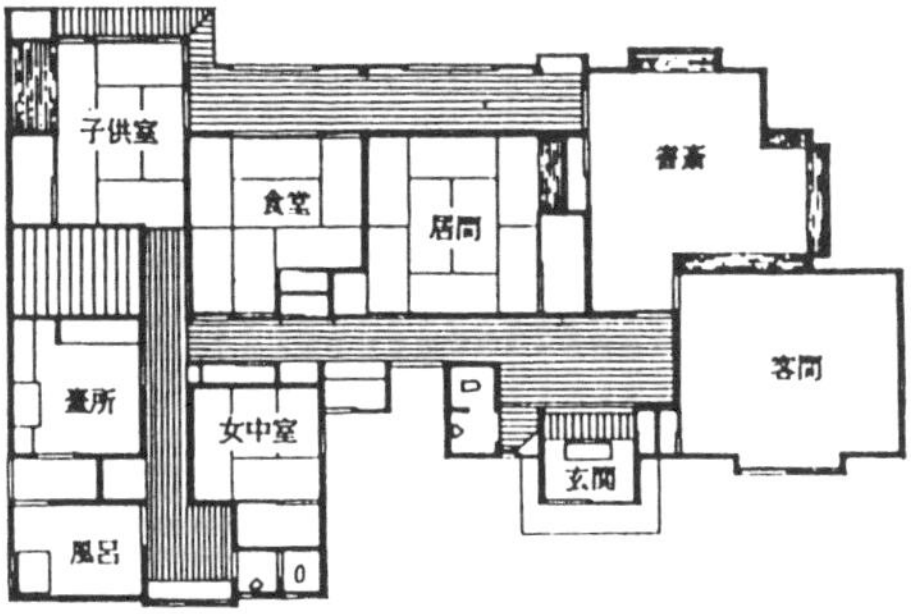

図5　国民新聞社出品の中流住宅平面図および書斎内部パース

から家族本位に改めるべきであると述べている。展示された住宅では、食事や団らんなどの生活部分は依然として床座式であったが、書斎と客室は椅子座式で計画されていた。また、それまでの在来住宅とは異なり家族の生活部分である居間や食堂が東南側の日当たりのよい位置に設けられたり、各部屋が独立し、それまであまり設けられることのなかった子供室も見られるなど、新しい住宅の要素がはっきりとうかがえるものであった。

家庭博覧会のもう一つの意味——消費社会の到来

この博覧会は家庭生活をメインテーマとする画期的なものであったが、新しい家庭生活を具体的に示すということは、見方を変えると、住まい方の理念の紹介というよりも衣食住にわたる商品の展示を意味していたともいえる。まさに、知らず知らずのうちに、住宅を含む「生活」が商品として扱われようとしていたのであり、それは来るべき消費社会を暗示していたのである。見学対象として子供を重視していたことも、さきに紹介した宝塚戦略や消費社会の象徴であるデパートメント・ストアーの雄として三越が子供をターゲットにしはじめていたことにも似ていた。まさに、新しい住宅の追求は消費社会の到来とともにはじまっていたのである。

2　住宅改良運動とその思想

三角錫子と住宅

大正四（一九一五）年の家庭博覧会に郊外住宅のモデルとして小規模の西洋館を出品した橋口信助の興した「あめりか屋」の事業は、世間から少しずつではあるが注目され、確実に顧客を増やしていた〔図6〕。その顧客との出会いの中には、橋口の事業をより大きく発展させる契機となったものもあった。博覧会開催時期とほぼ同じ頃の三角錫子との出会いはまさにその典型であった。三角は、明治二五（一八九二）年女子高等師範学校（現お茶の水女子大）を卒業して以来女子教育に身を投じ、大正五（一九一六）年には常磐松女学校（現トキワ松学園）を創設して新しい教育の実践や文筆活動を行うなど大正前期の婦人思想界に多くの影響を残した人物である〔図7〕。三角は、自邸を新築するに当たり、これまでの伝統的住宅では自分の考えている能率性を重視した新しい生活ができないことに気づき、住宅そのものを西欧的なものに変えなければならないと考えていたのである。

そのころ、橋口は『婦人之友』誌上で在来住宅批判とともに米国住宅の利点や椅子座式生活様式の利便性を主張していたから、三角は雑誌で知った橋口に興味を抱き、住宅の依頼に来たのであった〔図8〕。この三角の求めていた能率性を重視した住宅とは、それまでの日本の住宅が女中の存在を前提にしていたのに対し、

図6　あめりか屋本店

図7　三角錫子

女中なしで生活のできるものを意味していた。女中なしとするため、できるだけ作業能率がよく無駄のない住宅を求めたのである。具体的には、主婦の目から主婦労働の軽減を目指したのであり、雑巾がけなどの掃除に手間取る縁側や外出ごとの開閉のわずらわしい雨戸を廃止し、代わりに戸締りを完全にするための扉の採用などを求めた。また、もう一つ際だった特徴は、今日ではよく見かける台所に食卓が配された家事の合理化のためのダイニングキッチンの実践を求めたことである。わが国のダイニングキッチンの定着は戦後であり、その意味では極めて早い試みであった[図9]。このような主張や実践は、三角が今日でいうところのキャリア・ウーマンであったため、家事と仕事を両立させるためにたどりついた考えであった。そして、一般の主婦の場合に対しては、このようにして生じた自由な時間を自分自身の趣味や自己向上の時間に使うべきことを主張した。それは、当時としては極めて斬新な主張であり、数多い女子教育家の主張の中でも十分説得力を持っていたのである。

「テーラー・システム」の家事労働への導入

三角の主張の基本原理として重要なのが「動作経済」という考え方である。三角は、「経済の原則は節約よりも能率」の向上にあるとし、能率性という考え方を家事労働に導入することで効率の良い家事の進め方を求めたのである。このように三角は、それまでの家事労働ではあまり注目されなかった能率性を重視することにより「動作経済」という考え方を提示し、それゆえ「経済の許す限りは文明の利器を利用することが、大いなる動作の経済」であり「動作の経済を計るために、台所の設備をかえて費やす金銭」も浪費ではなく十分意味があると主張し

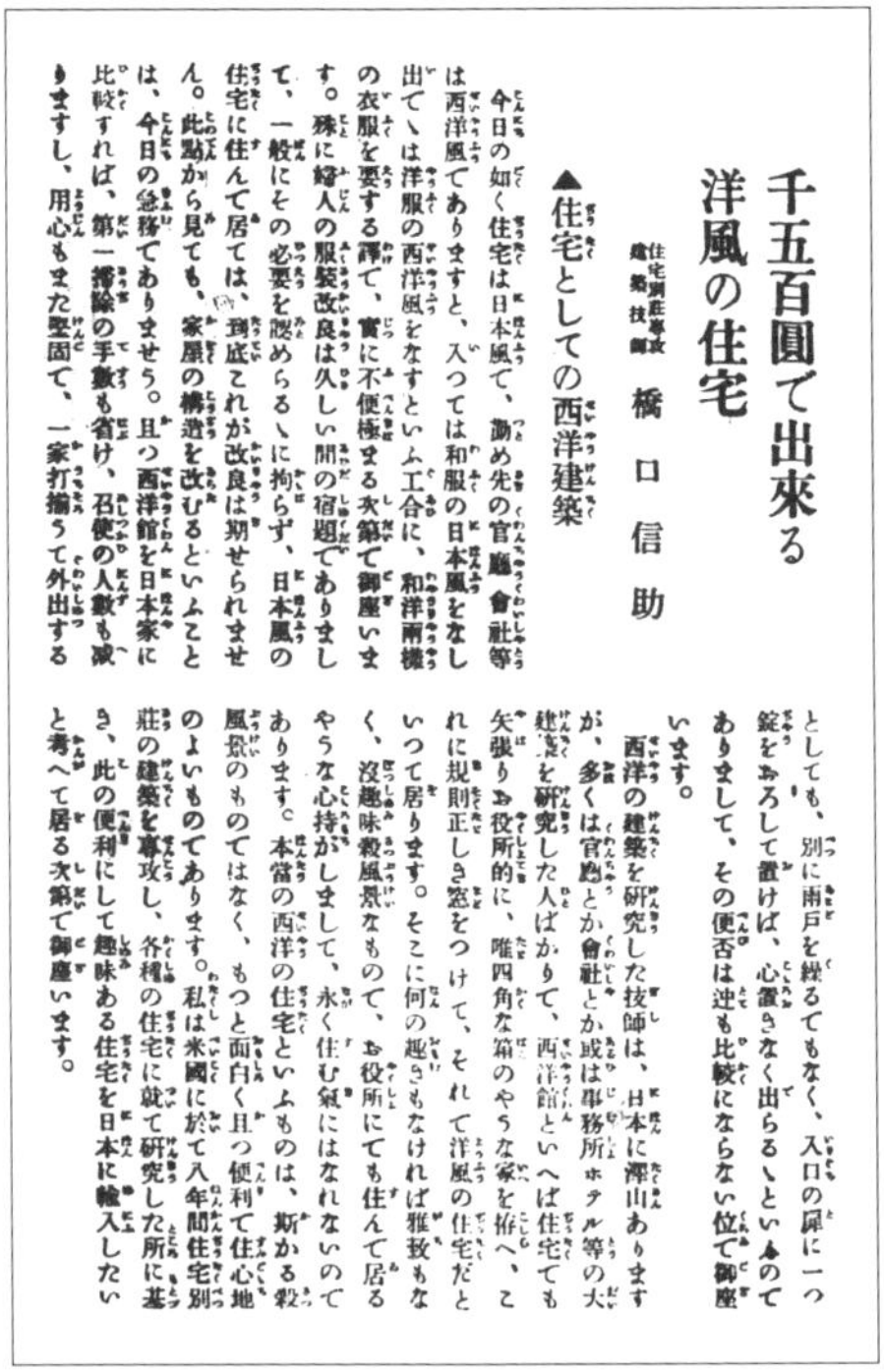

千五百圓で出來る洋風の住宅

住宅別莊專攻 建築技師 橋口信助

▲住宅としての西洋建築

今日の如く住宅は日本風で、勤め先の官廳會社等は西洋風でありますと、入つては和服の日本風をなし出てゝは洋服の西洋風をなすといふ工合に、和洋兩様の衣服を要する譯で、實に不便極まる次第で御座います。殊に婦人の服裝改良は久しい間の宿題でありまして、一般にその必要を認めらるゝに拘らず、日本風の住宅に住んで居ては、到底これが改良は期せられません。此點から見ても、家屋の構造を改むるといふことは、今日の急務でありませう。且つ西洋館を日本家に比較すれば、第一掃除の手數も省け、召使の人數も減りますし、用心もまた堅固で、一家打揃うて外出するとしても、別に雨戸を繰るでもなく、入口の扉に一つ錠をおろして置けば、心置きなく出らるゝといふのでありまして、その便否は迚も比較にならない位で御座います。

西洋の建築を研究した技師は、日本に澤山ありますが、多くは官廳とか會社とか或は事務所ホテル等の大建築を研究した人ばかりで、西洋館といへば住宅でも矢張りお役所的に、唯四角な箱のやうな家を拵へ、これに規則正しき窓をつけて、それで洋風の住宅だといつて居ります。そこに何の趣きもなければ雅致もなく、没趣味殺風景なもので、お役所にても住んで居るやうな心持がしまして、永く住む氣にはなれないのであります。本當の西洋の住宅といふものは、斯かる殺風景のものではなく、もつと面白く且つ便利で住心地のよいものであります。私は米國に於て八年間住宅別莊の建築を專攻し、各種の住宅に就て研究した所に基き、此の便利にして趣味ある住宅を日本に輸入したいと考へて居る次第で御座います。

図 8　橋口の「千五百圓で出来る洋風の住宅」

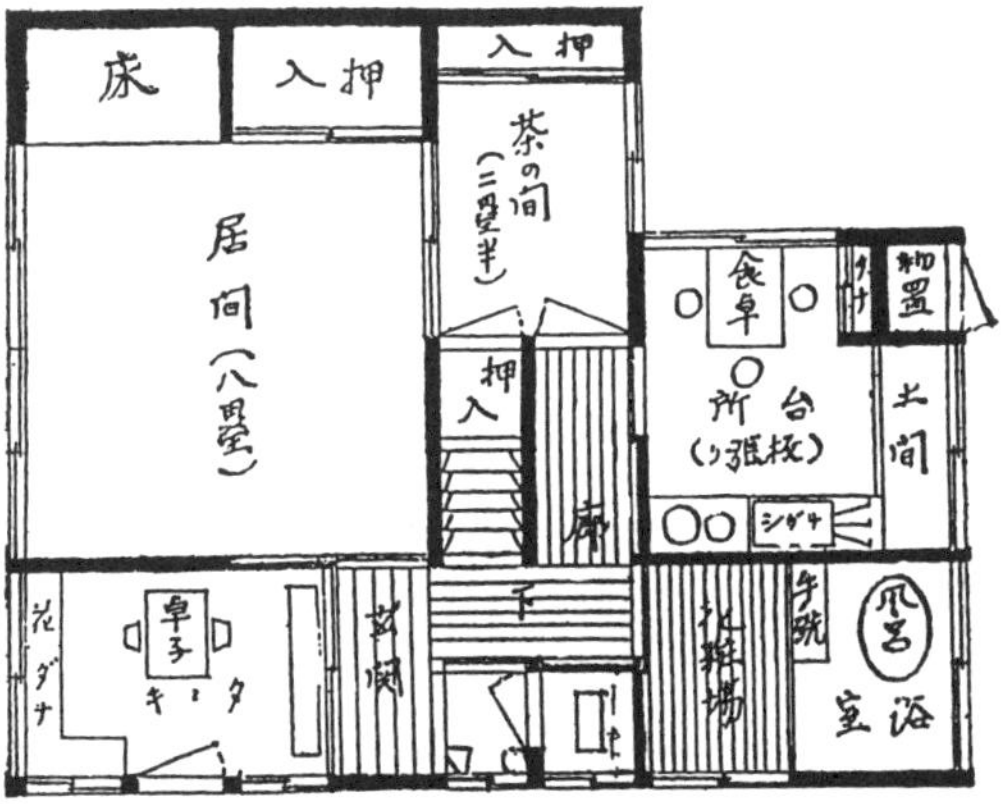

図 9　三角自邸一階平面
ちなみに、二階は階段を挟んで「六畳の西洋間」と「書斎兼応接間（十畳の西洋間）」の二部屋があった

たのであった。それは、昭和戦前期にみられる質素倹約のすすめとは根本的に異なり、あくまでも能率性の追求が目的であったことを端的に示しているのである。

では、三角はなぜそのような極めて合理的な考え方を持つに至ったのであろうか。それは、明治末期にわが国に紹介された「テーラー・システム(科学的管理法)」を知り、その考えを家庭生活に応用したからであった。この「テーラー・システム」は、米人のフレデリック・ウィルソン・テーラーが自動車などの工場生産の効率の向上化のために、人間の労力を最大限に発揮させる方法として考案したもので、三角はそれを家事労働の合理化の武器にしたのである。

なお、この「テーラー・システム」を家事労働に応用した考え方はアメリカでも提案され、大正二(一九一三)年にはクリスティーン・フレデリックが『新しい家事——家庭管理における効率性の研究』として、一九一五(大正四)年にはマリー・パッティソンが『家事工学の原理』として、各々発表している。その内容は、例えば、クリスティーンの挙げる「効率の悪い台所」と「効率のよい台所」に端的に示されている[図10]。「効率のよい台所」とは、流し・オーブン・ストーブなどの調理関係と食器戸棚・シンクなどを使用順序を考え

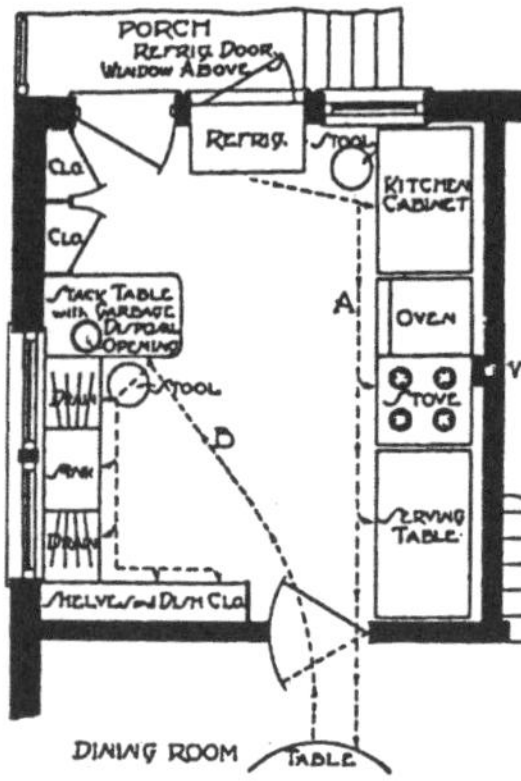

効率のよい台所

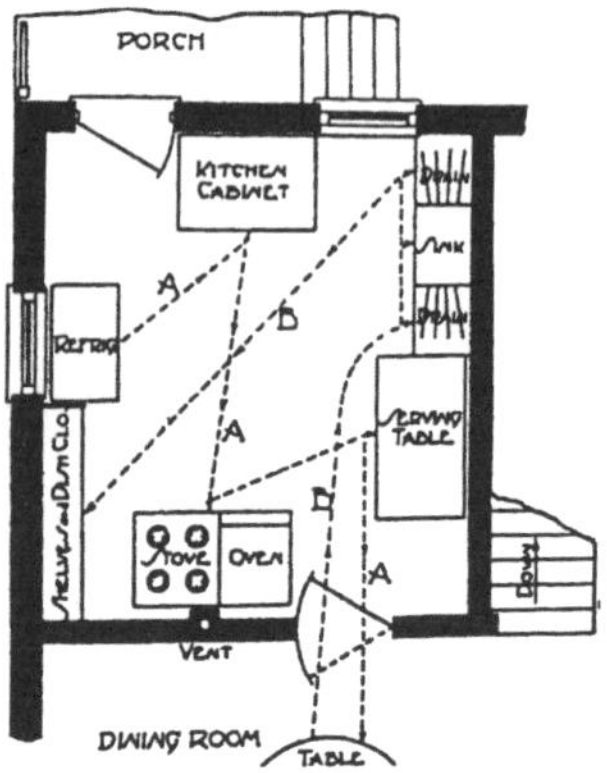

効率の悪い台所

て配置したものであった(『アメリカンホームの文化史』)。このように、三角はアメリカの家事研究家とほぼ同時期にテーラー・システムを家事労働に応用していたのである。そして、この動作経済という考え方は、昭和初期頃になるとアメリカの影響を受けて一層わが国の家政学の中でも重要視されていくことになる。ちなみに、昭和二(一九二六)年には富岡皷川が『台所科学』の中で先のクリスティーンの『新しい家事――家庭管理における効率性の研究』を紹介しているし、また、日本女子大学校教授の井上秀子の『嫁入叢書家政篇』(昭和四年)には「労力の経済」という項目が見られる。富岡にしても井上にしても共にアメリカの研究の紹介であり、その理由を井上は「著者が引用した例は、世界で最も時と労力を重要視する国民と云はれている米国人の研究であります。故に彼等の日常生活が時と労力を節約する点で、最も進歩したもの」であると述べている。また、この動作経済という用語は使用していないが、W・M・ヴォーリズ(William Merrell Varies, 1880-1964)は大正一二(一九二三)年に出版した『吾家の設計』の中で、クリスティーンと同様に動線を用いながら「悪い設計の台所」と「模範台所」の例を挙げている[図11]。

いずれにしても、この動作経済という考え方は当時非能率的で非

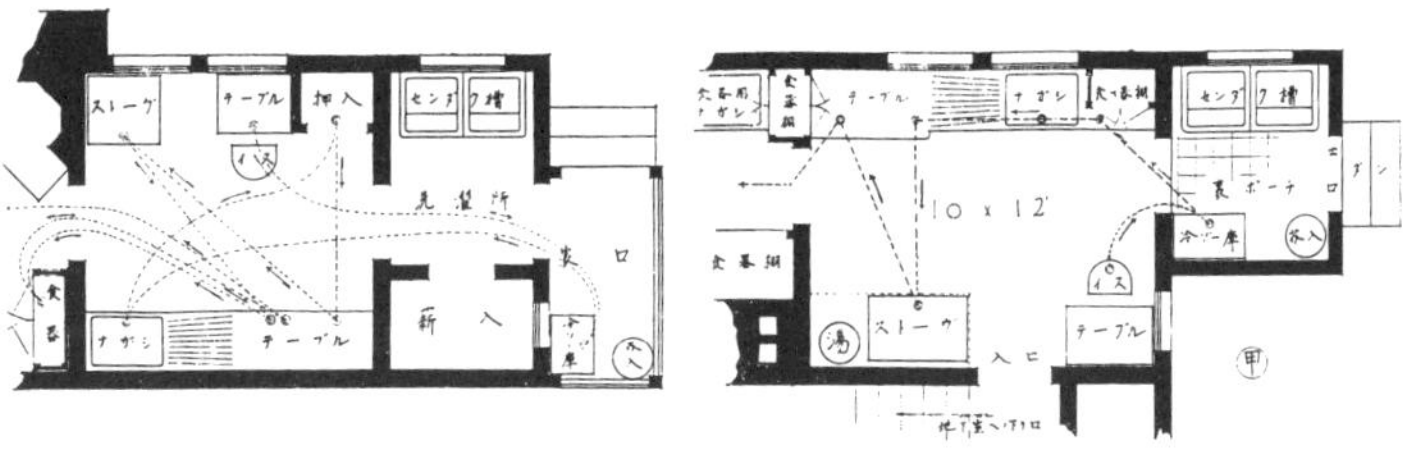

効率のよい台所　　効率の悪い台所

右頁:図10　クリスティーン・フレデリックの平面
上:図11　ヴォーリズの台所

衛生的と批判されていた在来の台所の改良計画に適し、作業効率のよい流しや食器戸棚やかまどなどの配置の仕方の追求においてその力が発揮された。また、建築学の中でも、昭和初期に紹介されるクラインの動線理論と相並んで、この考え方は住宅の平面計画を科学的に考案する一つの法則として無視し得ないものであった。

「住宅改良会」の設立

三角は、橋口に動作経済という考え方を説明し、在来住宅は能率的生活を実践するにはあまりにも問題があり、生活を変えようとしても生活の場である住宅そのものを変えなければ始まらないと主張した。橋口は、三角の提唱する考え方を聞き、自分自身の役割が何かをはっきりと自覚することになる。

クリスチャンである橋口の見いだした使命とは、住宅に関する啓蒙活動を行い、三角の批判する在来住宅の改良を積極的に展開することであった。そのために、橋口は三角の協力を取り付けて「住宅改良会」という一つの組織を創設し、本格的活動に着手することになる。まさに、橋口の建築側からの問題意識と三角の家政を担当する女性側の問題意識という相異なった立場から認識されていた住宅改良への熱意から「住宅改良会」は誕生したのである。

「二重生活」ということ

では、「住宅改良会」で展開する住宅改良としてのメインテーマはどのようなものであったのか。

一言で述べるならば「二重生活」の廃止であった。この二重生活とは、社会生活の場である官庁・会社では機能的な洋服が定着していたため、主人や子どもは通勤や通学の時は洋服、家庭では使い慣れた和服を着用するというように和服と洋服を使い分ける生活をしはじめていた。このような和と洋の混在は、衣・食・住の生活全般にわたって見られたのである。これは、見方を変えると、洋風の生活が確実に一般社会に定着しはじめていたことを意味し、その定着の仕方が問題視されたということである。この二重生活の問題は、明治期まではそれほどではなかったが、大正期に入ると経済性や合理性を求める都市中間層の間で解決すべき重要な問題と認識されていたのである。

なお、このような二重生活に関する批判は、明治中期に外人の間ではすでに行われていた。例えば、フランスの画家で日本の美術研究を目的に来日したジョルジュ・ビゴーは、鹿鳴館時代の極端な欧化政策の下で展開された生活を見て、その様子を風刺画として描いている。その視点は、まさに二重生活批判であった［図12］。このような現象は異文化が導入された際にしばしば起こることで、どのように同化していくかが重要な問題となる。明治期に行われた欧化政策は「猿真似」

図12　ビゴーの風刺画

と批判され、さらには国粋主義の台頭という状況だけを生み出し、生活を考える契機にはほとんどならなかったが、都市中間層を中心にして西欧の生活を受け入れる素地があった大正期には、二重生活批判は単なる国粋主義に向かわず自分たちの生活を考える契機となったのである。

橋口と三角は、この二重生活を不経済であるため、今後は生活を洋風に統一すべきであると考えたのである。そのためには、住宅も純粋の椅子座式生活だけのもの、すなわち中小規模の西洋館とすべきと考えたのであった。いずれにせよ、この「二重生活」に対する批判は、大正期に展開された住宅改良・生活改善運動の克服すべき共通テーマであったのである。

住宅専門雑誌『住宅』の発行

橋口は、三角と遭遇した大正四年から「住宅改良会」設立の準備に奔走した。特に、設立に当たって多くの賛同者を得るため、橋口は多くの衆議院議員などの行政関係者や教育関係者を訪ね歩いた。また、顧問を得るため、あめりか屋の事業に理解のあった武田五一の紹介による著名な建築専門家を訪ねて協力を求めたのである。その結果、賛助員として総理大臣であった大隈重信をはじめとして衆議院・貴族院議員五五名、女子高等師範学校長・慶応義塾塾長・同志社大学学長さらには東京海上保険会社取締役・日本興業銀行理事などの各界の著名人・有力者総勢一三四名の協力を得ることになる。また、顧問は一四名で、武田五一を筆頭に、塚本靖（東京帝国大学教授）・古宇田実（東京美術学校教授）・佐藤功一（早稲田大学教授）・滋賀重列（東京高等工業学校教授）など錚々たる建築家が名を連ねた。いま考えると、よくこのような人々の協力をとりつけたものだと感心するが、大正期の「生活」への関心の程がわかるというものである。

さて、この住宅改良会の活動内容は、以下の六項目が予定されていた。

① 専門家による研究会・講演会の開催
② 改良住宅の図案・写真の紹介
⑤ 住宅建築の技術者・建築関係の内外の商店の紹介
④ 住宅設計・家具其他の懸賞設計
⑤ 改良住宅の図面・写真・仕様書の配布
⑥ 住宅に関する出版物の刊行

このうち、橋口が住宅改良会の活動として第一に実践したのが⑥項目で、機関誌として住宅専門の雑誌を発行した。橋口は、アメリカ生活の経験の中で、住宅関係の雑誌の役割を十分理解していたため、活動の手始めに、当時、まだ日本で存在しなかった住宅の専門雑誌の必要性を認識していたのである。発行の際にモデルとなったのは、明治三八（一九〇五）年創刊の『ハウス・アンド・ガーデン』と明治一六（一八八三）年創刊の『レディス・ホーム・ジャーナル』であった。ともに住宅を中心とした雑誌で、古くさい住宅ではなく新しくモダンな住宅を満載していたのである。橋口の企画した雑誌は文字通り『住宅』と命名され、大正五（一九一六）年八月に創刊されている［図13］。この雑誌の発行により、人々はようやく住宅に関する知識や情報、さらには住宅のパターンブックのような手本を気軽に得ることができたし、また、住宅の設計に意義を見いだしはじめていた建築家たちは独自の考えによる住宅や住宅論を発表する場を獲得したのであった［図14］。それは、一八九〇年代の経済不況に起因するが、ちょうどアメリカにおいて、建築家が一般の中小住宅に手を染め『レディス・ホーム・ジャーナル』などの誌上に多くの住宅を発表していくことになるのに似た現象でもあった。

住宅の時代

この住宅改良会の設立により、明治期の在来住宅批判の動きは、単なる批判から新しい住宅を積極的に求める住宅改良運動へと移行することになる。そして、この住宅改良運動は大正九（一九二〇）年にピークを迎え、住宅の改良を対象とする団体としては「住宅改造会」が、生活全般の改良を対象とするものとしては「生活改善同盟会」・「文化生活研究会」そして「家事研究会」などが相次いで組織さ

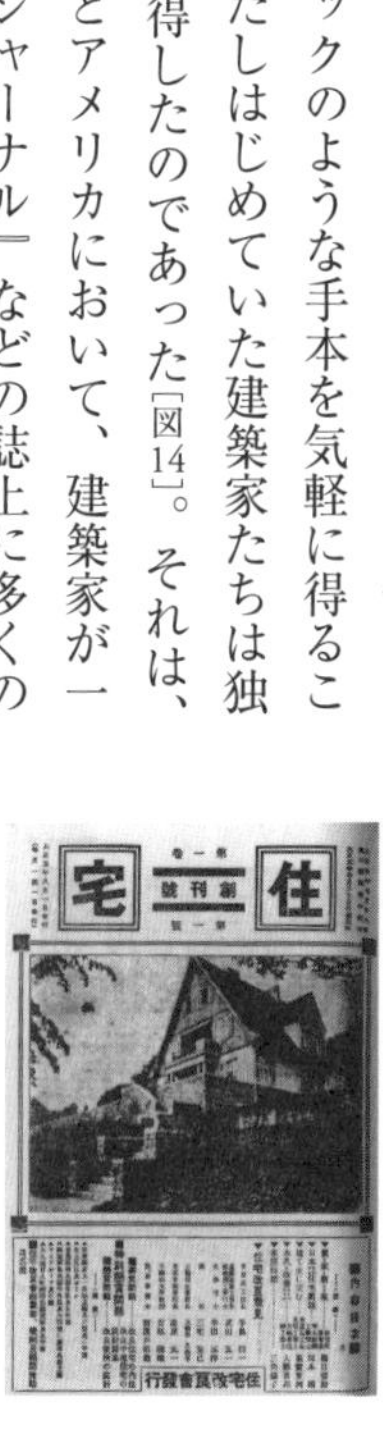

図13 『住宅』創刊号表紙

れ、活発化することになる。このうち、「住宅改造会」は、趣意書や会則はほとんどそのまま住宅改良会のものを借用するなど、住宅改良会の極めて強い影響を受けて設立し、翌一〇年から機関誌『住宅研究』を発行していた（「住宅改造会と機関誌『住宅研究』について」）。また、「生活改善同盟会」は文部省の後援により、また「世

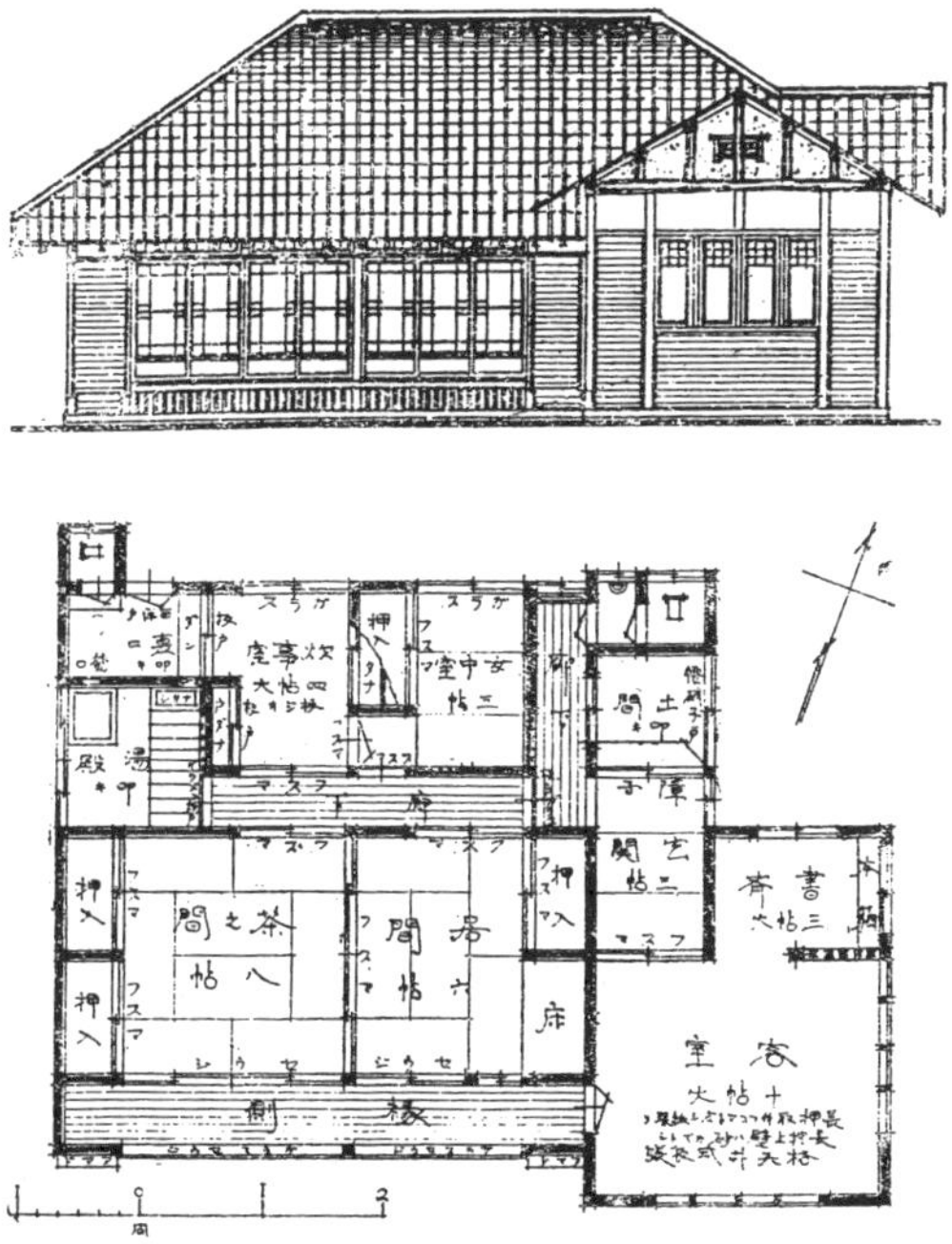

図 14　『住宅』誌上の最初のコンペ当選案平面図および立面図

帯の会」は大正一〇年に農商務省の後援によりそれぞれ誕生しており、住宅に関して様々な人々が様々な議論を展開することになる。まさに、「住宅の時代」が訪れようとしていたのである。

大正八年の生活改善展覧会

大正四(一九一五)年の家庭博覧会を契機にわが国では、家庭生活をテーマとする博覧会や展覧会が頻繁に行われるようになった。しかも、その主催者に注目すると民間だけではなく文部省や農商務省などのいわゆる官側によるものもしばしば見られた。特に後述するように文部省では、東京教育博物館を舞台に多くの啓蒙のための展覧会を開催している。その代表的なものの一つに文部省が大正八(一九一九)年一一月三〇日から翌大正九年二月一日まで行った「生活改善展覧会」がある。この展覧会の開催の理由は、欧米の生活の一般生活への浸透とは裏腹に、わが国の繁雑で不合理な伝統的生活法がいまだに改善されないことを問題としたものであった。ちなみに、生活の改善が進まない原因は、

① 経済思想の欠如
② 虚礼虚飾による因習的生活の蔓延
③ 二重生活の蔓延

の三つであるとし、それらの改善の方針を出品物を通して主張しようとしたのである。

大正期の住宅界の動向を反映した出品作品

住宅関係の作品は「改良住宅」というコーナーにまとめられた。出品作品の大半が、住宅の模型や図面で、中には調査報告もあった。具体的には、住宅改良会の改良住宅懸賞図案の第一当選案の図面と模型［図15］、三角錫子の半坪の主婦書斎の図面［図16］、実践女学校出品の簡易住宅の図面と模型、日本女子大学校の家庭執務部屋の図面と模型、三輪田高等女学校の小供室の図面と模型などであった。また、東京女子大学校は郊外住宅の調査報告を出品した。この住宅改良会の改良住宅懸賞図案とは、理想的住宅の設計案を一般に募集したもので、建築家を含め一般の人々に住宅の問題に関心を抱かせるため、住宅改良会では好んで行ったのである。また、三角は、これからの新しい住宅では主婦の場が確立されなければならないという主張から、たとえ半坪でも主婦の場を確立することは、因習にとらわれた虚礼虚飾の生活を改善することを意味し、また、その場で合理的生活を支える経済思想を養うための勉強を主婦に求めたのである。

そして、このような独立住宅に関する作品と並んで、集合住宅と田園都市に関する作品も展示されていた。集合住宅としては、三角錫子の共同小住宅、東京帝国大学（佐野利器）が出品した規格住宅［図17］、建築家の宇田尚の共同住宅、また、田園都市に関しては東京高等工業学校（前田松韻）と東京市技師福田重義が田園都市の理想図などの図面を出品している［図18］。この集合住宅という考え方は、大正一一年に東京市営の古石場住宅に採用され、また、大正一三（一九二四）年には、関東大震災後の住宅復興のために設立された同潤会の住宅として実施されることになる。そして、田園都市の考え方は現在高級住宅地として有名になった田園調布に代表される大正期の多くの郊外住宅地誕生に強い影響を与えている。このように、生活改善をテーマとした展覧会でありながらも、出品作品は新しい生活そのものを示すものだけではなく、大都市への人口集中とともに認識されつつあった都市にふさわしい住宅形式の紹介や新しい都市そのものもテーマとしていた。大正四年の家庭博覧会からわずか四年しかたっていなかったが、住宅の問題は都市の膨張と共に確実に多様化していたのである。

文部省主導による生活改善運動

ところで、話は前後するが、では、なぜ文部省が生活改善運動に着手したのであろうか。この点は、少し説明が必要である。簡単に触れておこう。

文部省では、明治末期から国民政策として社会教育の必要性が叫ばれる中、明治四四（一九一一）年具体的方策を明確にするために通俗教育調査委員会を設置して

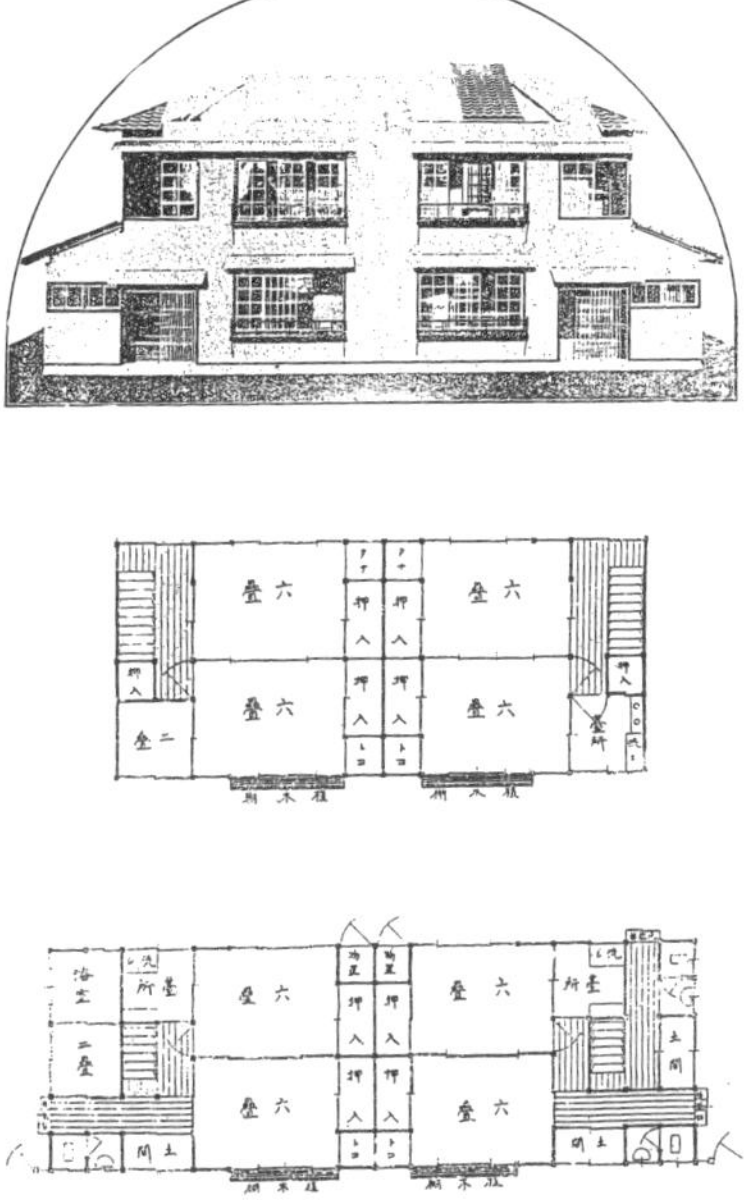

図 17　佐野利器出品の「規格住宅」模型写真および平面図

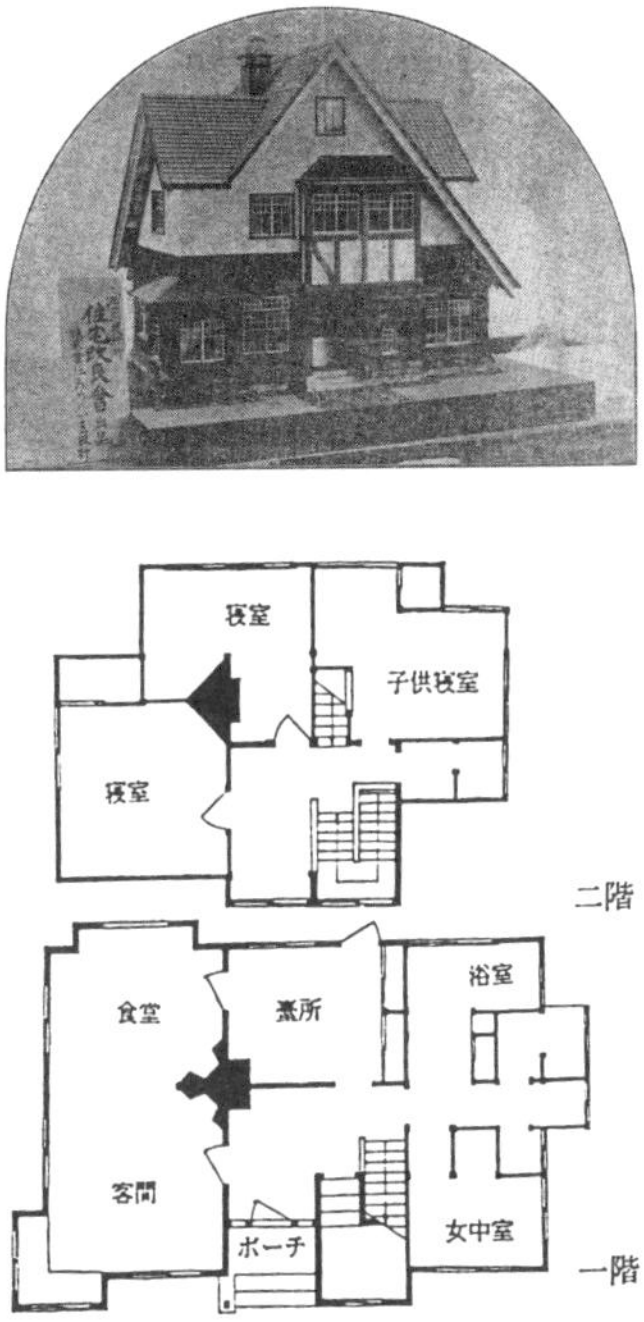

図 15　住宅改良会出品作品の模型写真および平面図

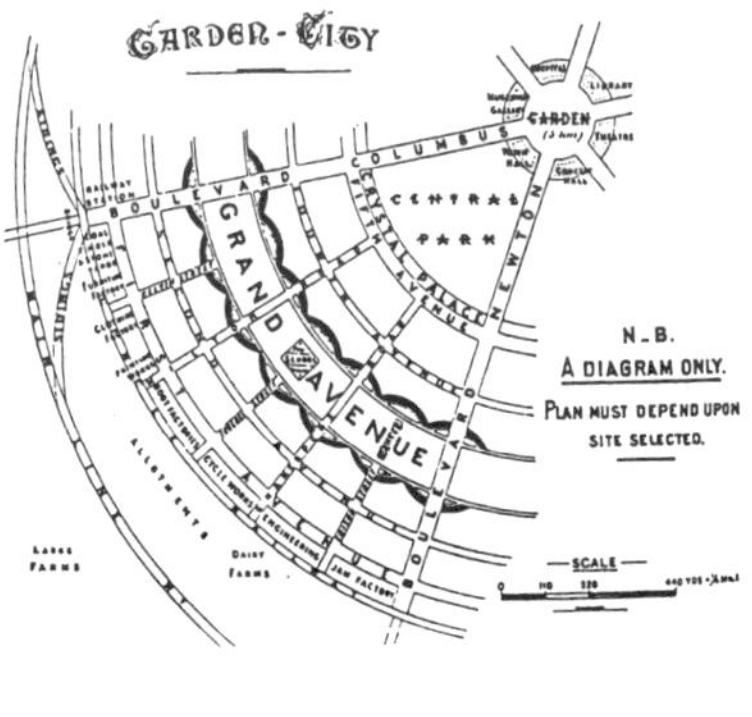

上：図 16　三角錫子の出品した「半坪の主婦書斎」
左：図 18　E. ハワードの田園都市のダイアグラム

いる。その際、社会教育を推進する方法として博物館の活用が提案された。そのため、東京教育博物館（現国立科学博物館）が東京師範学校から文部省に移管された大正期以降から、東京教育博物館は社会教育の場として積極的に利用された。また、それに伴いこの社会教育を担当する組織として、普通学務局第四課が大正八（一九一九）年に設置されたのである［図19］［表1］。

一方、第一次大戦後の好景気によるインフレ現象から大正七（一九一八）年の米騒動が生じた。この米騒動に象徴されるように、大正中期は吉野作造の民本主義などを背景として民衆運動が積極的に開始されていた。そのような中で、大正八（一九一九）年文部省では、社会教育の一環として第一次大戦後の国民生活の安定および国富の増進を求めて、代用食の奨励・勤労の奨励そして節約生活の徹底という訓令を発令している。これを受けて、社会教育担当として設置された普通学務局第四課では、組織後の初めての活動として発令された訓令をもとに生活改善運動に乗り出したのであった。

生活改善同盟会の設立経緯

普通学務局第四課の初代課長乗杉嘉寿は、生活改善運動は単に宣伝したり講演するだけではなく自分たちが規範とする規則を作成し具体的に実行することが必要である、と考えた。その考えを実践するためには、生活改善に関する調査研究

図 19　展覧会に出品された風刺画

名称	会期	団体入場者数	総入場者数
虎列拉病予防通俗展覧会	5年9月下旬～5年11月下旬		40,000
大戦と科学展覧会	6年11月17日～6年12月16日		40,000
食物衛生経済展覧会	7年3月2日～7年3月31日		17,000
天然痘予防展覧会	7年3月12日～7年4月11日		23,000
廃物利用展覧会	7年6月22日～7年8月31日		67,000
家事科学展覧会	7年11月2日～8年1月15日		50,000
災害防止展覧会	8年5月4日～8年7月10日	41,868	183,605
生活改善展覧会	8年11月30日～9年2月1日	10,600	107,670
「時」展覧会	9年5月16日～9年7月4日	45,394	222,845
鉱物文明展覧会	10年3月21日～10年5月22日	27,365	117,437
計量展覧会	10年6月6日～10年7月5日	10,823	110,257
印刷文化展覧会	10年9月25日～10年10月25日	30,607	313,580
活動写真展覧会	10年11月20日～10年12月10日	5,472	131,353
運動体育展覧会	11年4月30日～11年5月31日	28,230	168,284
消費経済展覧会	11年11月12日～11年11月29日	7,572	126,407
動力利用展覧会	12年6月13日～12年6月27日	8,596	93,015
乳展覧会	13年5月11日～13年6月1日	5,630	23,710
衛生工業展覧会	13年7月6日～13年8月11日	1,661	27,937

表 1　文部省の展覧会リスト

を行い、規則を作成する実施部隊を必要としたのである。そのため、乗杉は東京教育博物館で生活改善の展覧会を開催し、それを契機に協力者を募り、実施部隊を組織することを考えた。その展覧会がすでに紹介した大正八年の生活改善展覧会であり、実施部隊が翌九年設立した生活改善同盟会であったのである。乗杉は、展覧会の開始と共に東京博物館館長棚橋源太郎と連名で、展覧会出品者を中心に生活改善同盟会設立の同志を募る書状を発送し、翌大正九(一九二〇)年一月に発会式を行っている。生活改善同盟会の具体的活動は、様々な分野の調査委員会によって行われた。調査委員会は衣食住に加えて社交儀礼などの多方面にわたり、このうち住宅改良の調査研究を担当したのが住宅改善調査委員会であった。調査委員会のメンバーは、佐野利器が委員長、副委員長は清水組技師長を勇退し建築事務所を開設していた田辺淳吉で、他に日本女子大学校教授井上秀子・東京女子高等師範学校教授大江スミ子・三輪田高等女学校長三輪田元道・家庭経済学会長野口保興などの女子教育家、大蔵技師大熊喜邦・内務技師笠原敏郎・文部技師高橋理一郎・東京市技師福田重義・東京帝大講師田村剛・早稲田大学教授今和次郎などの錚々たる建築関係者が名を連ねていた。その肩書きからまさに、官的性格とともに女子教育を通して住宅の啓蒙化を進めていこうという方針がはっきりと見てとれるであろう。

さて、住宅改善調査委員会では、大正九年に早くも『住宅改善の方針』を発表

し、翌年の大正一〇(一九二一)年にその詳細として「住宅の間取及設備の改善」を発表している。『住宅改善の方針』では

① 起居様式を椅子座式にする
② 接客本位を家族本位とする
③ 衛生・防火を考慮する
④ 実用本位の庭園を考慮する
⑤ 家具の実用性を考慮する
⑥ 共同住宅・田園都市の施設を奨励する

の六項目が挙げられている。第一の改良項目に椅子座式が挙げられているように、住宅改良方針として起居様式の問題を重視している傾向はすでに紹介した住宅改良会と共通していた。異なる点は、住宅改良会が能率・経済性を背景として起居様式の問題を住宅改良の中心に据えていたのに対し、生活改善同盟会では佐野利器らの意向を反映して衛生・防火の考慮、共同住宅の奨励などを含む総合的な方針を打ち出していたということである。そして、この生活改善同盟会の活動は、設立当初は都市生活者を対象とした生活改善運動を展開していたが、大正一二、一三(一九二三、二四)年には新たに農村生活者の生活改善をも含む活動へと範囲

を拡大し、その運動の浸透を図っていくことになる。

田辺淳吉の改良住宅

ところで、この生活改善同盟会は文部省の外郭団体であったため、文部省主催の講習会などを通じて、その考え方を普及させる機会も数多くあった。例えば、大正一〇年に文部省では全国高等女学校家事主任を対象に「生活改善講習会」を開催している。この講演会では八名の講師のうち六名までが生活改善同盟会の委員であり、住宅改善調査委員会からは副委員長の田辺淳吉が「本邦住宅改善の実地的解決」と題し、講演を行っている。田辺の講演の内容は、先の住宅改善方針に沿ったものであり、当時の住宅改善調査委員会の目指した方向を具体化したものであった。講演では、いくつかの具体例を挙げて、その住宅の改善のプロセスを示している。その一例を見てみよう［図20］。伝統的な在来住宅を挙げ、それに対する軽便改善案と理想的改善案を示している。軽便改善案は、まず当初の玄関と四畳半部分を椅子座式の客間兼食堂とし、座敷の床の間の裏側の便所と女中専用の便所を廃止して一つにまとめるなどの改良を施している。理想的改善案では、客間兼食堂の面積をもう少し大きくし、寝室もベッドにするなど起居様式はすべて椅子座式にしている。また、外観も下見板から塗り壁の大壁にしている。このことから、理想は生活もその器としての住宅もすべて西洋式のものであったことがよくわかる。

ともあれ、生活改善同盟会の活動、とりわけ『住宅改善の方針』は、明快さに加え、文部省の外郭団体の主張した方針であったため、生活改善運動全般の基本的方針として認識されていった。また、特に、文部省との深い関係から当時の家政学に強い影響を与え、家政学の「住」の分野の重要性を浸透させることになる。

3　郊外と避暑地の発見

郊外の発見

これまで、都市中間層が台頭し、彼らの住宅である新しい中流住宅が追求されてきたことを述べたが、では、いったいそれらの住宅はどこに建てられていたのであろうか。実は、そのような住宅が建設される場が確実に準備されていたのである。それは都市近郊の郊外住宅地のことである。

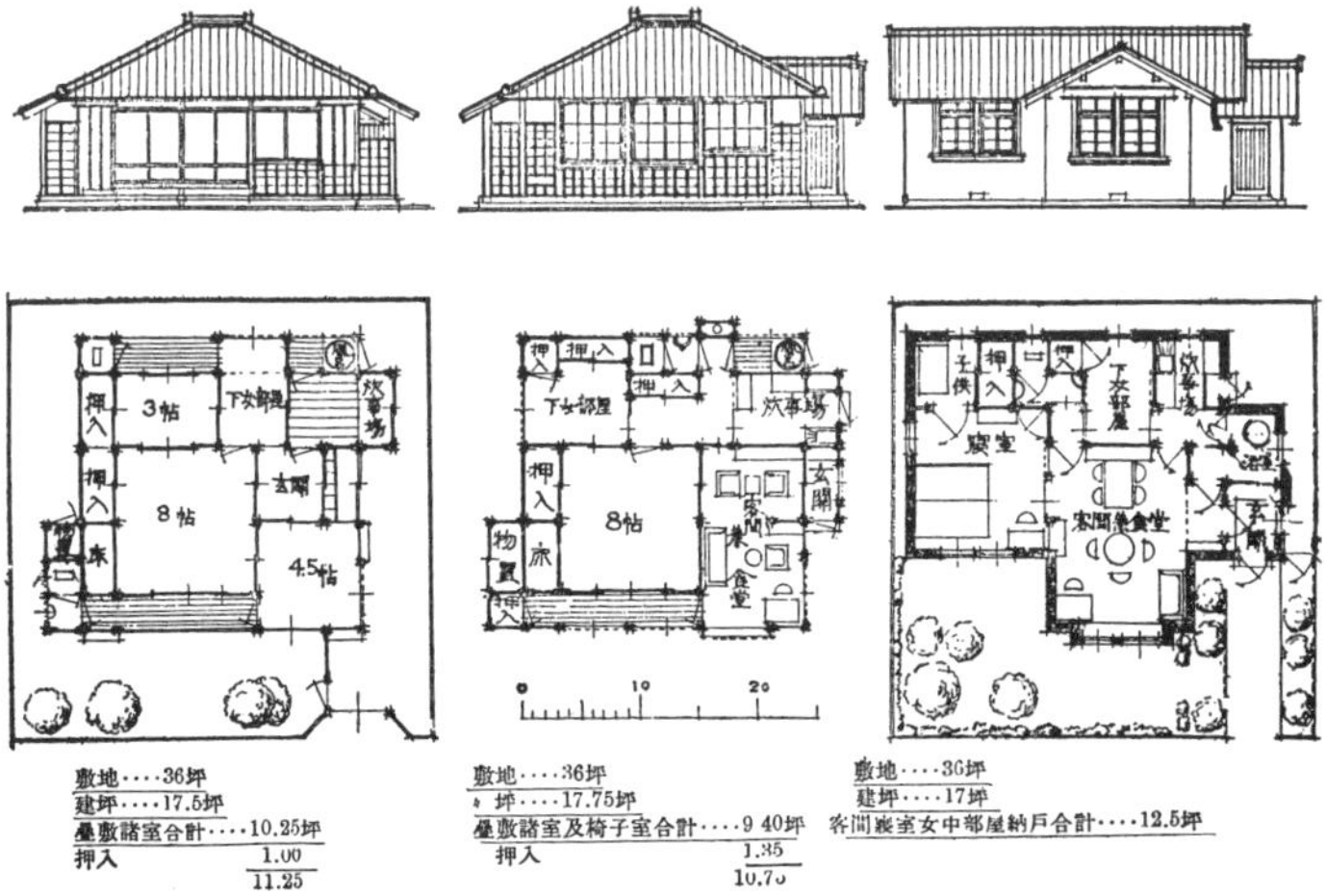

〈在来住宅〉　〈軽便改善案〉　〈理想的改善案〉

図 20　田辺淳吉の改良住宅

鉄道を中心とした交通網の発達は、それまでの都市内での職住一体の生活パターンから人々を解放し、都市と郊外を行き交う職住分離という新しい生活へと促したのである。ちなみに、大正一二(一九二三)年三月九日の路面電車による東京市内外の移動人口は約三〇万人であった。また、東京の人口は、東京市に関しては、大正七(一九一八)年を一〇〇とすると関東大震災後に八二まで減少し、大正七年当時の人口に回復するのは昭和一〇(一九三五)年まで待たねばならなかった。しかし、今日の東京都地域でみれば人口はほぼ毎年増加していた。このことは当時の東京市周辺地域の人口が急増していたことを意味していたのである(『東京百年史』第四巻)[表2]。それは、見方を変えれば郊外の住宅地化を示すものであったのである。

郊外住宅地の誕生

郊外の住宅地化は住宅の商品化とともに郊外住宅地としての土地の商品化を促した。とりわけ明治末期にわが国に田園都市の考え方が紹介されると、計画的に郊外に住宅地をつくることが流行した。この計画的郊外住宅地は、企業主体によって分類すると以下の四つに分けられる(「幻の田園都市」)。

① 電鉄会社により開発された住宅地

② 土地会社や信託会社により開発された住宅地
③ 土地整理組合や住宅組合などの組合組織により開発された住宅地
④ 公益団体により開発された住宅地

	東京府（%）	東京15区（%）	東京35区（現23区）（%）	三多摩地区（%）
大正 7	100	100	100	100
12	110	97	142	101
13	108	82	170	104
14	121	86	211	108
15	126	89	218	112
昭和 2	130	92	226	116
3	135	95	234	120
4	140	98	242	124
5	146	89	290	123
6	151	89	306	126
7	156	90	322	129

表2　東京の人口の変遷表

①の代表的な例は明治四四（一九一一）年から開発された小林一三率いる阪急電鉄、東武鉄道の事業、②としては田園調布を生んだ田園都市株式会社や箱根土地株式会社などの事業、③としては東京の井荻村の土地区画整理事業などが挙げられるし、④としては同潤会や六大都市で行われた市営住宅事業などが挙げられる。このうち、①の電鉄会社により開発された住宅地と②の土地会社や信託会社により開発された住宅地は、まさに住宅地を商品として積極的に売りだしたもので、購入の方法としては求めやすいように月賦制を盛んに採用していた。この月賦制は、長期的支払い計画が可能である月々に必ず一定の収入があるサラリーマンと呼ばれる人々を対象に採用されたもので、その意味でも会社員や教師・軍人といった新都市中間層の人々には、一つの福音であった。

なお余談であるが、このような計画的に開発された住宅地のうち、田園調布と大船田園都市は特にイギリス人のハワードの考案した田園都市論の強い影響を受けて生まれたものである［図21］。この田園調布や大船田園都市に代表される理想を求めた住宅地では、環境を守るために紳士協定が定められていた。ちなみに、田園調布の場合は、

① 他の迷惑となる建物を建てない
② 障壁は設ける場合は、瀟洒典雅のものとする

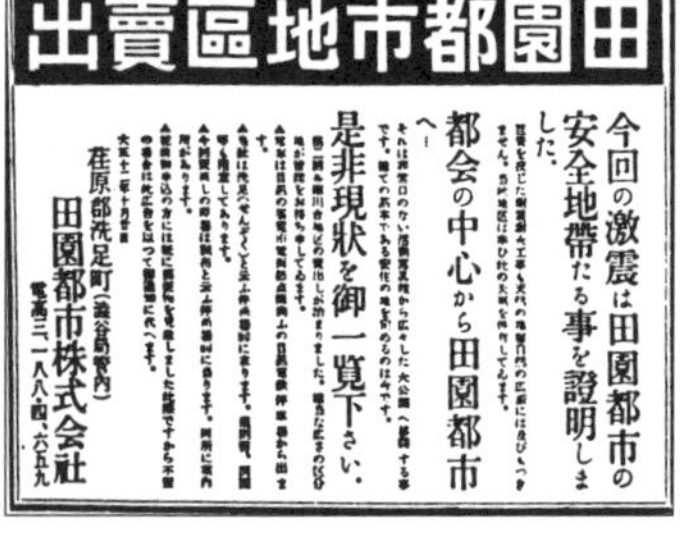

図21　大正一二年当時の田園都市株式会社広告

③　建物は三階建て以下とする
④　建物敷地は宅地の五割以内とする
⑤　建築線と道路との間隔は道路幅員の二分の一以上とする
⑥　住宅の工費は坪当たり約百二、三十円以内とする

というものであった。このうち、⑥の住宅の工費は坪当たり約百二、三十円以内とすることは、大正七(一九一八)年に『千円以下で出来る理想の住宅』(鎌田賢三、鈴木書店)という単行本が発行されていることを考えれば、かなり質の高い住宅の建設規定であったといえる。そして、それは、どちらかといえば洋風系の住宅の建設を促したとも考えられるのである。

郊外住宅地と西洋館

一方、大正七(一九一八)年、小田内通敏は『帝都と近郊』の中で、東京の西側の郊外の加速的な住宅地化の状況を紹介している。そして、さらにそのような郊外住宅地の発生に歩調を合わせるように、住宅建設の需要も高かったことを次のように述べている。

土地の売買及家屋建築の需要が益々必要を加へ来れる結果、是等の必要を充

すべき会社の新設亦漸く多きを加へたり。東京土地建物会社の如き、其設立明治二十九年にして、最も社運の隆盛を致せるもの、西洋建築に関しては、近年比較的簡易に其請負に従事するアメリカ屋なるもの設立せられたる結果、此種の西洋建築の住宅が、西郊に散見するもの少なからざるは、人の知る所なり。

（小田内通敏『帝都と近郊』大倉研究所、大正七年）

これによると、すでに幾度か触れてきた橋口信助の興したあめりか屋により、郊外住宅地に「西洋建築の住宅」がもたらされたという。当時、「西洋建築の住宅」を手掛けていたのは、あめりか屋だけとは限らなかったが、あめりか屋の特徴である西洋式の外観の住宅が、郊外住宅地に確実にしかも急激に普及していたことがこれからわかる。ちなみに、あめりか屋の扱った住宅の建設地は、東京近郊では東京市内より昭和七年以降に東京市に編入されることになる東京市外の南西地区が多く、郊外住宅地への建設状況がうかがえる［図22］。

避暑地の開発ブーム

このように、都市化の動きを反映し、大正も中期になると郊外に着々と中小規模の西洋館が建設され、あめりか屋に代表される住宅の建設事業は順調に発展し

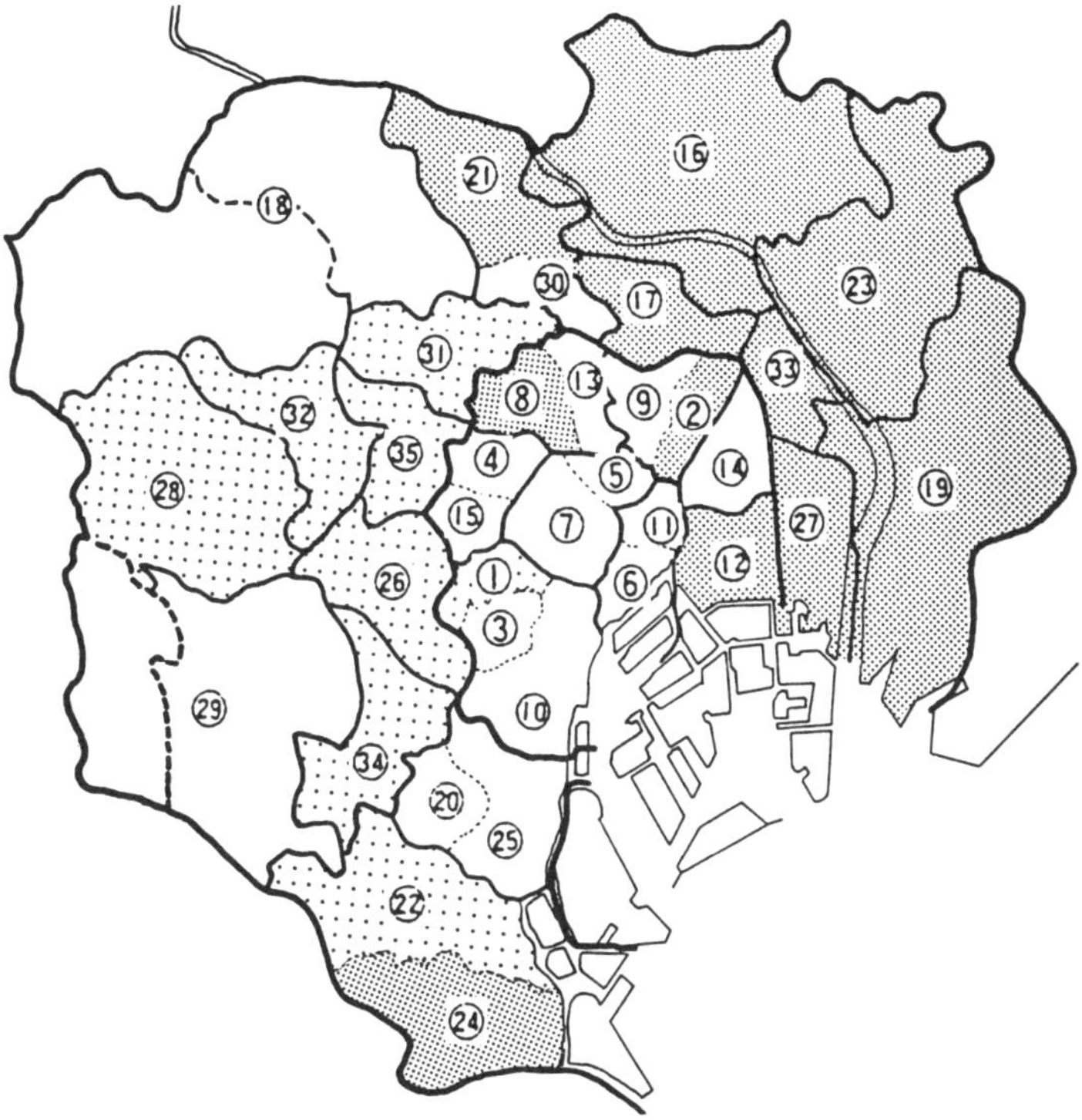

建設数が多い地区

建設例がない地区

旧 15 区	13 本郷区	24 蒲田区
1 赤坂区	14 本所区	25 品川区
2 浅草区	15 四谷区	26 渋谷区
3 麻布区		27 城東区
4 牛込区	新 20 区	28 杉並区
5 神田区	16 足立区	29 世田谷区
6 京橋区	17 荒川区	30 滝野川区
7 麹町区	18 板橋区	31 豊島区
8 小石川区	19 江戸川区	32 中野区
9 下谷区	20 荏原区	33 向島区
10 芝区	21 王子区	34 目黒区
11 日本橋区	22 大森区	35 淀橋区
12 深川区	23 葛飾区	

図 22　あめりか屋の住宅の建設地状況
（大正 5 年から昭和 18 年）

ていたことがわかる。

ところで、この西洋館建設ブームは郊外住宅地だけの出来事ではなかった。明治末から大正期にかけて開発された軽井沢を頂点として、関東環状別荘帯とも称される多くの避暑地（『軽井沢別荘史』）にも、このブームは波及していた。

こと避暑地軽井沢の開発について述べると、イギリス教会の聖職者A・C・ショーと東京帝国大学文科大学教師J・M・ディクソンが明治一九（一八八六）年以降避暑生活を開始したことに始まる。彼らは、軽井沢が避暑地に最適であることを友人・知人に語り、それがもとで明治期は西洋人専用の地として発展したのである。一方、大正期になると邦人の間でも軽井沢は注目されることになる。その契機となった出来事が、大正四（一九一五）年の野沢源次郎の野沢組と大正七（一九一八）年の堤康次郎の箱根土地株式会社による別荘地開発であった。特に、今日よく知られている軽井沢の原型は野沢組の手でつくられた。野沢組が進出した経緯は、海外貿易を中心とする商社を経営していた野沢源次郎が病弱で、軽井沢での療養を医者から推められて訪れ、その自然に魅せられて保養別荘地の開発を思いついたことに始まる。

野沢組とあめりか屋の軽井沢進出

そのころ、「住宅別荘専攻建築技師」という肩書の橋口信助は、天性の商売気質から野沢組の企てに特に興味を示し、単に道路をつくり土地分譲を行うことだけには満足できず、避暑客のために生活必需品を販売するスーパーマーケットの建設や、治安確保のための警官を常駐させるために警察官舎を建設して寄贈すべきであることなどを説いた。それは、アメリカ帰りの橋口の面目を十分発揮したアイデアであり、おそらく、橋口はリゾート地として軽井沢を見ていたようである。貿易商社であった野沢組は、その斬新なアイデアに注目し、新進気鋭の橋口率いるあめりか屋を別荘建築の担当者に指名した。大正五（一九一六）年、あめりか

図 23　あめりか屋の広告
軽井沢出張所の記載がある

屋は出張所を開設し、さっそく貸別荘・注文別荘を多数手掛け、さらには自らのアイデアであるスーパーマーケットや警察官舎をも手掛けた［図23］。注文別荘の施主には、大隈重信・加藤高明・後藤新平などの高官、徳川慶久・徳川圀順・細川護立・津軽承昭などの華族、根津嘉一郎などの財界人、新渡戸稲造・芳賀矢一などの学者、というように各界の名士が見られる。それは、一種のブームとも言えるような状況を呈し、あめりか屋の信用を不動のものとしたのである。

大正初期のあめりか屋の住宅

当時のあめりか屋の住宅は、都市近郊の専用住宅も別荘も同一の様式でつくられていた。東京郊外の住宅は、今日、震災・戦災でほとんどが失われてしまったが、軽井沢では当時の作品が今でもいくつか健在である。その典型の一つ旧徳川慶久邸は、大正五年六月に竣工した［図24］。この別荘は、当時約五万坪の敷地のなかに建てられた木造二階建て・地階付きの建物で、今日でも木立のなかの姿は変わらない。屋根は、急勾配でその三角形の妻部分には持ち送りと呼ばれる腕木がリズミカルに配され、外壁は一階が下見板、二階は陰影が生じるように仕上げをわざと荒くしたスタッコ粗面仕上げというように、橋口が持ち帰ったアメリカの組立住宅を祖型としたものであった。その瀟洒な姿は、人々の夢をかなえるにふさわしいものであり、今でも十分魅力的である［図25・26］。

図 26　大正 5 年頃竣工の田辺邸外観

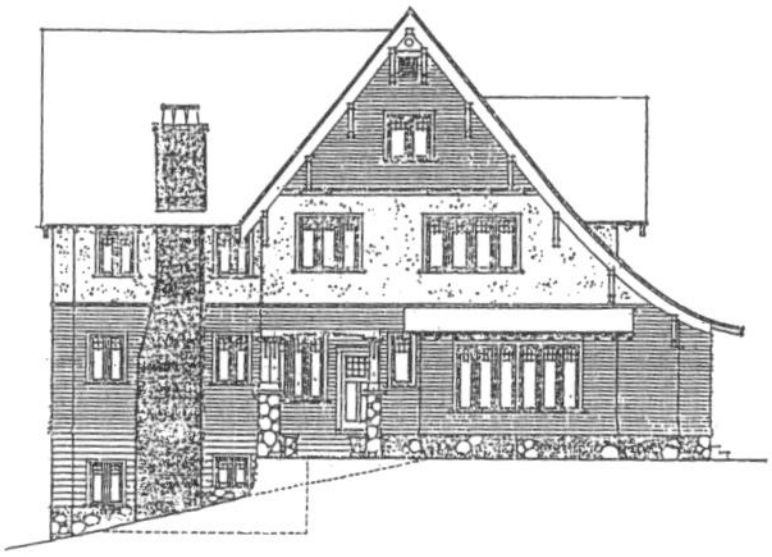

左：図 24　大正 5 年竣工の旧徳川慶久邸外観
上：図 25　大正 5 年頃竣工の旧細川護立邸立面図

ヴォーリズ建築事務所

ところで、偶然にも近江八幡を中心に建築活動を開始していたアメリカ人宣教師W・M・ヴォーリズの開設した建築事務所の軽井沢出張所も大正四年に開設されていた［図27］。このヴォーリズも、橋口同様祖国であるアメリカ住宅——特にスパニッシュ様式——をもとにやはり住宅を手掛けていたのである。そして、ヴォーリズ建築事務所は、この軽井沢で別荘を手掛けるだけではなく、この軽井沢で開かれていた日本全国宣教師会を通して多くの外国人宣教師の信頼を得、全国のミッションスクールや教会堂の仕事の糸口をつかみ、名実共に一流建築事務所へと発展していくことになる（『ヴォーリズの住宅』『ヴォーリズの建築』）。それはあめりか屋が飛躍的に発展するきっかけを軽井沢で得たのと極めてよく似ていたし、それはアメリカの建築文化のわが国への普及を意味していた。

4　実物住宅展示の開始

住宅実物展の開催

大正一一（一九二二）年に開催された平和記念東京博覧会は、わが国の明治以降の住宅の歩みを考える上で忘れてはならない重要な出来事であった。博覧会会場の

図27　ヴォーリズ『吾家の設計』『吾家の設備』表紙および旧朝吹山荘・昭和六年竣工

一角に実物の住宅が展示され、一般の人々に公開されたのである。大正四年の家庭生活をテーマとした家庭博覧会において、あめりか屋の出品した純西洋風郊外住宅の実物模型や国民新聞社の中流住宅の実物模型があったが、一四棟もの住宅が揃い踏みしたのはこれが初めてであった。

ところで、一般の人々の住宅建築の理解の方法としてだけではなく、建築家が一般の人々に自分の作品を理解してもらうためにも、実物の建築を見せることは極めて有効な方法である。それが今日、住宅展示場を存在させている所以でもある。それはともかくとして、イギリスでは早くから実物の住宅を展示する住宅博覧会やそれに類することが催されていた。例えば、一八五一年にロンドンで最初に開かれた万国博覧会では、新しい時代を予言する鉄とガラスによる等質な大空間を内包したクリスタル・パレスと称された建築を出現させたが、同時に会場の片隅に実物住宅の展示も実施させていたのである。これは、いち早く産業革命を迎えたイギリスが直面していた都市内の住宅問題に対し、一八四四年に設立されていた労働者階級生活条件改善協会が住宅改良を目的に出品した労働者階級向けの模範住宅であった。また、わが国の家庭博覧会開催の少し前にはロンドンでデーリー・メール社(Daily Mail社)の主催で理想的家庭博覧会(Ideal Home Exhibition)が開かれていた。これは、国民新聞社が家庭博覧会を開催するに当たりモデルとした博覧会であったと思われる。

建築学会の実物住宅展示の要請

大正一一（一九二二）年三月一〇日から同年七月三一日まで東京府主催の平和記念東京博覧会が上野公園で開かれた。東京府は、開催にあたり様々な分野の企業や学会に博覧会の賛助依頼を行った。建築学会では賛助要請に対し、平和記念東京博覧会準備委員会を組織し〈建築館の特設〉と〈改良住宅の実物展〉の実施を求める意見書を提出した。建築館の特設を求める理由は、建築の分野は材料から都市計画までと極めて広範であるため一堂に集めて展示した方が理解しやすいというものであった。一方、改良住宅の実物展の実施を求める理由は、

衣食住は吾人生活の必需品にして其実質内容が文明の進歩に伴はざるものあらば啻に経済上甚大なる損害たるに止らず或は終に重要なる社会問題たるに至る現に住居の問題は英米独仏の諸国皆之が解決に努力しつつあるは遍く人の識る所なり吾国に於ても亦近時産業の発達と共に住宅の不足著しく其の数に於ては勿論其内容に於ても之が改善を要するもの尠からず現時吾国二重生活の弊に鑑みるときは吾国住宅の問題は欧米諸国のものに比して更に一段の重要なるものあるを覚ゆ（中略）改良住宅の実物模型を出品せしめて衆人の注目に資するあらば其効果蓋し著大なるを疑はず

（『建築雑誌』No. 415、大正一〇年）

というものであった。すなわち、住宅不足という量の問題を認識しつつも、わが国独自の問題として「二重生活の弊」の解決という〈質〉の問題に取り組もうとしたのであった。この二重生活とはすでに紹介したように、一住宅内の生活の中に椅子座式生活と床座式生活が混在していることであり、このような生活では例えば衣服は和服と洋服の二種類を常に必要とするため不経済であり、生活そのものも混乱してしまうというものである。このため、建築学会ではこの「二重生活の弊」を取り除いた実際の住宅を展示し、一般の人々への普及を図ろうと考えたのである。このように建築学会が中心になって一般の住宅の問題に取り組んだことは、〈住宅〉が〈国家の建築〉と同様に建築家の職域として認識され始めていたことを示すものといえるのである。また、平和記念東京博覧会準備委員会の委員長に生活改善同盟会の副委員長で住宅改良の必要性を強く主張していた田辺淳吉が就任していたことから、田辺の意向が強く反映していたのかもしれない。ともあれ、この企画は直ちに東京府に採用され、わが国初の実物住宅展が開催される運びとなったのである。

改良住宅の条件

建築学会では、この住宅実物展への出品作品を学会員を中心に募集した。その際、改良住宅としての啓蒙の意味を込めて、いくつかの条件を挙げている。主要なものは以下の通りであった。

①　建坪はおよそ二〇坪、坪単価は二〇〇円以下

②　外観は和洋を問わないが、少なくとも窓および入り口は在来の雨戸・紙障子ではなく風雨・盗難に耐える工夫をする

③　居間・客間・食堂は必ず椅子座式とする

④　台所には実用的な炊事および洗濯用流し・戸棚その他を設ける

⑤　洗面所・浴室の設備に新案を希望

⑥　便所は汚物処分装置の附属を希望

⑦　室内に相当の家具・照明器具その他を附属する

⑧　屋外に実用的庭園の附属を希望

これらの条件は、大正九（一九二〇）年の生活改善同盟会の『住宅改善の方針』に沿うもので、特に③の項目は「二重生活の弊」を解消するためには起居様式を椅子座式に統一すべきであるとの主張であり、建築学会がこのような統一

図28　文化村全体配置図

方針を打ち出したことは注目される。また、②④⑤⑥⑦⑧では住宅内外の諸設備を整備することから機能的で衛生的な生活を求めていることがわかる。また、①の規模と坪単価を二〇〇円以下という上限を定めていることなどから展示作品の対象とする階層は、都市中間層であったことは明らかである。

展示された住宅群

さて、このような条件のもとに一四棟の独立住宅が出品された。これらは動物園の前の桜樹の中に二階建て四棟を含む五棟が直線状に、また平屋を中心とする九棟が道路を挟んで馬蹄形状に配置された［図28・29］。出品者は、住宅専門会社のあめりか屋、家具専門店の小沢慎太郎商店、また島藤商店・銭高組・上遠組のような建築請負業者、さらには建築材料関係の日本セメント工業株式会社・建築興業株式会社・東京材木問屋同業組合などである。そして、大正九年に文部省の外郭団体として設立し、住宅改良の啓蒙に努めていた生活改善同盟会も好機到来とばかりに独自の主

図29　文化村の会場風景

張に沿う作品を出品した［図30-1—30-8］。

家族本位という特徴

生活改善同盟会の作品は、当時大蔵省臨時議院建築局で帝国議事堂の建設に携わっていた大熊喜邦の設計である。その第一の特徴は平面にあり、家族の生活の場である椅子座式の居間が平面の中央に置かれ、しかも、その部屋が一番大きいということである［図30-1］。これは、在来住宅が江戸以来の性格を受け継いで、接客部分をもっとも重視する反面、家族の生活部を軽視していたのに対して、家族の生活部をもっとも重視しようとする家族本位という新しい考え方をそのまま形に表現したのである。また、住宅内部の間仕切りは、伝統的な襖や障子ではなく固定された壁となっている。これは、各部屋を独立させ、機能の繁雑さを防いだりプライバシーを保とうとすることを意味していたのである。

そして、こうした特徴は、出品条件に明記されてはいないにもかかわらず、他の作品においても概ね確認することができる。住宅改良会を通して住宅改良の啓蒙運動を展開してい

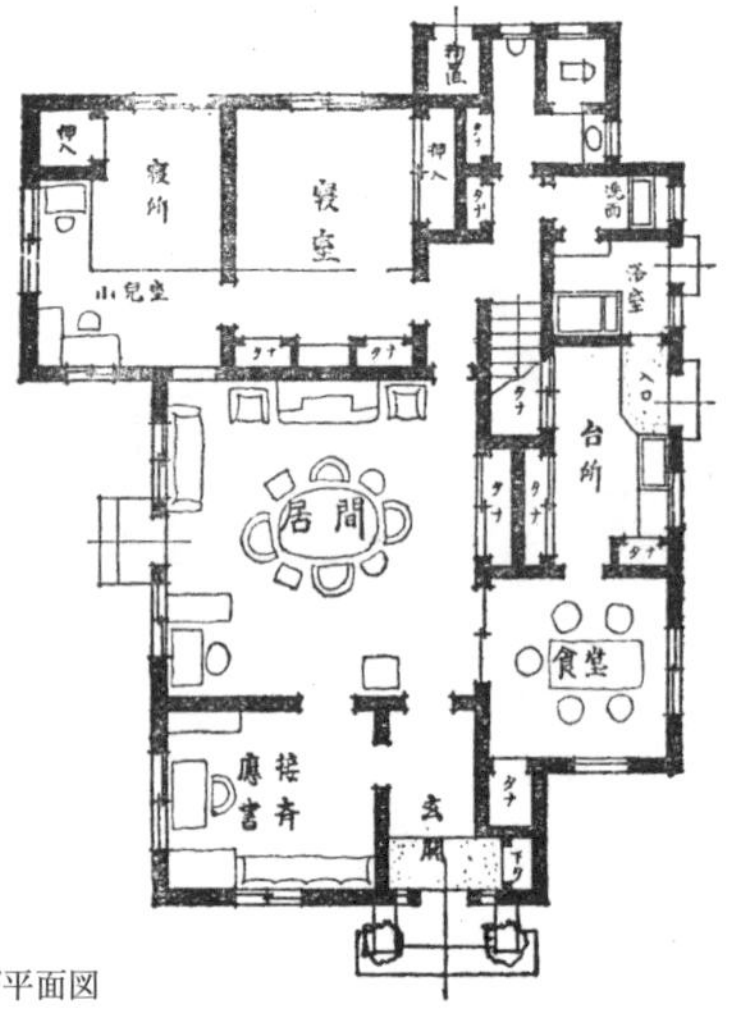

図 30-1　生活改善同盟会
p.108-111：図 30　文化村出品住宅の外観および平面図

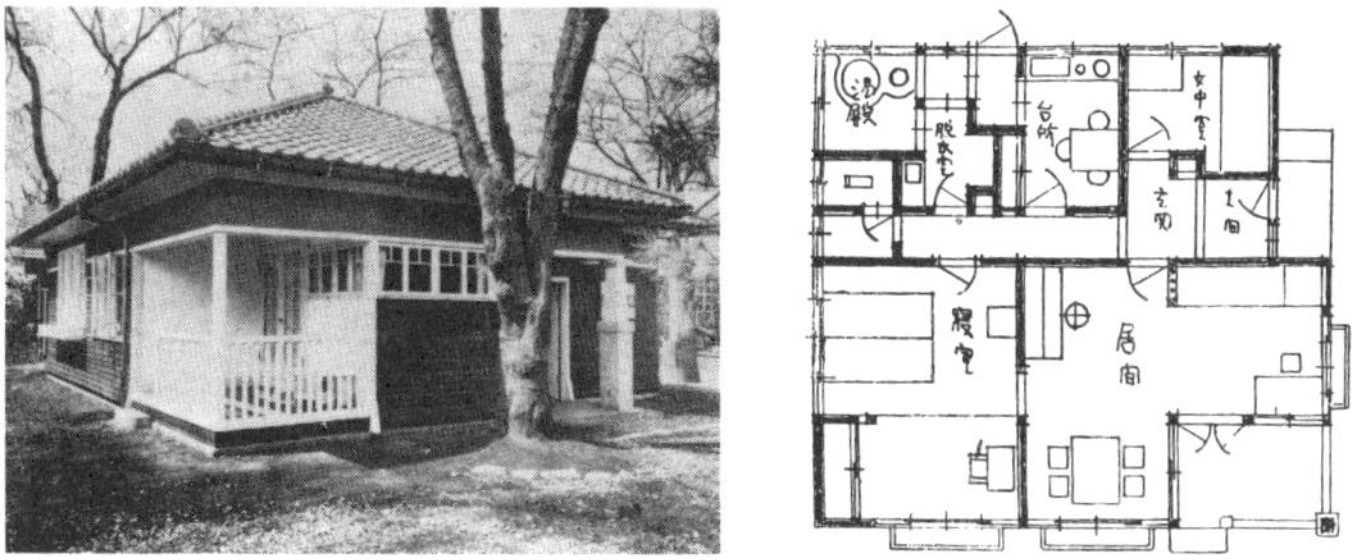

図 30-2　あめりか屋

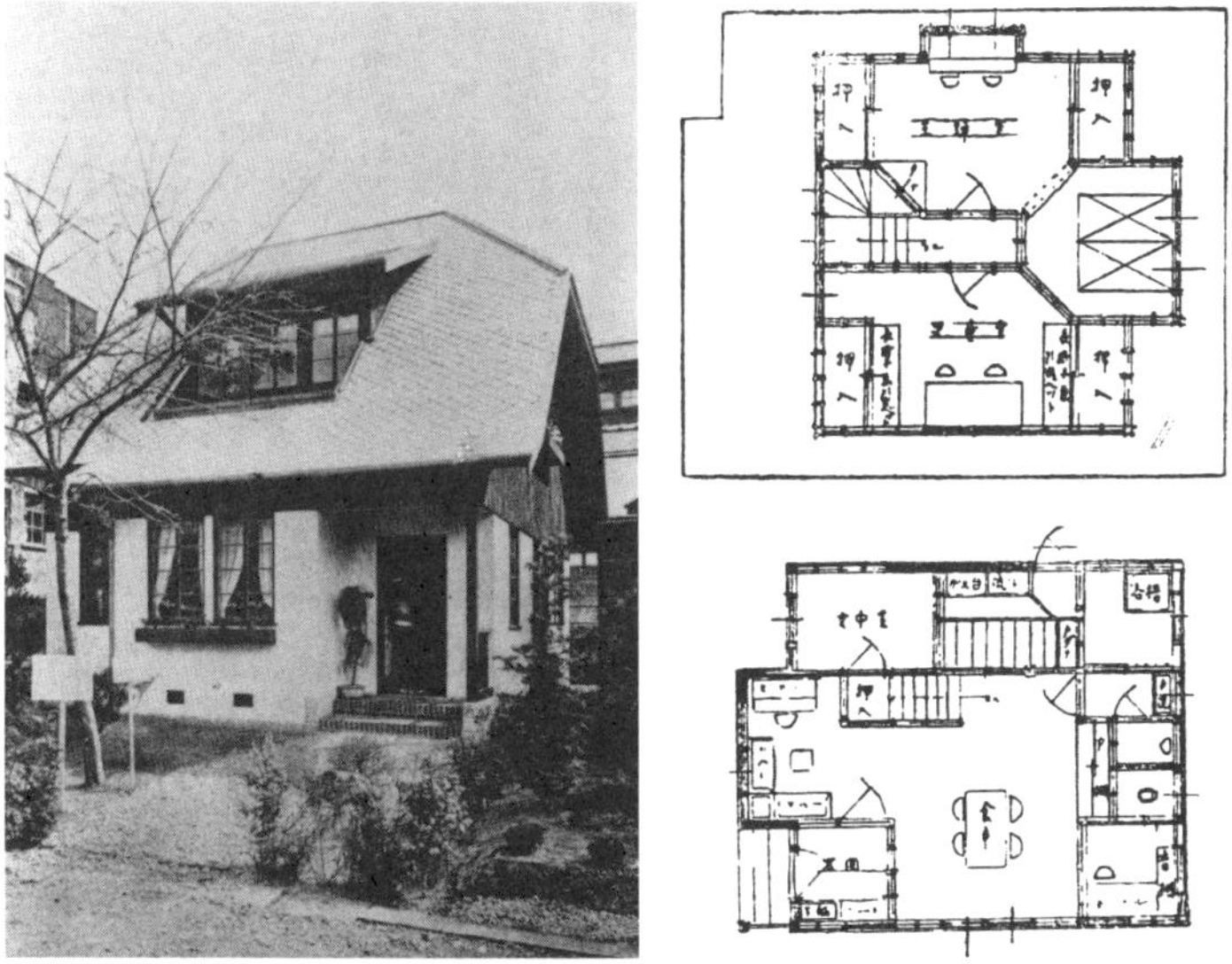

図 30-3　島田藤吉

図 30-4　小沢慎太郎

た橋口信助のあめりか屋の出品作品［図30-2］はもちろんのこと、島田藤吉［図30-3］・小沢慎太郎［図30-4］・銭高組などの作品というようにである。ちなみに、当時の住宅改良論の中で主張されていたことを改めて指摘すれば、

① 二重生活の否定
② 生活思想としての接客本位の否定と家族本位の実践

であった。この主張は様々な雑誌に散見され、そうした住宅改良の気運の高まりが家族本位を志向した住宅を一気に出現させたと考えられる。ただ、東京木材問屋同業組合の作品［図30-5］だけは、内外共に伝統的な住宅であった。この住宅のテーマは、伝統的な尺間法ではなくメートル法を用いた住宅の実践であった。また、小沢慎太郎商店の作品は今日よく知られることとなったツーバイフォー構法の住宅であったし、日本セメント工業株式会社の作品［図30-6］は新しい都市住宅としての耐火建築の提案をも含み、同社の開発した鉄筋ブロックを用いた住宅で、二階には屋上庭園も設けられるなど、今日の住宅と比較しても遜色ないものであった。

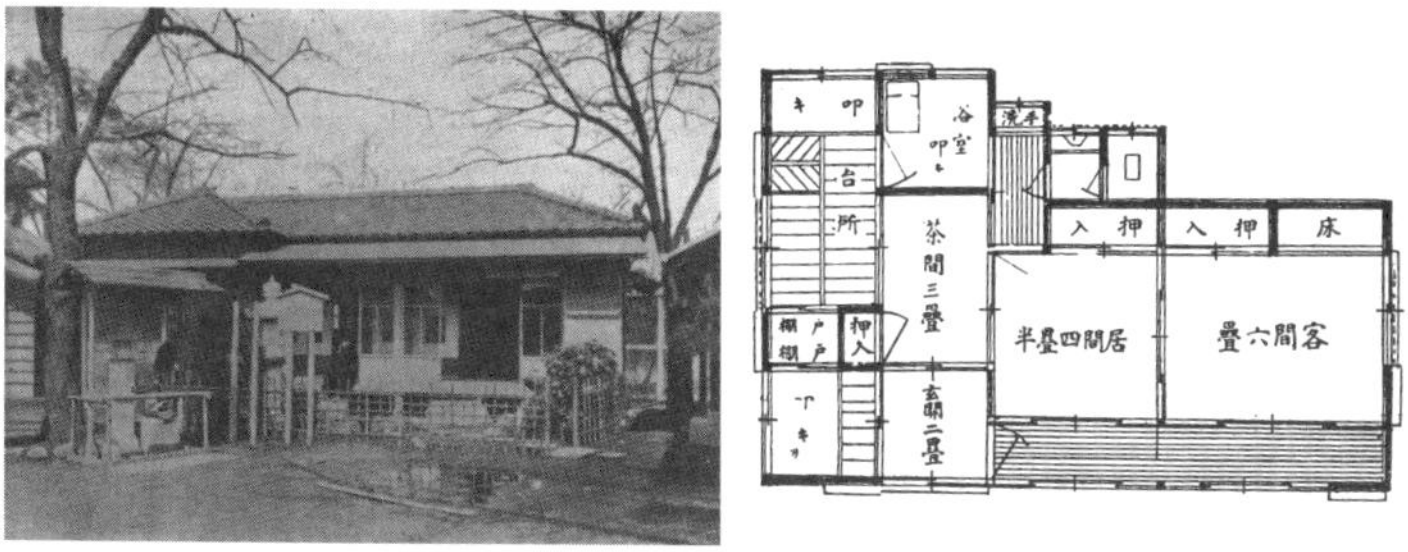

図 30-5　東京木材問屋同業組合

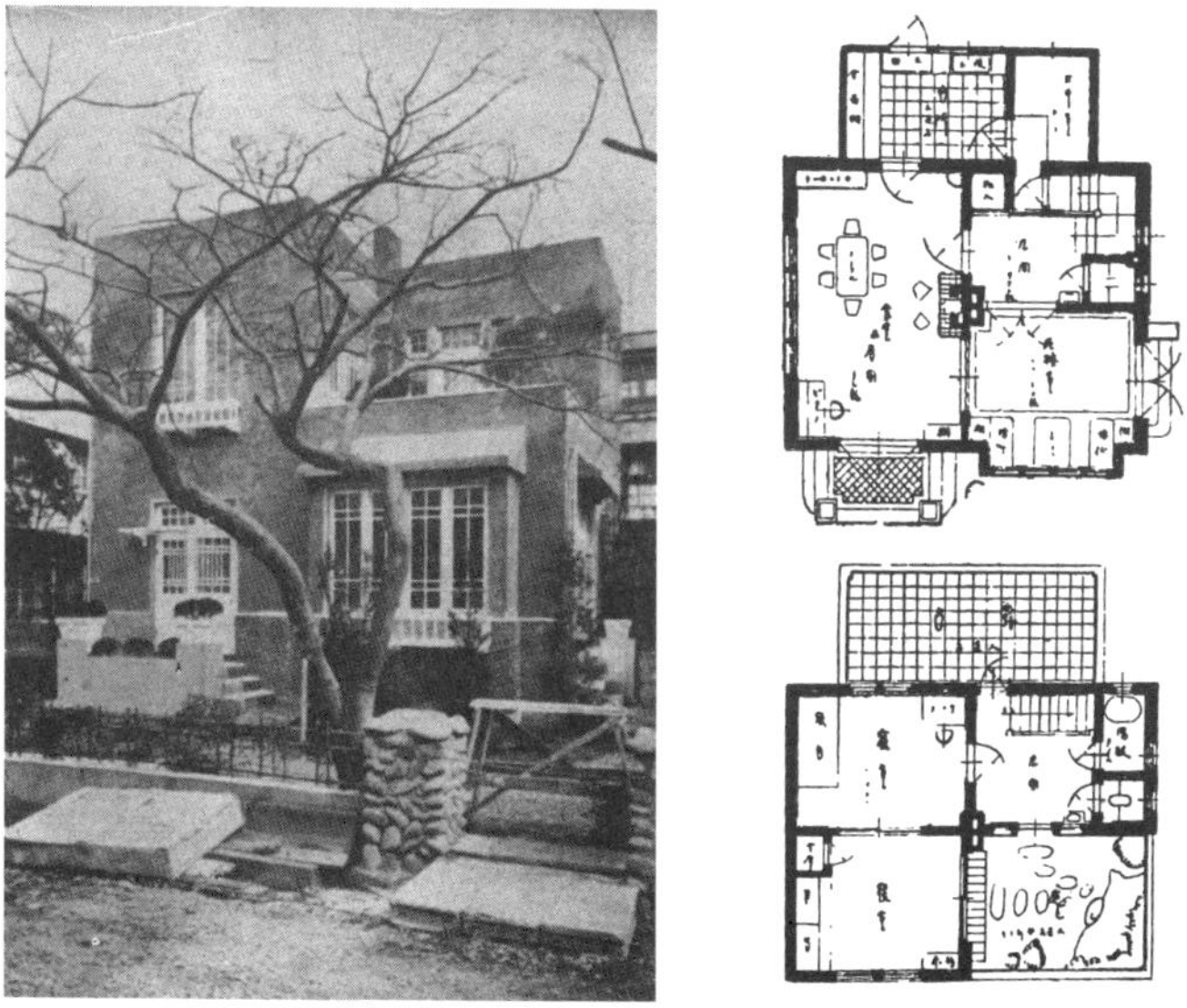
図 30-6　日本セメント工業株式会社

5　新しい都市型住宅、アパートメント・ハウスの登場

同潤会の設立

同潤会は、大正一二（一九二三）年九月一日の関東大震災で被害を受けた東京・横浜の復興事業の推進団体として海外から寄せられた義捐金をもとに設立された。焼失家屋はおよそ四六万五千戸といわれ、復興事業としては、まず「住宅」の供給が罹災者の生活安定の基本であるとして住宅供給事業が、ついで、災害で不具廃疾となった者の授産事業が必要であるとして同潤会の事業内容が計画・実践されたのである。ちなみに、この住宅供給事業に関していえば、わが国初めての本格的な公営住宅事業の開始ともいえ、初めて〈国民の住宅〉という視点で住宅を捉えるという事業が開始されたことを意味していたのである。

なお、この公営住宅事業の必要性は、明治後期以来の都市人口の急激な増加と共にすでに認識されていた。具体的には、内務省が大正七（一九一八）年に「都市計画調査会」と「救済事業調査会」という二つの審議会を組織したことを指す。前者の「都市計画調査会」は、大正八（一九一九）年の都市計画法と市街地建築物法を誕生させた。一方、後者の「救済事業調査会」では、住宅政策の基本方針として

①　スラム改善

②　住宅会社・住宅組合による小住宅供給
③　従業員住宅の奨励・監督
④　郊外化の促進

の四点を定めるとともに、それらの実行機関を公共団体として組織し、かつ、国はその実行に伴う資金を低利資金として供給すべきことを決定していたのである（『戦前の住宅政策の変遷に関する調査Ⅷ』）。この方針のうち、住宅会社による小住宅の供給が、まさしく同潤会の活動を意味していたし、住宅組合は現在の住宅金融公庫の活動を暗示させるものであった。このように、大正中期には、同潤会の出現を暗示させる組織の必要性がすでに認識され、後は、具体的な設立の機会を待つばかりであったのである。

江戸川アパートメント

ところで、この同潤会の行った住宅供給の特徴の一つは、アパートメント・ハウスという日本にはそれまでほとんど存在しなかった新しい都市型の住宅形式を採用したことである［表3］。不燃構造による集合住宅は、大正一一（一九二二）年に東京市が市営住宅として深川の古石場に鉄筋ブロック造の建物を建設していたが、そのような市営住宅事業を受け継いだかたちで同潤会の事業は展開された。住宅のすべてがアパートメント・ハウスではなく、むしろ、戸数からいえば木造住宅の方が多かったが、土地の高度利用や耐震性さらには耐火性を目指した鉄筋コンクリートによる都市型住宅としてのアパートメント・ハウスがこれからの新しい住宅形式であるという強い印象を人々に与えたのである［図31］。しかしながら、この同潤会のアパートメント・ハウス建設は、一方で、民間貸家業者にも様々な影響を与え、下宿屋を一部改造してアパートと称するものさえ現れるという好ましくない状況をも生み出していた。このような弊害を重視した同潤会は、昭和八（一九三三）年に創立一〇周年記念として「中流階級者の住居として、指導的なるアパートメントの建設をなすことが、我国住宅政策上より極めて緊要と考へ、本会多年の経験と研究とを基礎とし、三室を主とする世帯向きのものに、独身者向きの和洋室を交へ、相当の付帯設備を付したアパートメント」を計画したのであった（『同潤会十八年史』）。つまり、悪弊に対する牽制として、これまで以上に理想的で質の高いアパートを建てようと考えたのである。この計画により建設されたのが江戸川アパートメントである［図32］。ちなみに、江戸川アパートメントの付帯設備を見ると、エレベーター・蒸気暖房・電話などであり、共同施設としては独身者を考慮した食堂・娯楽室とともに浴室や児童公園なども設けられていた。まさに、当時としては最もハイレベルのアパートだったのである。ただ、他の同潤会のアパートメントもそうであったが、欧米で発展してきた住宅形式であるにもか

年度	仮住宅	普通住宅	アパートメントハウス	共同住宅	勤人向け分譲住宅	職工向け分譲住宅	年度合計	竣工（アパートメントハウス）
大正 13	2,160	3,420					5,580	
14		73					72	
15		2	288				290	中ノ郷・青山（I）・柳島（I）
昭和 2		23	1,061				1,084	代官山（I）・清砂通（I）・山下町・平沼町
3			241	140	60		441	三田・三ノ輪
4			424	114	100		638	鶯谷・上野下・虎ノ門
5		4	208	288	52		552	大塚女子・東町
6			11		36		47	
7		14	11		75		100	
8					82		82	
9		50	260		30	94	434	江戸川
10		38	1			96	135	
11			1	21	44	66	132	
12			1	82	26	183	292	
13				162	2	73	237	
14		5				223	228	
15		131	1			145	277	
16						242	242	
合計	2,160	3,760	2,508	807	507	1,122	10,864	

表 3　同潤会のアパートメント事業リスト

図 32　江戸川アパート外観

図 31　青山アパート外観

かわらず、内部の生活は、当時の生活を反映して畳を敷いて、伝統的起居様式に対応するように計画された。そのため、設備や施設の共同化は実践されていたが、起居様式の点では極めて現実的なものであった。

森本厚吉と文化アパートメント

ところで、このような政府主導的な性格のものとは異なるアパートメント・ハウスも新しい試みとして建設されていた。同潤会の手になるアパートメントの出現とほぼ同時期に森本厚吉の手によって建てられた「文化アパートメント」のことである。

森本厚吉は、新渡戸稲造を慕って明治二八(一八九五)年に札幌農学校へと進み、キリスト教であるプロテスタンチズムに触れるとともに農業経済学・消費経済学へと研究を展開していた。その後、二度のアメリカ留学を経て大正七(一九一八)年から北海道帝大農科大学(現北海道大学)教授となりわが国最初期の消費経済学者としての道を歩み始めていた[図33]。一方、森本は、アメリカでの生活経験と消費経済学の研究を進める中で、わが国の生活の改善の必要性を強く認識することになる。すなわち、森本は、栄養価を考えた食事の採用や台所の改善さらには家事労働の軽減を図るなどに象徴される様々な問題解決のためには科学的知識に基づく合理主義思想を導入すべきと考えたのである(「森本厚吉——生活改造運動の使徒」)。そ

図33　森本厚吉

のため、大正九(一九二〇)年、森本は、札幌農学校の級友である有島武郎や民本主義を提唱していた吉野作造を顧問として「文化生活研究会」を組織し、通信教育という新しいシステムを導入しながら家庭経営を担う主婦層を対象とした新しい生活の啓蒙活動を始めることになる。森本の活動は単なる啓蒙活動に終わることなく、その後、大正一一(一九二二)年に新たに「文化普及会」を組織し一層積極的活動を展開している。その活動は、内務省社会局から「単に講演したり文章にしてるばかりではなく何か実際の仕事で示すべきではないか」と言われたことを受けたもので、森本は、経済性に基づいた観点から中流階級の模範住宅としてアパートメント・ハウスを建設し、人々に、その利便性を示そうと考えたのである。当時、わが国には本格的アパートメントはなく、そのため、設計はアメリカ人のヴォーリズに依頼し大正一四(一九二五)年に竣工している[図34]。そのアパートメントは、鉄筋コンクリート造の地下一階・地上四階の建物で、住戸は一室住戸から六室住戸とバラエティーに富むもので、すべて椅子座式生活様式で計画され、しかも地下一階には駐車場・共同洗濯室・共同乾燥室・機械室が、一階には店舗・共同台所・共同宴会場・共同社交室が配されていた。これらの共同部分こそが、森本によれば、アパートメント・ハウスの特徴で、共有することにより高度な諸設備を利用して経済的な生活ができるのだという。しかしながら、結果的にはこの文化アパートの出現は、わが国には時期尚早であった。森本の理想とは裏腹に、文化アパートメントは質が高すぎて、それゆえ、当時の住宅との落差が大きく、強い影響力を持つことはできなかったのである。住人は、日本人と共に諸外国の外交官や外国商館支配人が多くを占め、さながら、今日よく見かける高級外人住宅のようであったからである。

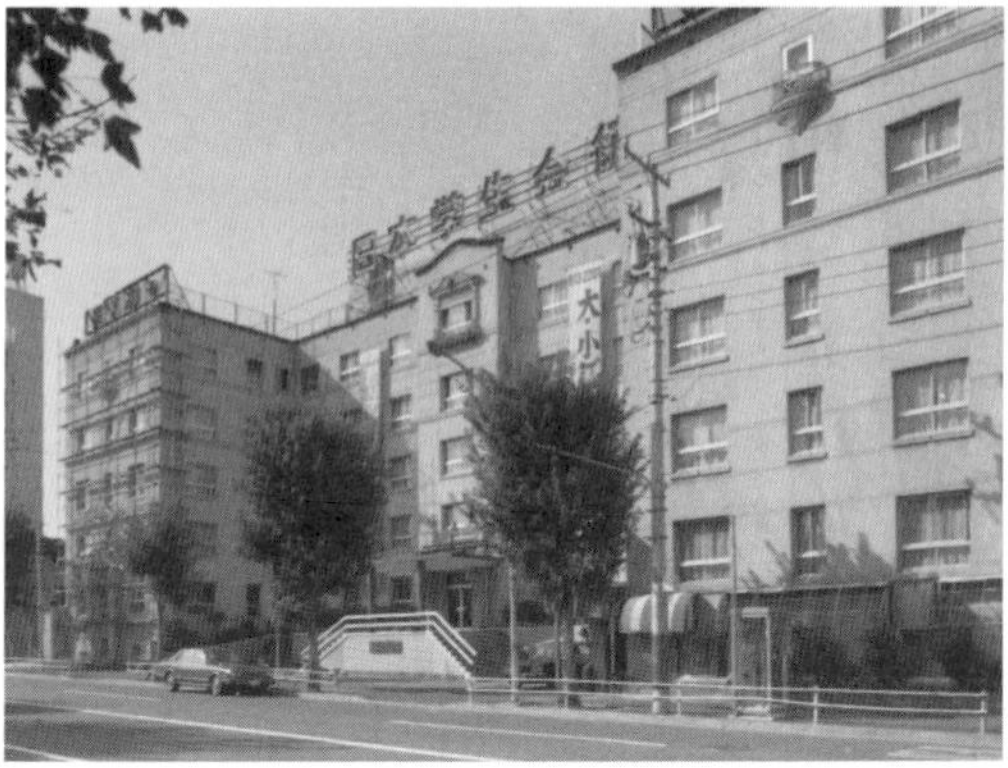

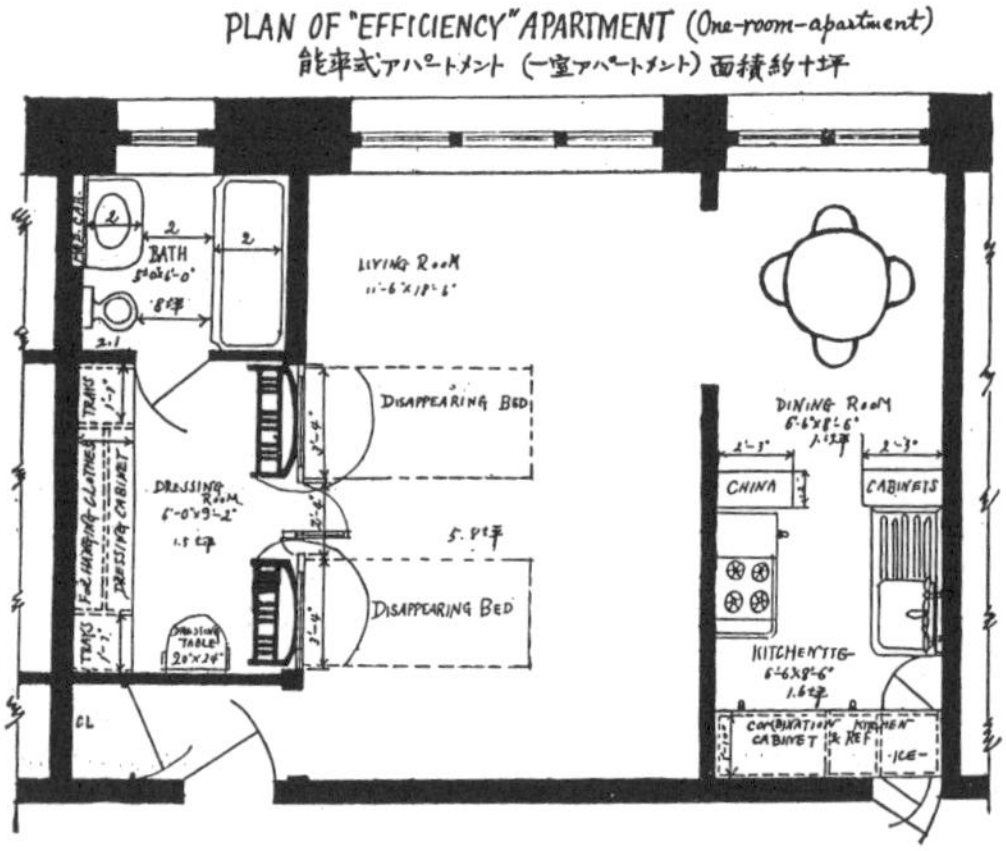

図 34　文化アパート外観および平面図

ともあれ、文化アパートメントと同潤会のアパートメントを比べると、前者は生活様式がすべて椅子座式でアメリカの都市住宅の直輸入といえ、それに対し、後者は室内に畳を導入しているように〈和風化〉の跡がうかがえる。文化アパートを計画した森本は、消費経済学の学者としてあくまで経済生活に対応する住宅のモデルを示すことに意味を見いだしていたし、また、〈和風化〉の必要性も想像できなかったように思える。一方、同潤会はアパートメントという新しい住宅形式を普及させることが目的であり、さらには、それまでの住宅の変遷過程から直輸入型の住宅ではなくその〈和風化〉の必要性を認識していたと思えるのである。いずれにしても、これらのアパートメントは、大正期の生活改善運動で提案されていた集合住宅の先駆的建物として忘れられないものであった。

第四章　住宅作家と住宅論の誕生——大正後期から昭和初期

1　わが国最初の住宅作家・保岡勝也

住宅作家の登場

今日、建築家の中で特に〈住宅作家〉と称される人々がいる。この言葉は明確に定義されているものではないが、ただ単に住宅の設計・施工に携わっている人というのではなく、建築の中で公共建築などと同様に住宅の設計に対して独自の意義を見いだし、自分自身の住宅観や生活像を追求している人を指すもので、「生活」を担う建築家ともいうことができるかもしれない。このような〈住宅作家〉と呼ばれる建築家の登場は、大正期に初めて確認することができる。住宅の種類を問わなければ、明治期にもＪ・コンドルのように上流階級の邸宅を専門とした建築家が存在していたが、ここでいう〈住宅作家〉とは、自分自身の住まいを含めた中小の住宅を設計対象とした建築家のことである。明治末期以降の都市中間層の台頭による新しい住宅の追求、そして郊外住宅地の誕生は、不動産会社やあめりか屋のような住宅専門会社の登場と共に中小住宅そのものを追求する専門家の登場も促したのである。そして、大正後期からは、そのような住宅作家の役割が独立住宅の変遷を考える上で無視し得ない重要なものとなる。〈住宅作家〉たちは、各々の問題意識の中で独自の住宅づくりを開始し、さらにはその活動の延長として独自の住宅論を主張しはじめた。そして、時には、お互いの住宅を批判し合うこともあったのである。時代は、啓蒙の時代から実践の時代へと確実に変化しはじめていた。

最初の住宅作家・保岡勝也

この〈住宅作家〉と呼ばれる建築家の最初の一人が保岡勝也である［図1］。保岡は、明治一〇(一八七七)年一月二二日東京で生まれ、その後明治三三(一九〇〇)年には東京帝大建築学科を卒業して三菱地所に入社している。この三菱地所は、J・コンドルとその教え子である曽禰達蔵が中心となり、丸の内に三菱一号館を手始めにわが国で初めてのオフィス街を建設していた最中であった。コンドルの後を受けた曽禰達蔵も明治三九(一九〇六)年には独立し、曽禰の去った後を、技師長として引き継いだのがこの保岡勝也であった。ただ、曽禰の期待を一身に受けていた保岡であったが、明治四五(一九一二)年には三菱地所を去り、大正二年二月保岡建築事務所を構えることになる(「丸の内をつくった建築家たち——むかし・いま」)。明治四四年の『建築雑誌』に保岡の設計による三菱合資会社第一二、一三号館が紹介されているが、三菱での最後の作品の一つである。独立後に開設した建築事務所では様々な建築を扱ったようである。ちなみに、『建築雑誌』には大正三(一九一四)年竣工の中井銀行浦和支店、大正六(一九一七)年竣工の中井銀行本店が紹介されているし、また、大正七(一九一八)年竣工の旧第八五銀行本店(現あさひ銀行川越支店)が現

図1 保岡勝也

存している。しかしながら、とりわけ多数手掛けたのは住宅建築であった。そのためか、明治期から大正期にかけて関係の深かった建築学会やその機関誌『建築雑誌』ともしだいに疎遠となり、いわゆる市井の建築家として活躍することになる。

多数の著作

保岡は、独立後、住宅の設計の傍ら著述活動も始めている。保岡の最初の著書は明治四五（一九一二）年四月に発行された『新築竣工家屋類纂』で、主にアルバイトで設計した岩崎家関係の図面が掲載されている。住宅の専門書となると、大正四（一九一五）年の『理想の住宅』が最初で、以後、管見の範囲によれば保岡の手がけた書籍は一八冊となる［表1］。

これらは、①住宅設計論、②住宅の平面図集、③茶室（数寄屋建築）に関する解説書、の三種類に分類される。このうち、特に、この短期間に平面図集類が四冊も出版されたのは、その内容が極めてその時代の人々の住宅の関心に対応していたからと考えられる。

さて、住宅の専門書としては最初の著書である『理想の住宅』は婦人文庫刊行会の家庭文庫の一冊として出版されたもので、ちなみに他の家庭文庫としては『家庭衛生』（東京女子医学専門学校長吉岡弥生子著）、『家政講話』（日本女子商業学校学監嘉悦孝子著）、

『新婦人訓』（日本女子大学校校長成瀬仁蔵著）などの女子教育家のものが大半を占めていた。なぜ、このような婦人を対象としたものを手掛けたのかという理由は明らかではないが、同書の中で台所改良の必要性に触れ「此れは主人よりもむしろ主婦の罪であって主婦さへ建築に対する知識と趣味とさへあれば、こんな状態を暴露しなくともすむことであつて、単に台所ばかりではなく、いやしくも住宅に関する設備で、主婦の改良にまつべきものは頗る多い」と述べており、保岡は住宅を

明治45年	『新築竣工家屋類纂』	信友堂書店
大正4年	『理想の住宅』	南北社
12	『最新住宅建築』	鈴木書店
13	『改訂増補最新住宅建築』	鈴木書店
13	『日本化したる洋風小住宅』	鈴木書店
14	『欧米化したる日本小住宅』	鈴木書店
14	『小住宅の洋風装飾』	鈴木書店
15	『洋風小売商店の建てかた』	鈴木書店
15	『建築智識　理想の住宅』	嵩山房
昭和2年	『茶室と茶庭』	鈴木書店
2	『和風を主とする折衷小住宅』	鈴木書店
2	『洋風を主とする折衷小住宅』	鈴木書店
3	『増補茶室と茶庭』	鈴木書店
3	『茶席と露地』	雄山閣
5	『数寄屋建築』	洪洋社
8	『住宅の重要設備』	鈴木書店
11	『茶庭の建造物』	鈴木書店
15	『門・塀及垣』	鈴木書店

表1　保岡勝也の著作リスト

つくる上で主婦の役割をきわめて重視していたことがわかる。大正四年当時、中小住宅を専門とする住宅作家は稀な存在であったから、むしろ保岡はこの書を通して積極的に主婦層を対象とする論陣を張ろうと考えたのではあるまいか。
いずれにしてもこのように主婦を対象としたものであったため、同書では平易に保岡の住宅論が展開されている。このため、この『理想の住宅』をもとに保岡の住宅像を見てみたい。

保岡の住宅像

保岡の住宅論を見る前に、この『理想の住宅』の中でいくつかの注目される項目がある。すなわち、住宅作家としての発言であり、最初の住宅作家と称されるにふさわしい主張を見ておきたい。まず、借家と持ち家の比較を通して持ち家の良さを次のように述べている。

貸家は多少利益獲得を目的として居るから、自己の意に満たない処が多い。(中略)此れが自分の家でないと思ふと、何となくどうでもよいと云ふやうな感がするものである。
此れに反して自己の建築した家になると、自然丁寧に取扱ひ、手入れするにも、改築増築等をするにも、面白味が出て来るのである。(中略)それに借

家は設備も材料も悪く、どうしても自己の建築した家に一歩を譲らなければならぬ
（第七章　借家と自己の建築した家との比較）

また、持ち家を得るためには従来は直ちに大工に依頼したが、現在ではその間に建築技師がおり、建築技師に間取りや庭園という住宅に関する自己の望みを言えば、建築技師はそれを基に計画してくれると述べている。そしてさらに、依頼者に対して次のように要望を述べている。

依頼者が住宅に関して一通りの知識があると、技師の言ふことも解り、相談も早く纏まつて、技師の仕事も大変仕易いのである。此に反して、建築の知識が無い為めに、出来上がつた結果に思はぬ不満な点が生ずることもある。又工作者だと言つて侮辱した態度をとり、侮辱の言を発すれば、互いに意志の疎通を欠いて、工作者も愉快に仕事することが出来ず、従つて立派な家もできないと言ふことになるから、依頼者は此等の点に注意して、終始愉快に仕事することが出来るやうに、飽くまで紳士的態度をとることが必要である
（第六章　依頼者　技師　請負人又は工作者）

これは、まさに自分自身にあった住宅を持つことの勧めであり、そのような住宅づくりを専門とする住宅作家の存在を示すものであった。

少し横道に逸れたが、次に保岡の理想と考えていた住宅像を見ていこう。保岡は「緒論　現代の日本住宅観」として既往の住宅と今日の住宅を比べ、変化したいくつかの諸点を列記している。その変化の内容は、おおむね①新しい材料や工法の導入、②新しい設備の導入、③衛生面などの新しい住宅の考え方の普及、④新しい起居様式の普及、の四点である。そして、この③の結果、変化したのが住宅の間取りで、今日の住宅は「一寸した住家にも中庭が二三箇所もあり、従つて住宅の平面は複雑となり、外観も変化に富み、自然十分な日光と完全な通風を受け入れることが出来る」ようになるとともに、各々の用途に応じて特殊の設備を施した部屋が多くなったという。また、④により「日本室と西洋室とを併用し連絡した時、その調和をとることが建築に於ける至難の一つ」となったと述べている。そして、結論としては、西洋模倣ともいわれる傾向に対していたずらに過去の型を打破することを好むものでもなく、その時代の要求にあった着実な発達を望んでいるとして、

現時の状態では、厭でも衣服に和洋の二種が要り、食事も同様に種々あり、其の他我国古来の習慣と種々抵触する事情があつて、一足飛びに洋風を採用

するわけにもゆかず、さりとて又頑固に純日本式を採るのも難しいことである。

要するに、和洋何れか一方にのみ偏することは現今の社会が許さない。どうしても和洋併合と云ふやうなことにならうと思ふ。（中略）和洋併合と言つても、両方がうまく調和しなければ何の役にも立たぬ。（中略）洋装の場合には椅子を用ひ、和装の場合には日本座敷を用ひるやうに、なるべく風俗習慣に適ふやうに注意して、便利と経済とを熟考して研究したい

（第八章　風俗　習慣）

と述べている。それは、基本的には明治以降続けられていた和洋折衷の肯定であり、住宅そのものについても、

在来の日本屋を少し改造して、此に二三の洋館を加へれば宜しいので、洋館とすべき室には天井を高くして椅子卓子を置きストーヴを設ける等の類である。但し其の人の富の程度に依つては堂々たる洋館を建て、此れを日本館に連続させるのも悪くはない。（中略）都市の美観と言ふ点から観て、堂々たる洋館が多く建設されるのも望ましいことであるが、一般住宅としては、どうしても設備費、維持費の余りかからない中流の和洋折衷を望むのである

と述べている。このように保岡はあくまでも在来住宅を基本として、必要に応じて洋室を付加させていくという方法を主張するとともに、実際の生活においても和装の場合は在来の部屋で、洋装は洋室でというように二つの様式を使い分けることを主張した。そして、実際に手掛けた住宅もそのような主張に沿ったものであったのである。また、「都市の美観」という観点から洋館の建設を望ましいと述べているが、これはおそらくかつて三菱地所で一丁ロンドンと呼ばれたオフィス街を計画・実践していた経験から発せられたものであろう。

平面図集にみる住宅の折衷化のパターン

この『理想の住宅』は、大正七（一九一八）年には六版を数えており、広く読まれていたことがわかる。そして、大正一五（一九二六）年には、内容はほぼそのままながら他の出版社から新たに出版されてもいる。また、この頃になると、保岡は他にもいくつかの著書を出版している。大正一二年の『最新住宅建築』は、保岡の著書の中で最も研究書的性格の濃いもので、保岡の住宅に関する考え方が記されている。ただ多くは自分自身の言葉ではなく「恩師畏友其他知名の大家が、今迄に公にせられた高論卓説の内で、編者が共鳴するもの」を集めたものである。また、大正一四年の『小住宅の洋風装飾』もほとんどが住宅建設の実践から得た経験を述べた技術書的性格のものである。

このような住宅設計論と共に、実際に設計した住宅を集めた平面図集として『日本化したる洋風小住宅』が大正一三(一九二四)年に、『欧米化したる日本小住宅』が大正一四年に、そして昭和二(一九二七)年には『和風を主とする折衷小住宅』と『洋風を主とする折衷小住宅』の四冊が出版されている。ちなみに、これらで紹介されている住宅はすべて保岡自身の設計になるもので、四冊に収録されている住宅数は一三四棟を数える。このことからも保岡が、当時の建築家の中にあって多数の中小住宅を手掛けていたことは十分推察できるし、これらは一番保岡の住宅に関する考え方を表しているといえる。

さて、この四冊は、当時の中小住宅の状況をよく示しており、欧米の生活形式が導入され、定着する中での住宅のあり方のパターンを明快に示したものといえる。そのパターンとは、A＝在来住宅をベースに欧米化するタイプ(『和風を主とする折衷小住宅』)、その逆の動きであるB＝欧米住宅をベースに日本化するタイプ(『洋風を主とする折衷小住宅』)の二つである。このうち、当時の住宅の一般的な手本となったのは、Aの在来住宅をベースとして欧米化するタイプ(──「和風系折衷住宅」──)であった。このことは、大正一四年に『日本化したる洋風小住宅』が再版を数えたにすぎなかったのが、『欧米化したる日本小住宅』が三版と売れ行きが良かったことからもわかる。

ところで、Aのタイプとは、在来住宅の玄関脇に洋風応接室を設けるという明治期の和洋折衷住宅の提案の中にみられた考え方を継承したものといえる。しかしながら、詳細にみていくとAタイプもさらにおよそ四つのタイプに分類することができる。すなわち、

① 在来住宅の玄関脇に大壁造の洋室(応接室・書斎)を付加したタイプ[図2-1]

② 在来住宅の玄関を含む玄関廻りの部分を大壁造としたタイプ[図2-2]。この例では玄関および玄関ホール、団らん室、二階の書斎が大壁造の部屋となっている

③ 玄関廻りの他に離れたところの椅子座式の生活部分を大壁造の部屋として設けたタイプ[図2-3]。この例では寝室が大壁造の部屋となっている

④ 外観を洋風に統一するため、起居様式とは関係なく外壁全体を大壁造としたタイプ[図2-4]。この例では門から見える部分の外壁を大壁造としている

このように、明治期の和洋折衷の提案では、洋室は応接室(応接室兼書斎)でしかも外観はそれぞれ異なっていたが、保岡の住宅では、応接室だけではなく他の部屋まで洋室であるものや外観上は正面から見える部分だけを大壁としたものから

外壁全体を大壁として洋風に統一したものなど、生活面やデザイン上でさらに進展が見られるのである。

また、もう一つのBのタイプ(——「洋風系折衷住宅」——)は、基本的には西洋館の中に畳を導入して床座という伝統的生活様式による生活が可能になるように手を加えたもののことである。このタイプも詳細にみていくと同様にタイプ化することができる。すなわち、大壁造の西洋館に真壁造の部屋を付加するタイプと西洋館の内部に畳やさらには真壁造の部屋を導入するタイプに大別でき、それらは、さらに以下のように分類できる。

①　西洋館の後方に真壁造の台所や浴室などを付加するタイプ〔図3-1〕

②　西洋館の後方に伝統的な真壁造の床の間や押入れのある座敷を付加するタイプ〔図3-2〕

③　西洋館の大壁造の部屋の中に畳を導入したタイプ〔図3-3〕。この例では畳だけで押入れや床の間といったものは導入されてはいない

④　西洋館の中に畳を導入すると共に床の間や押入れも導入したタイプ〔図3-4〕。この例では、床柱もあり畳の敷かれた室内の壁は真壁風に柱が見えていた。また、この例では大壁造の寝室の一部に框の成だけ高く畳が敷かれている

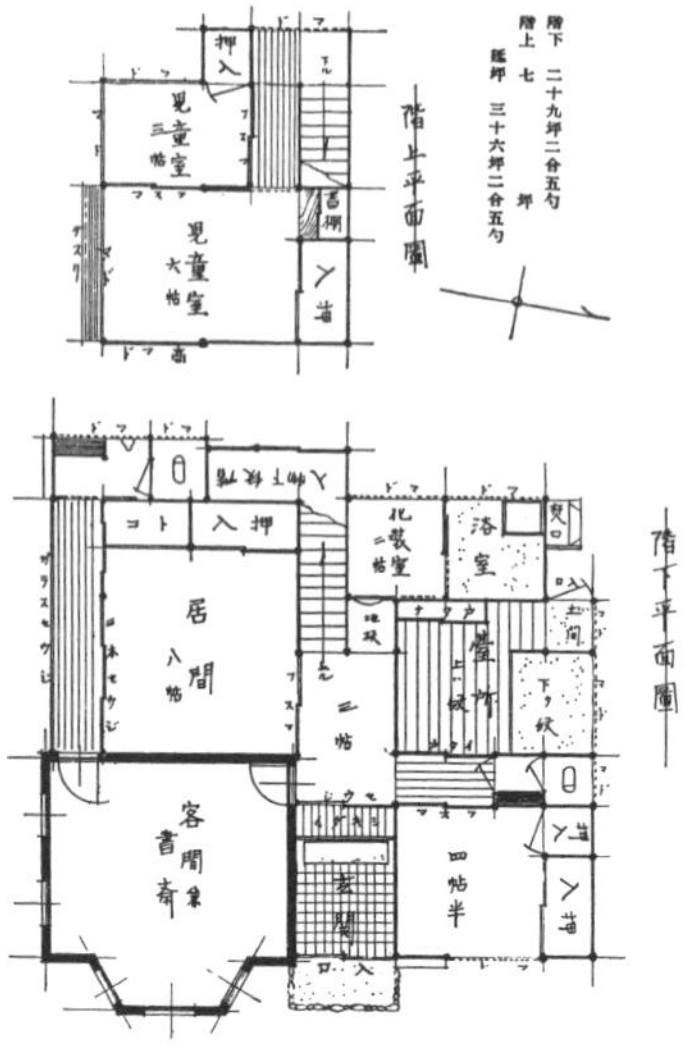

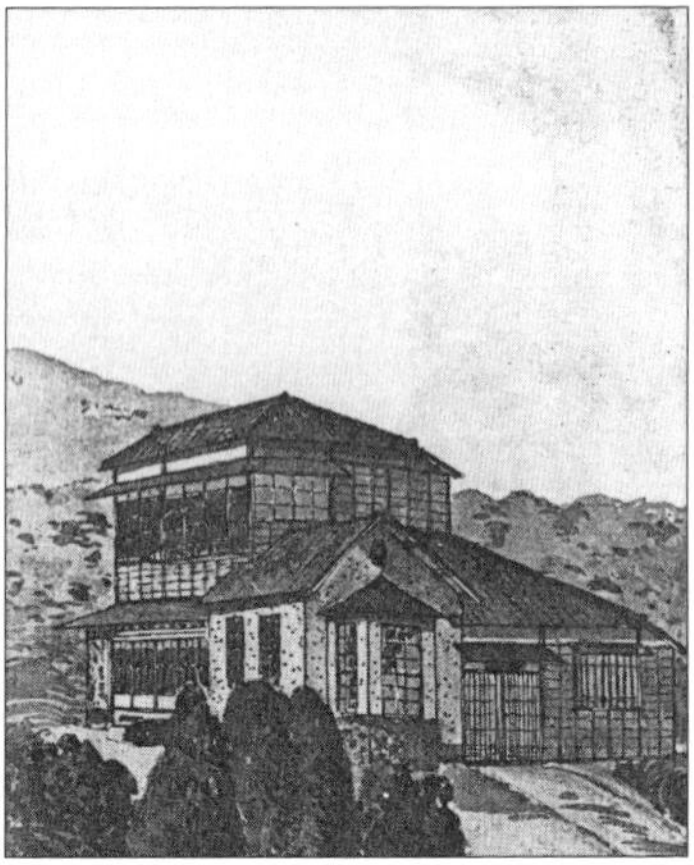

図 2-1

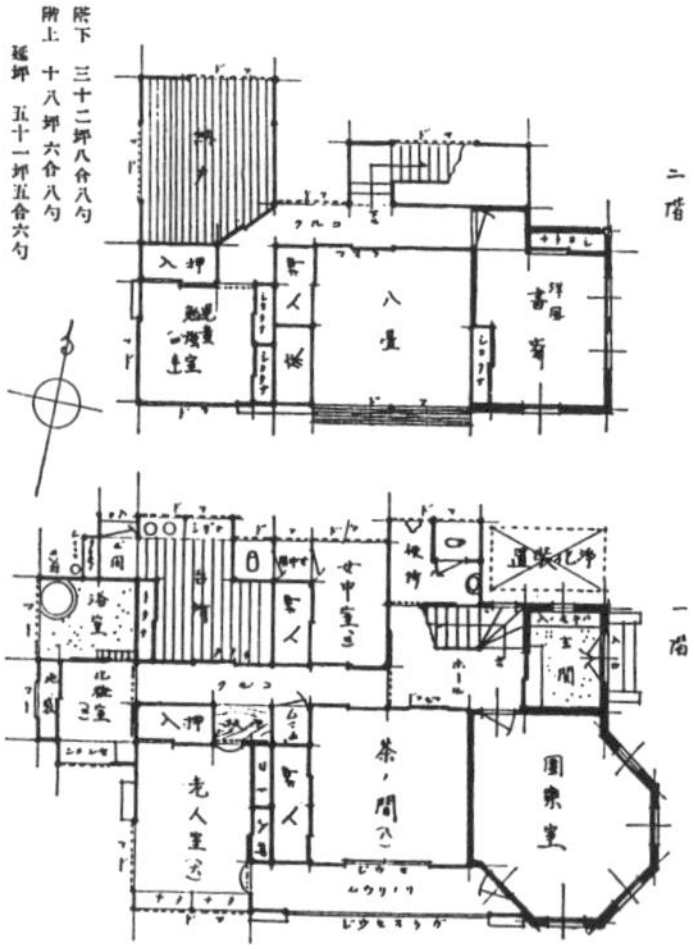

図 2-2

図 2　和風を主とする折衷住宅例

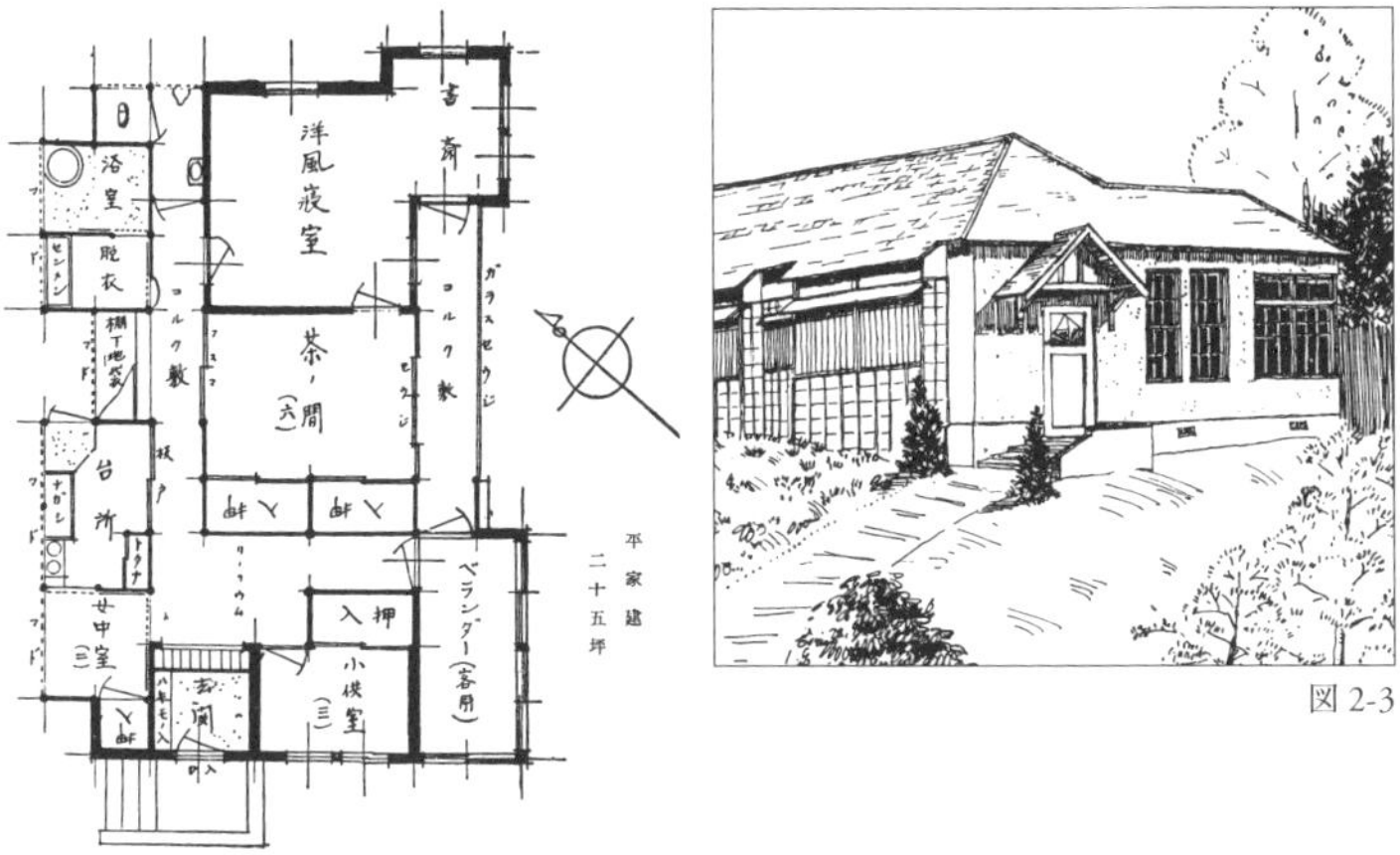

洋風寝室
書斎
茶ノ間
(六)
浴室
脱衣
台所
女中室
(三)
玄関
小供室
(三)
ベランダー(客用)
押入
平家建
二十五坪

図 2-3

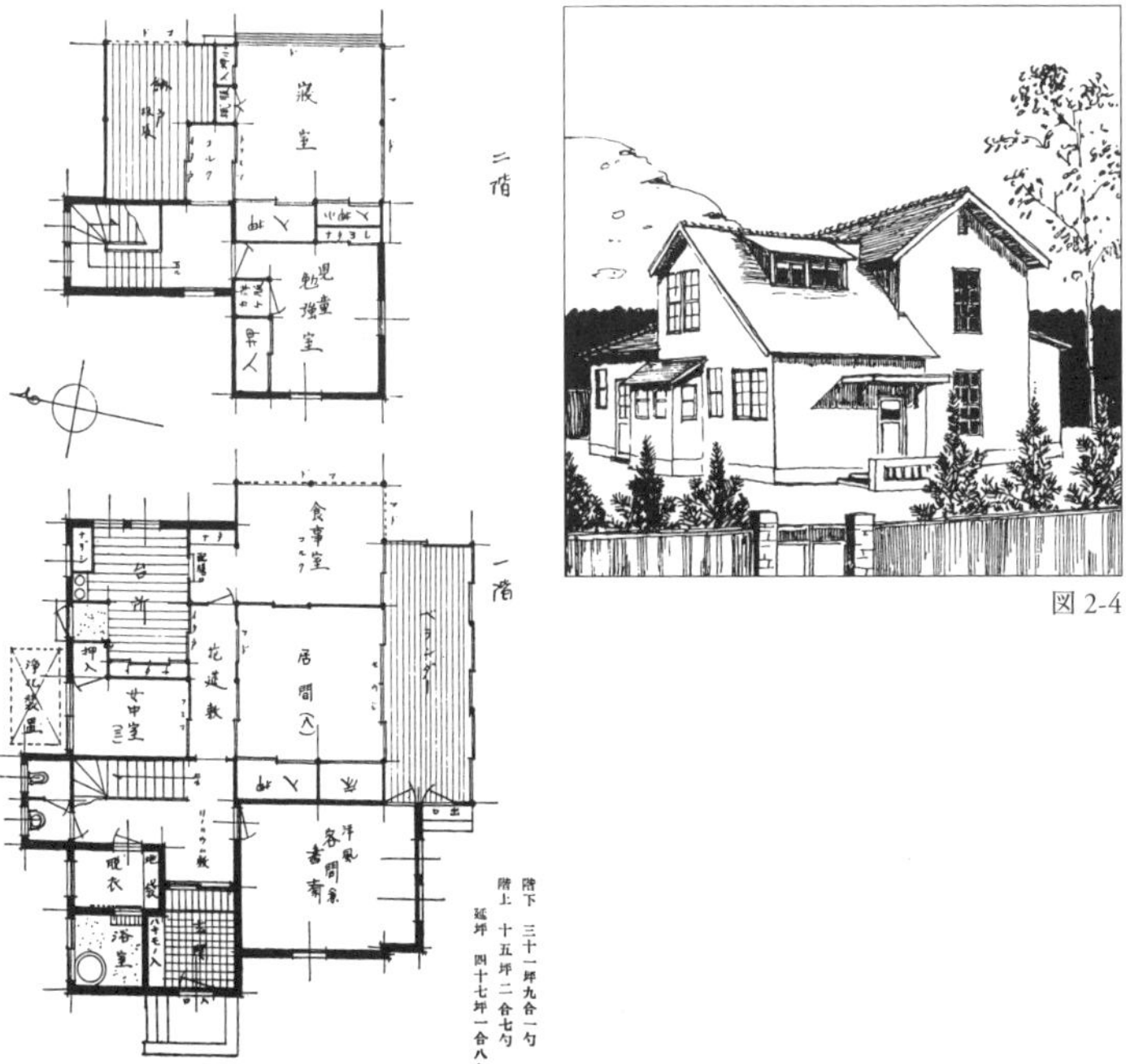

二階
寝室
児童勉強室
一階
食事室
台所
居間
(八)
女中室
(三)
洋風客間兼書斎
脱衣
浴室
玄関
階下 三十一坪九合一勺
階上 十五坪二合七勺
延坪 四十七坪一合八勺

図 2-4

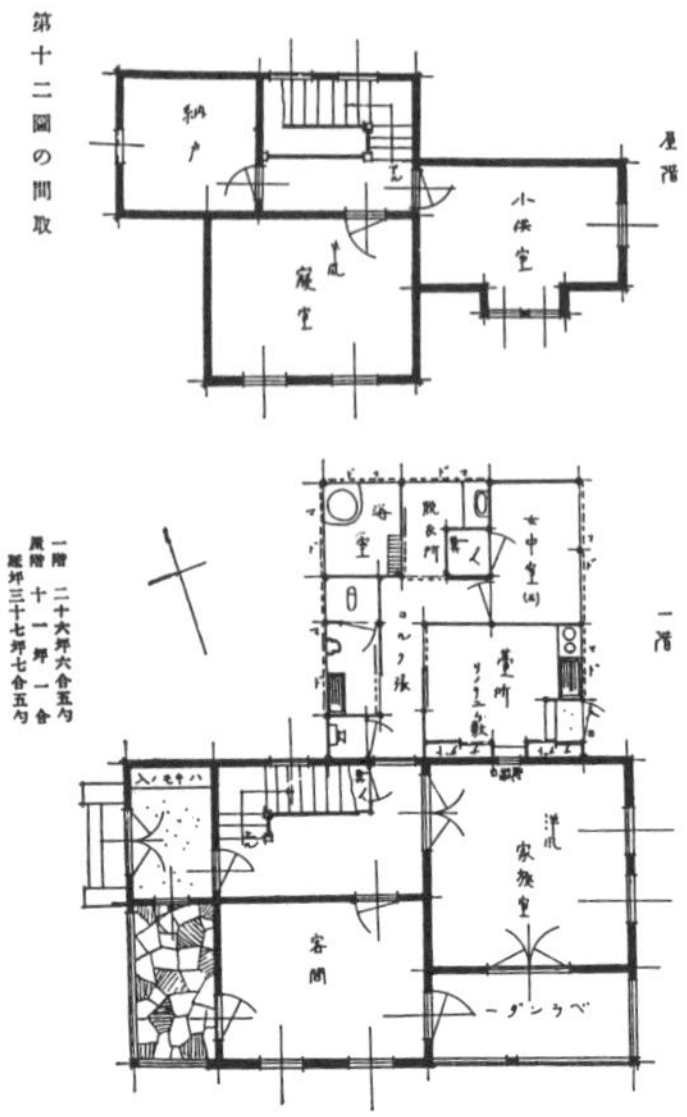

図 3-1

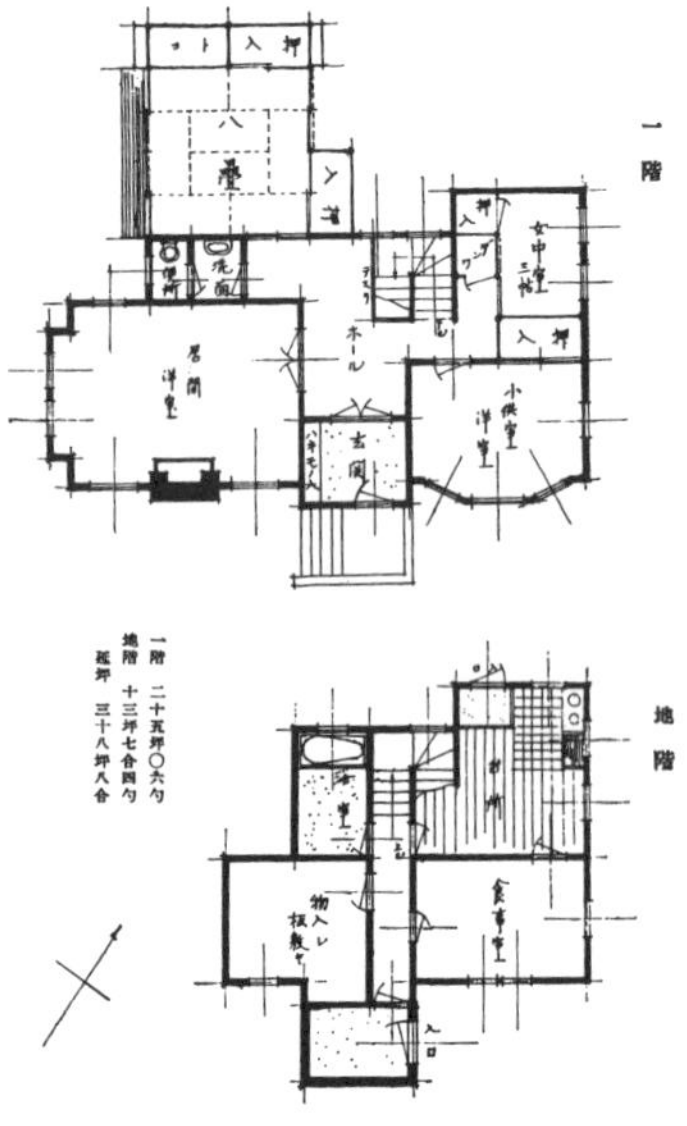

図 3-2

図 3　洋風を主とする折衷住宅例

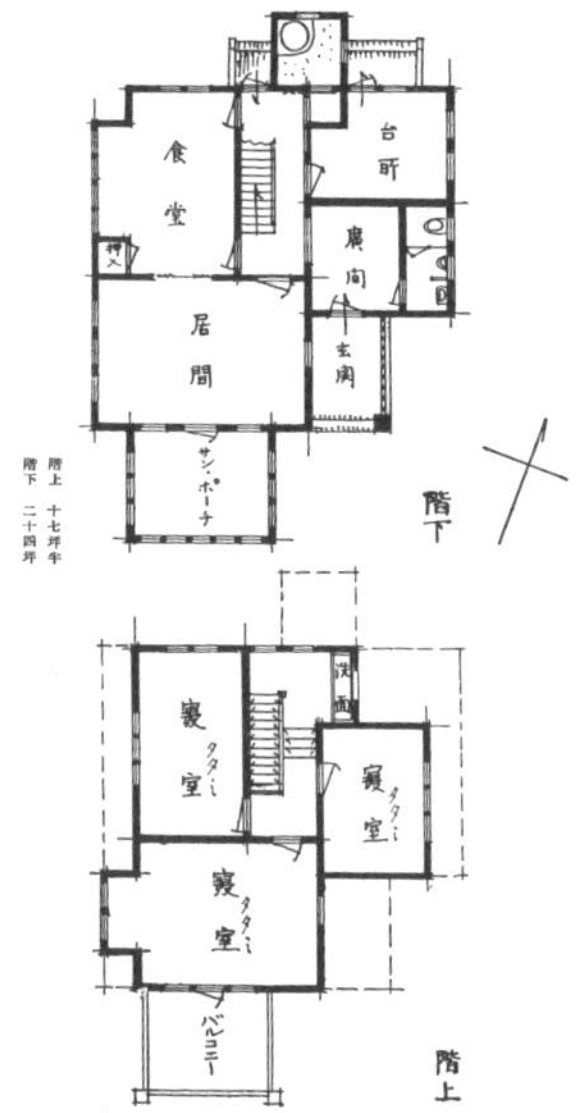
食堂
台所
廣間
居間
玄関
サンポーチ
階下
階上 十七坪半
階下 二十四坪
寝室 タタミ
寝室 タタミ
寝室 タタミ
洗面
バルコニー
階上

図 3-4

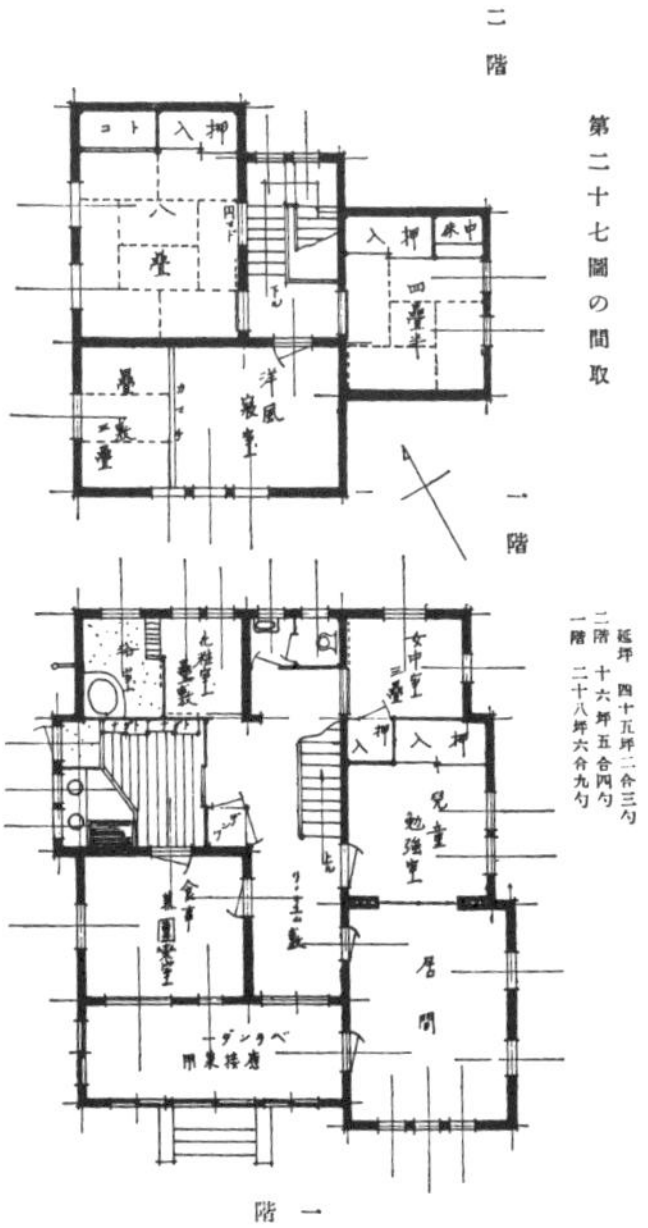
二階
第二十七圖の間取
一階
延坪 四十五坪二合三勺
二階 十六坪五合四勺
一階 二十八坪六合九勺
押入
四畳半
洋風寝室
女中室 三畳
兒童勉強室
居間
一階

図 3-3

このように、保岡の作品を見ていくと同じ和洋折衷といっても様々な方法が取られていたことがわかる。それは、明治期の方法と比べると和洋折衷の開花ともいえる状況をみてとれるし、さらには、大正期になってこの和風化・洋風化が急速に展開していたことがうかがえるのである。そして、この保岡の設計方法を考えるならば、保岡は住宅設計の際に洋風化現象をどう表現するかに焦点を据え、施主に応じて欧米住宅をベースにするか、あるいは在来住宅をベースにするかを決定し、さらに施主の意向に合わせて洋風化なり和風化を実践していたことがうかがえる。この方法は、極めて現実的なものであったため、新しい住宅を求めた多くの人々に大きな影響を与えたことは十分想像されるのである。

数寄屋へ

著作でもう一つ注目されるのは③の茶室（数寄屋建築）に関する解説書の存在である。保岡は、あまり知られていないが「大正昭和の御代に茶室建築の研究家として自他共に許していた大家」であった（『この目で見た造園発達史』）。茶室への傾倒の理由は「邦人が他民族に理解し得ざる渋味を解し礼節を重んずる美風あるは、全く茶道に因て獲られた最も高等なる嗜味性美徳である」と考えていたからである（保岡『茶室と茶庭』）。ちなみに、大正一四（一九二五）年の『小住宅の洋風装飾』の結論では、「本邦の洋風住宅では国民性から云つても、欧米の鵜呑は禁物で在つて装飾は渋味のある奥ゆかしい仕上げとせねば失敗に終る」というように述べている。この「渋味のある奥ゆかしい仕上げ」という抽象的表現は、おそらくこの茶室をイメージしてのことと考えられる。とすれば、茶室・露地に関する著書の意味は、茶室・露地にみられる「最も高等なる嗜味性美徳」を新しい住宅の中でどう継承していこうかと苦慮していた残滓といえるかもしれない。ちなみに、川越に現存する大正一四(一九二五)年の山崎家別邸の主要な和室部分はすべて丸柱で構成され、その質も高い［図4］。中小住宅を手掛ける建築家は、明治期の和洋館並列型住宅を担った建築家とは異なり、洋館だけを手掛けるだけではなく和館部分をも手掛けなければならなかった。その意味では、必然的に伝統的建築に関しても精通していなければならなかったのである。

いずれにしても、保岡は大正後期から昭和初期にかけて自ら手掛けた中小住宅を紹介した著作を通して当時の住宅に影響を与える一方、大正九(一九二〇)年には日本庭園協会の発足に参加し、また、大正一三(一九二四)年に開校した東京高等造園学校(現東京農業大学)で講師として茶庭を論じるなど、晩年は茶室と茶庭の研究者としても知られていた。おそらく、保岡の晩年は、この茶室や露地の研究を通して、伝統性を新しい住宅の中でどう継承していくかという大きなテーマに向かっていたのではあるまいか。しかしながら、その答えを記すことなく、昭和一七(一九四二)年、わが国で最初の住宅作家としての使命を終えたことは惜しまれる。

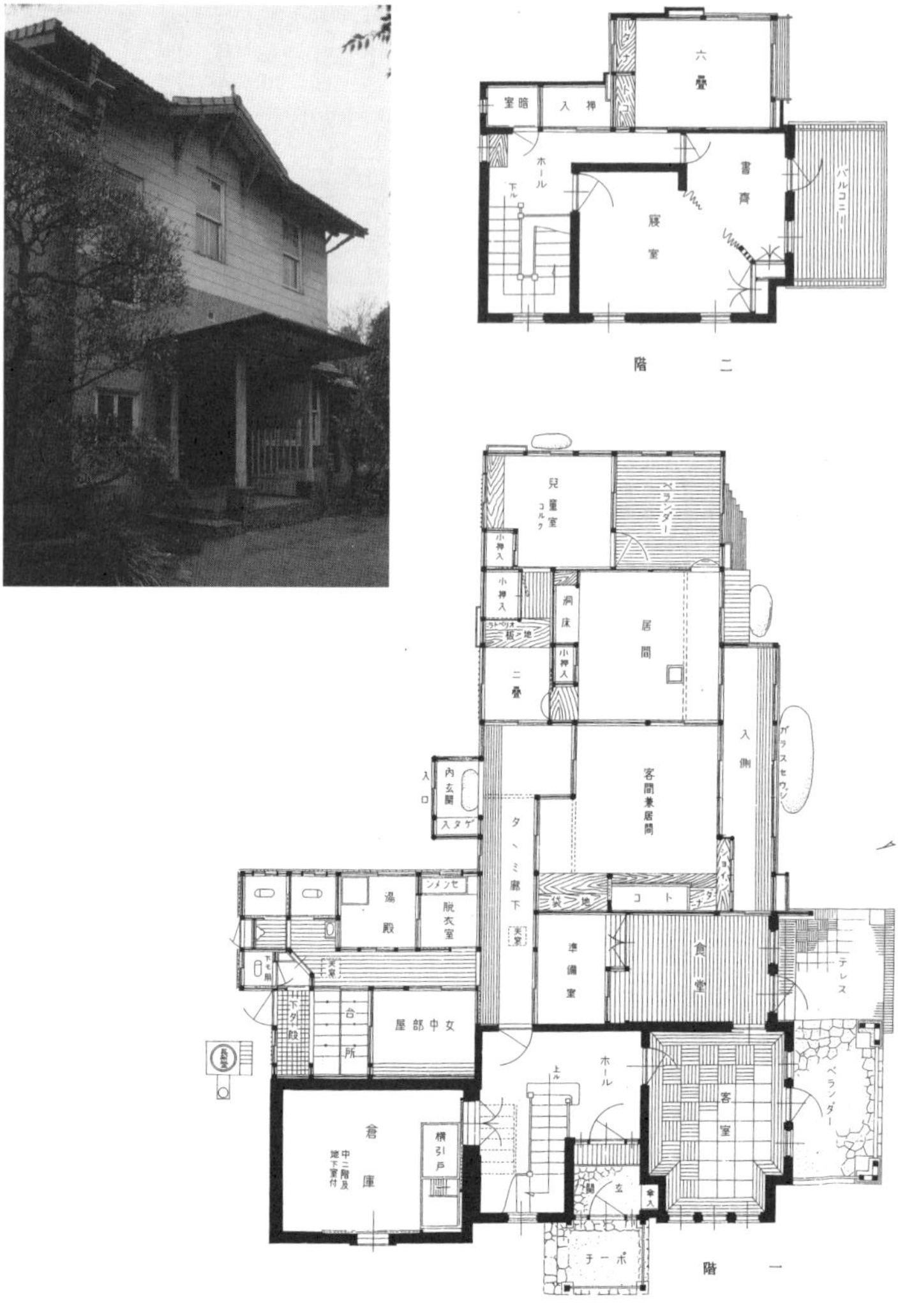

図 4　保岡設計の住宅　山崎別邸外観および平面図

2　企業内住宅作家・山本拙郎

住宅作家・山本拙郎

保岡勝也は、主にオフィスビルなどの大建築の設計を行う企業から転向した住宅作家であったが、中小住宅の設計施工を専門とする会社の中で住宅に携わった建築家、言いかえれば企業内住宅作家とでも称せられる建築家もいた。企業といえば、利潤追求のあまり理想的住宅の啓蒙化など考えられないと思いがちであるが、当時は住宅専門会社がようやく登場したばかりであり、そのような時代では新興の企業ゆえ、ある使命も持ち合わせて理想を追い求めることがあったのである。そのような企業の一つがすでに紹介したあめりか屋であり、郊外住宅地の開発ブームも手伝って大正中期にはあめりか屋の事業は急激に発展していた。どのような企業でもそうだが、飛躍的に発展する背景には、常に優秀な人材が存在している。あめりか屋の場合も例外ではない。この時期あめりか屋には、設立者橋口の右腕であったことはもちろんのこと、当時の住宅界を指揮することになる建築家も入社していた。山本拙郎のことである[図5]。山本は、入社後、ほどなくしてその才能が認められて技師長となり、また、橋口亡き後は、あめりか屋の代表取締役となった。しかも山本の携わった建築は、住宅以外としては現在明らかなところでは東京の千代田区にあった日本基督教団富士見町教会の設計を担当し

図5　山本拙郎

たのみで、他はすべて住宅である。まさに半生を住宅と共に生きており、「住宅作家」と称するにふさわしい建築家であった。

早稲田大学建築学科とあめりか屋

明治末期から大正初期にかけて、中小の住宅を取り上げて新しい形式を追求したり改良の必要性を熱心に唱えていたのは、正規の建築家というよりは橋口や三角などに代表されるように建築の教育を受けたことのない素人といえるような人々であった。住宅の需要が急激に増えてきたとはいえ、そのような状況の中で、なぜ山本に代表される正規の高等教育を受けた建築家が住宅会社に入社したのであろうか。

山本拙郎は、明治二四（一八九一）年、高知県に生まれている。第三高を経て大正六（一九一七）年早稲田大学建築学科を卒業し、あめりか屋に入社している。あめりか屋の技師の中で、大学卒の技術者は数えるほどしかいなかったが、それでも早稲田大学出身者が多く、この山本を筆頭に細井辰雄（大正六年卒）・河合清（同）・遠藤健三（同・選科）そして高島司郎（大正九年卒）などがいた。早稲田大学建築学科は、明治四三（一九一〇）年に開設されたばかりであったから、山本は早稲田の草創期の卒業生ということになる。草創時の教授陣は、佐藤功一・岡田信一郎・内藤多仲・伊東忠太らであり、助手に東京美術学校（現東京芸大）の学生であった今和次郎がいた

（『今和次郎・その考現学』）。教授陣のうち、佐藤功一と岡田信一郎は、大正六年の二月に発会式を行った橋口信助の主唱した「住宅改良会」の顧問に名を連ねている。また、最初の卒業生を世に送り出した大正二（一九一三）年のカリキュラムによれば、他の大学に先駆けて佐藤功一は「住宅建築」という科目を設けていたし、また、岡田信一郎は大正四（一九一五）年に建築雑誌に寄せた「社会改良家としての建築家」の中で建築家の社会的役割として社会問題や住宅問題を扱う責務のあることを説いている。このことから、佐藤も岡田も名ばかりの顧問というよりは、一般庶民の住宅に強い興味を抱いていた建築家であったようである。

一方、橋口が「住宅改良会」を設立した目的は住宅の啓蒙活動を行うことであり、具体的には住宅専門誌としての機関誌『住宅』の発行であった。単なる建築技師であれば他にもいたであろうが、この事業を担当するためには、建築技師としての才能ばかりではなく住宅に固有の意義を抱き、さらには筆が立つというそれまでの建築家像とは異なる人材が必要であったのである。そのため、そのような新しいタイプの人材を、橋口は私学の雄へと歩み始めた早稲田に求めたのである。顧問に名を連ねた佐藤・岡田もそのことは十分理解し、自分たちの教え子に声を掛け、あめりか屋への入社を勧めたにちがいない。そのような中で、使命感ともいえる決意であめりか屋の門を叩いたのが山本拙郎であった。

プロテスタンチズムと住宅作家

板垣退助が自由民権運動を展開するきっかけは、キリスト教の影響ともいわれ、また、その運動を広めるため宣教師を土佐に積極的に招いたという。そのため、土佐には明治以降確実にキリスト教が普及した。拙郎の祖父賢一郎や叔父忠秀も例外ではなく、キリスト教を受け入れ、また、伝統的な平等意識を受け継ぎ自由党員として自由民権運動を支持していた。そのような家庭環境であったため、拙郎も感化をうけ三高時代には洗礼を受けることになる。

ところで、『明治という国家』の中で司馬遼太郎は「江戸期を継承してきた明治の気質とプロテスタントの精神とがよく適ったということですね、勤勉と自立、あるいは倹約、これがプロテスタントの特徴であるとしますと、明治もそうでした」と述べている。つまり、明治期に持ち込まれたプロテスタントの考え方は、異国の宗教ながらも、武士道との類似性からわが国でも十分理解されていたという。そして、プロテスタントの精神に触れた人の中には、自分の生き方が左右されるほどまで強い影響を受けた人もまたいたのである。そのようなプロテスタンチズムの浸透性が、大正期にはっきりと確認される住宅への視点や住宅作家の誕生に深い関連性があったように私には思えてならない。すべてが万事そうだとはいえないが、大正期に住宅建築に固有の意義を見いだし、その発展に寄与した人々には、このプロテスタントとしての洗礼あるいは強い影響を受けている人がいるからである。山本拙郎はもちろんのことであるが、あめりか屋の橋口信助、後に山本拙郎と住宅建築に関して論争をする遠藤新、というようにである。「プロテスタントにおける個人は、カソリック時代の十倍、百倍も重く」、「重くなるというのは自分自身がこの地上に存在することの責任と努力の量がずっしりと重くなること」を意味するという。とすればおそらく、彼らは、個人の存在の意味を考える故、その存在の基盤としての家族なり生活なりに興味を必然的に抱いたのではあるまいか。

山本拙郎の住宅

さて、あめりか屋における山本の活動は、住宅の実施設計あり、『住宅』の編集と原稿の作成あり、というように極めて多忙な毎日であった。山本が携わった住宅はかなりの数に達するものの、「これが山本の手になる住宅」と断言できる住宅は実は少ない。早稲田の後輩で大正九(一九二〇)年に卒業し、一時期あめりか屋にいた高島司郎は、当時帝国ホテルの仕事で来日していたフランク・ロイド・ライトの強い影響を受けたとすぐわかる独特の作品を残している。しかし、山本においては拙郎風と呼べるような特徴がほとんど見られないのである。そのため、一見作風上は個性のない建築家のように思えてしまう。ちなみに、大正期の建築活動に注目した長谷川堯は『都市回廊』の中で山本に触れ、その作風を建築形態そのものの全体的な輪郭の明快さや視覚的な迫力という点では、あまり見栄えがするとはいえず、一見住宅なども矮小に見えることが多いが、部分的において見ると意外に神経がゆきとどいた住よさそうな空間を造っている。山本の設計の基本は、内側からの発想であり、それをさまたげるいかなる形式主義をも排除するという姿勢は今日からみても貴重であり、同時にまたきわめて大正的な設計態度であった

（長谷川堯『都市回廊』一九七五年）

と述べている［図6］。

さて、このように山本は見た目には地味な建築家であったが、手掛けた住宅の中には近代の住宅史上に残る注目すべき住宅もある。それは「電気の家」と呼ばれていた住宅で、今日でいうところのコンピュータを駆使した「電脳住宅」に匹敵するものであった。

電気の家の建設

この「電気の家」の施主は、山本と兄弟のようにして育った山本忠興であった［図7］。山本忠興は、東京帝国大学で電気工学を学び、母校の講師を経て、さらに電気機械設計を学ぶためドイツに留学した。帰国後、早稲田大学電気工学科教

図7　山本忠興

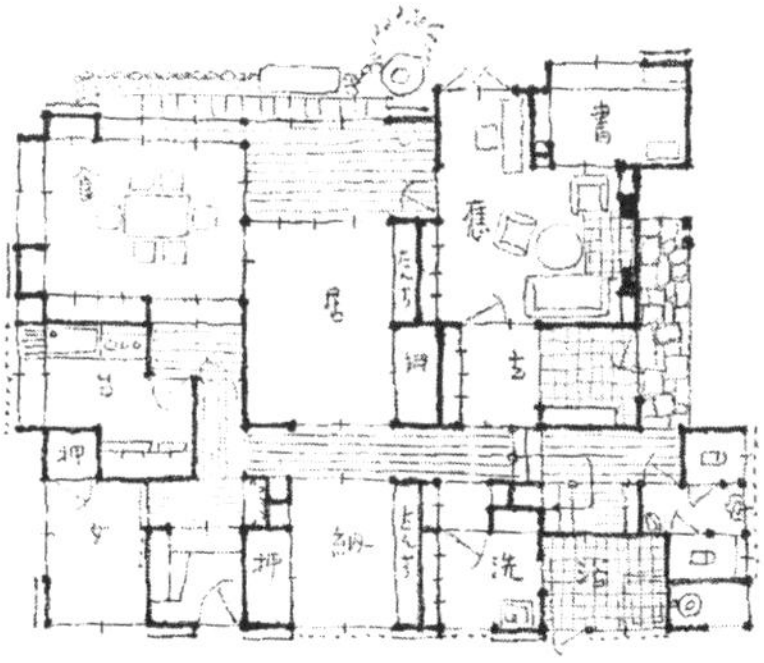

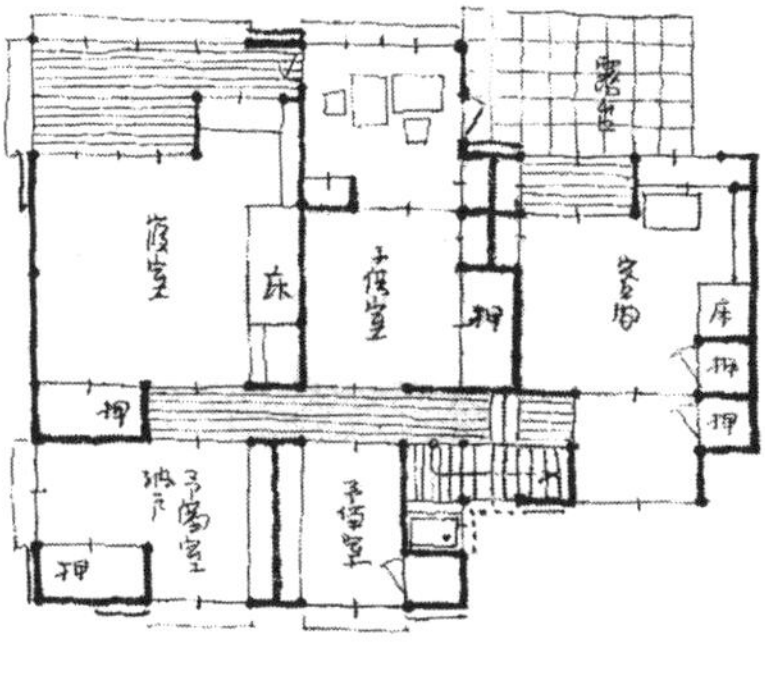

図6　山本の絵日記より
外観、一・二階平面図および応接室内部パース

授に就任し、大正一〇(一九二一)年には早稲田大学理工学部長に就任するなどわが国電気界の重鎮であった。

ところで、その頃のわが国の電気事情は、『日本電気事業史』(電気之友社、一九四一年)によれば、全国の発電力は明治三六(一九〇三)年を基準とすると、大正元(一九一二)年には一〇・五倍、大正一〇年には三一倍へと急激に増加していた。これに伴い家庭への電化も少しずつ普及していた。このような状況の中で、早くから家庭動力の電気への統一を主張していた山本忠興は自らその実践を考えたのであった。山本はさっそく拙郎をよび、実施に取りかかった。建設地は東京・目白駅近くで、設計は山本拙郎、施工はあめりか屋で、大正一一(一九二二)年に竣工している。住宅の様式は、それまでのあめりか屋の住宅に見られた「アメリカン・バンガロー」との類似性は見られず、建物全面を細かな陰影ができるようにわざと荒くしたスタッコ塗り仕上げで、スパニッシュ様式の影響を受けたものである。建築費は、地所や家具すべてを含めて六万円であったという[図8]。大正七年当時の高等文官試験に合格した高等官の初

図8　電気の家外観、平面図および内部

任給が七〇円であったというし（『値段史年表』）、また、大正八年には『三千円以下で出来る趣味の住宅』というタイトルの単行本が刊行されていることから、地所を含んだとしてもこの六万円がいかに高価なものであったかがわかるというものである。

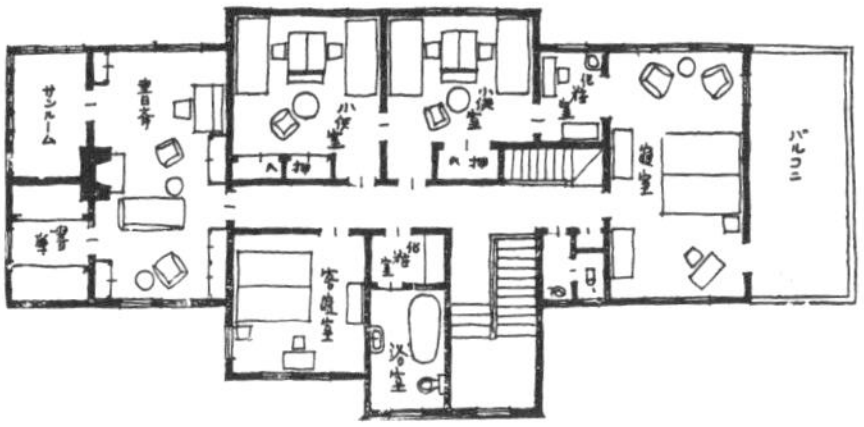

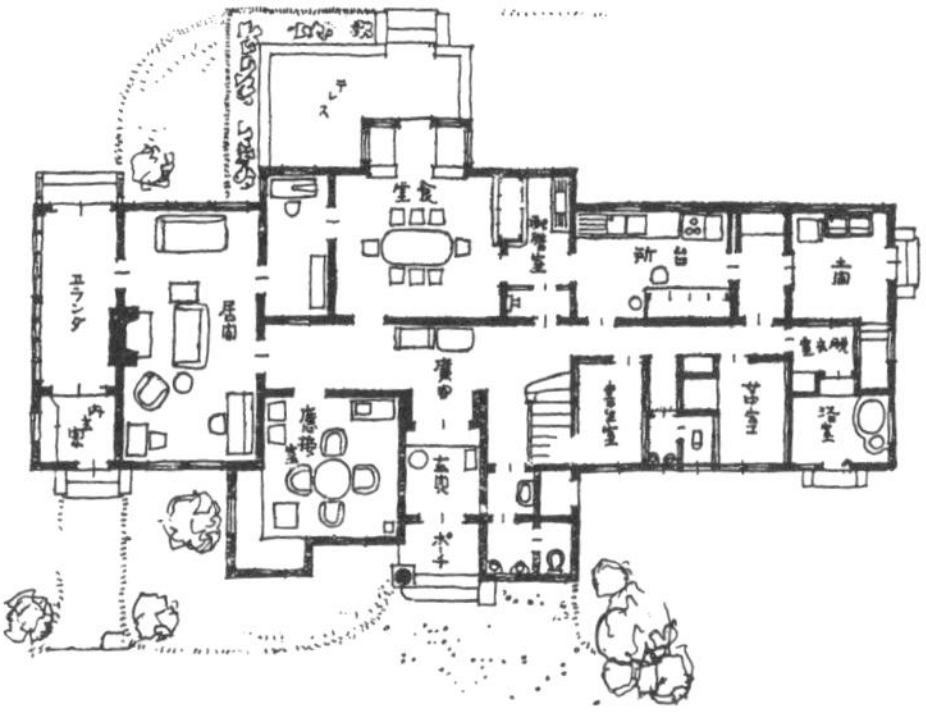

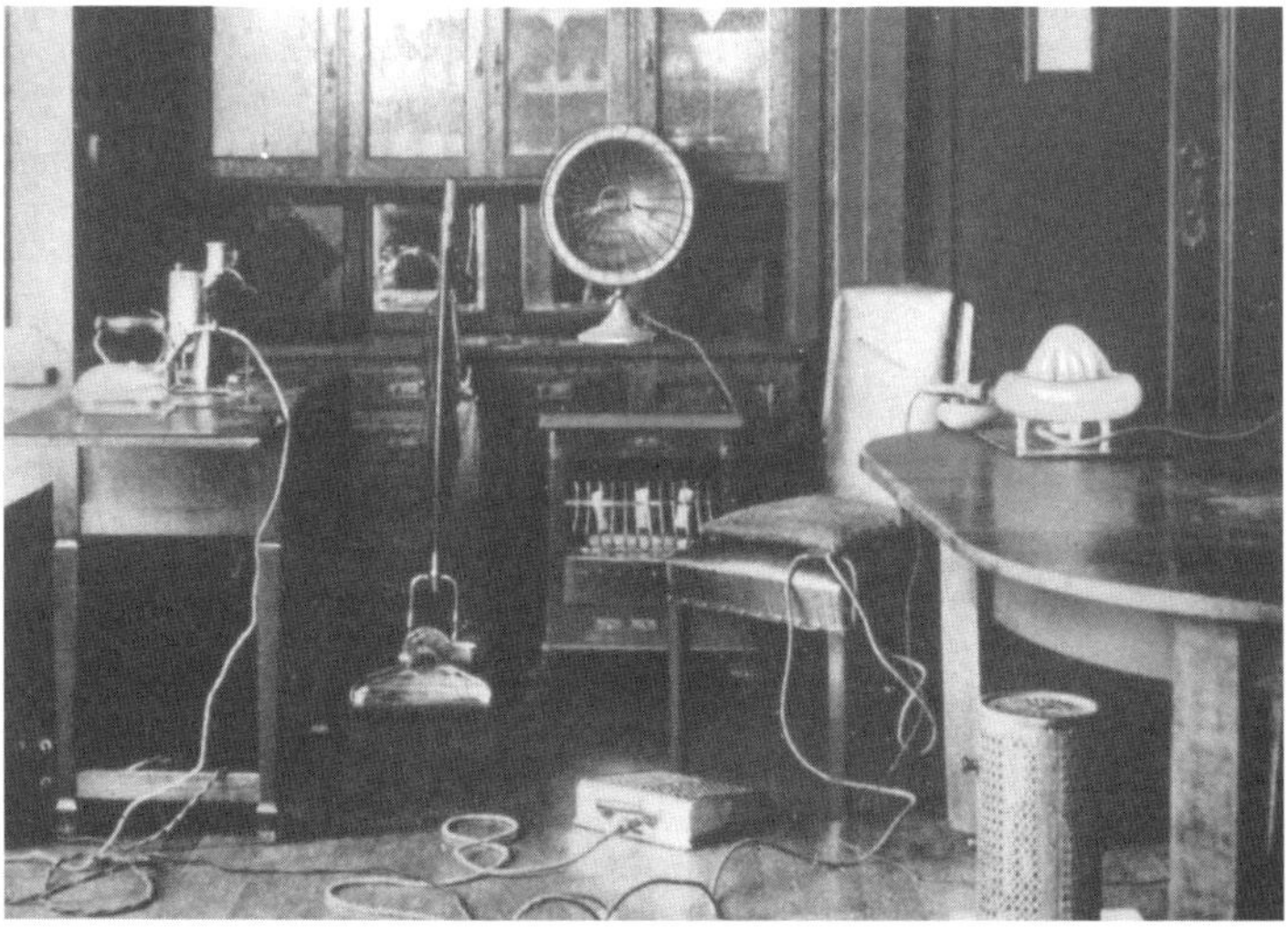

家庭電化の内容

平面は、一階は広間を囲んで応接室・居間・食堂および台所・女中室・書生室というように家族の共用室と使用人室が、二階は夫婦寝室・子供室・書斎および客寝室というように主に家族の個室がある。それぞれの領域は明確に分離され、しかも、各部屋の起居様式は椅子座式で計画されており、平面や起居様式から見ても当時の住宅としては進んだものである。

さて、各部屋に用意された電化製品を見ていくと、玄関扉が電気で開閉し、応接室は電気湯沸かし器・足温器・電気ブトン、居間は放射型電熱器、食堂ではコーヒー沸かし器・トースター、食堂脇の裁縫室には電気ミシン・電気アイロン・電気掃除機、台所は電気レンジ・電気釜・電気冷蔵庫、土間には電気洗濯機などと枚挙に暇がない［図8］。むしろ、現存しなかったものを挙げた方が手っ取り早いほどの電化製品が使用されていた。これは今日の状況と変わらず、これほどまで電化製品を使用していた住宅は当時としても珍しかったのである。ちなみに、昭和一二（一九三七）年のデータでは、電気冷蔵庫の普及台数は関東で四七〇〇台、掃除機は三一〇〇台でしかなかった（『家電今昔物語』）。その意味ではいかにこの住宅が注目されたかがわかるであろう。

電気の忠興と建築の拙郎の上げたアドバルーン

山本忠興が家庭の電化を目指した理由は、単に電気を専攻していたという理由からだけではなく、むしろ第一の理由は経済的に利益があると考えたからであった。すなわち、忠興の算出によると、家事から暖房や風呂にいたるまでの電気料金は、東京市内では一キロワット一時間六銭平均で一人月額二円程度であるという。そのため、「東京市内で八人家族の一家で各月一六円で薪炭点灯及婢僕の用を大部分便じ得るとすれば女中一人の為には月三五円位を要すとし女中費の半額にも及ば」ないため、経済的に利益があると述べている(「電気住宅より」『住宅』大正一二年二月)。また、「そろそろ大きくなり出した子供達が、女中に対して特権階級を感じて、大人の真似をして命令をくだすと言うことは、教育的でない。(中略)人手の不足は電力で補うとして、人を雇わずに銘々が自主的に暮らして行こう。電気の研究は、生活の合理化に直結しなければならない。無駄な労力を省いて、余分の時間や労力をもっと有意義」に利用しようとも考えたと述べている(『山本忠興伝』)。その考えは、合理的で、すでに紹介した三角錫子の考案した動作経済という考え方に近いものでもあった。

なお、そのような考え方であったため、住宅には女中室と書生室が用意されていたが、建設後の三年間は女中なしの生活を実践したという。ともあれ、この住宅は合理性をさらに一歩進めたモダン生活のあり方を端的に示したモデル住宅であった。それは、まさに電気の忠興と建築の拙郎が、将来の方向を具体的に示すために上げたアドバルーンであったのである。その後、拙郎は、電化に代表される設備関係について多くの記事を『住宅』誌上に寄稿している。それは、忠興の影響もあるが、合理性の追求の表れであった。山本にとっての洋風生活は、一方で電化生活と同意語でもあったのである。

山本拙郎の著作

なお、ここで山本の著作に触れておきたい。山本拙郎はあめりか屋技師長としてだけではなく、住宅作家として住宅に関する様々な活動を展開していた。その注目すべき活動は二つある。執筆活動と教育活動である。山本の関係した著作としては、昭和二(一九二七)年の『時事新報社家庭部編・家を住みよくする法』、昭和六(一九三一)年の『和洋住宅設備設計の知識』(実業之日本社)、昭和七(一九三二)年の『早稲田建築講義』(早稲田出版部)などが挙げられる。そして、教育活動としては、すでに触れたように恩師早稲田大学教授佐藤功一の後を受けて東京女子高等師範学校(現お茶の水女子大学)で住居学を教えていた。ちなみに、『早稲田建築講義』に収録されている住宅編がその際の教科書であった。

「真壁式洋風住宅」の提案

ところで、このような電気住宅とは別に、すでに紹介した大正一一年の文化村の出品作品は、技師長山本拙郎の考案による「あめりか屋式住宅」であった。この「あめりか屋式住宅」とは、様々な住宅に関する提案を実践した一種の商品化住宅のことで、「真壁式洋風住宅」と称したほうがわかりやすく、住宅改良会の活動を通して主張しつづけてきた椅子座式の起居様式を普及させるために開発したローコスト・ハウスのことである[図9]。この住宅の特徴は、一見アメリカン・バンガローに見えながら、実は窓の形式は在来の引き違い窓で、室内の壁の仕様も在来の柱の見える真壁《しんかべ》であることからわかるように、伝統的住宅の形式を積極的に採用した〈洋風〉の住宅であったのである。

〈壁の建築〉と〈柱の建築〉

やや横道にそれるが、この住宅の意味をもう少し説明しておきたい。明治以降、欧米の建築が導入されたが、それらの特徴を簡潔に述べるならば、石や煉瓦を一個ずつ積み重ねて壁をつくっていく、いわゆる組積式工法による建築ということである。一方、伝統的建築は柱と梁を組み立てる架構式工法のものである[図10]。そのことから両者を比較して、〈壁の建築〉と〈柱の建築〉ともいうこともできる。気候風土など様々な要因からそのような材料やつくり方の差異が生じたのである

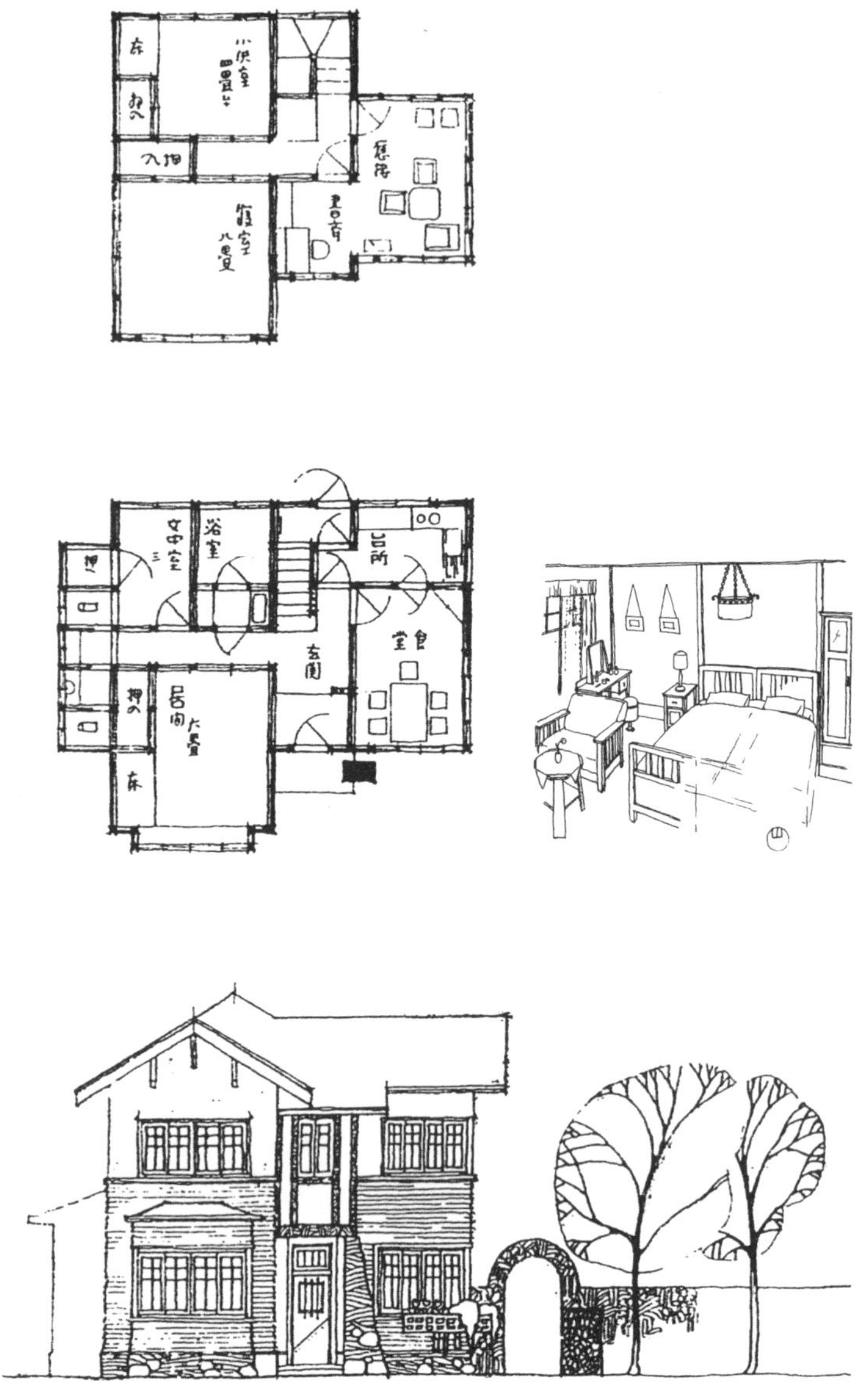

図 9　真壁式洋風住宅立面図、平面図および内部スケッチ

が、それはともかくとして、壁の建築と柱の建築は単に工法の違いだけではなく、それによってつくられた建築そのものの性格も異なっているのである。例えば、壁の建築は壁そのものが建築を支える構造体であるため、窓などの開口部は大きく自由にはできず、それゆえ閉鎖的である。一方、柱の建築では柱が構造体であるから、壁は構造体としての制約から解かれるため開口部は大きく自由にとれ、開放的である。このような性格に対応するように窓の形式は、壁の建築では縦長のプロポーションで開き窓や上げ下げ窓が用いられ、柱の建築では横長のプロポーションで引き違い窓が考案されたのであった。また、室内を見ると壁の建築は、柱がなく壁だけが見えるのに対し、柱の建築では柱自身とその間の壁が区別されてはっきりと見えることになる。そのため、欧米の木造建築は、木造であっても〈壁の建築〉の影響から柱が内外に見えない大壁《おおかべ》が一般的であった。

このようなわけで、明治以降、日本に紹介された本格的西洋建築は、石造やレンガ造はもちろんのこと、木造であっても壁は大壁で、窓の形式は開き窓や上げ下げ窓の建築である、と一般に解されていたのである。そのため、伝統的な真壁造の室内でありな

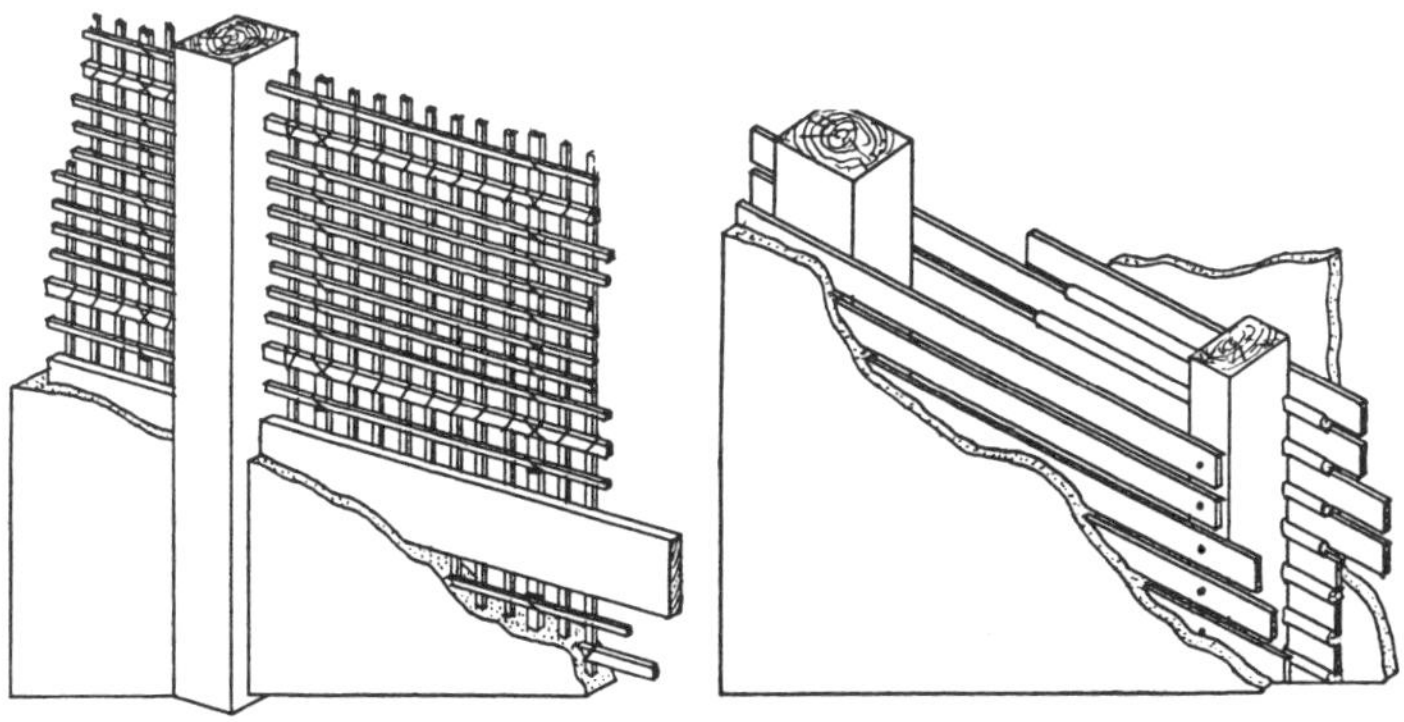

真壁　　大壁

図 10　大壁と真壁の図

がら椅子座式という「真壁式洋風住宅」は、当時の人が考えていた西洋館とは明らかに異質なものだったのである。

自邸による「真壁式洋風住宅」の実験

では、なぜそのような当時の人々が思い描いていた西洋館とは異なる住宅を商品化住宅として開発したのであろうか。それはすでに記したように椅子座式の生活様式を普及させるためであった。

すなわち、洋風住宅が普及しはじめると、大壁の木造西洋館は、大壁の中の壁で囲われた柱が湿気で腐りやすいことや窓などの開口部が小さすぎるということから、湿気の多いわが国には向かないという実際の経験に基づいた批判が起こっていたのである。また、西洋館の建設コストが在来住宅より高いということも西洋館の普及を妨げる障害の一つであった。山本自身も住宅専門会社の技師長として、そのような批判に耐える建築を追求していたのである。その一つの解答が、伝統的建築の見直しであり、そのアイデアを自邸で試したのであった［図11・12］。それが、生活様式は椅子座式でありながらも建築的には伝統的な工法や意匠を積極的に用いた「真壁式洋風住宅」である。ただ、住宅すべてを伝統的工法や意匠でというわけではなく、外壁については大壁造とし、内部の壁は真壁造とした。外壁を大壁とした理由は、やはり意匠上の問題と防犯の問題から戸締りがしっか

図 11　山本自邸スケッチ

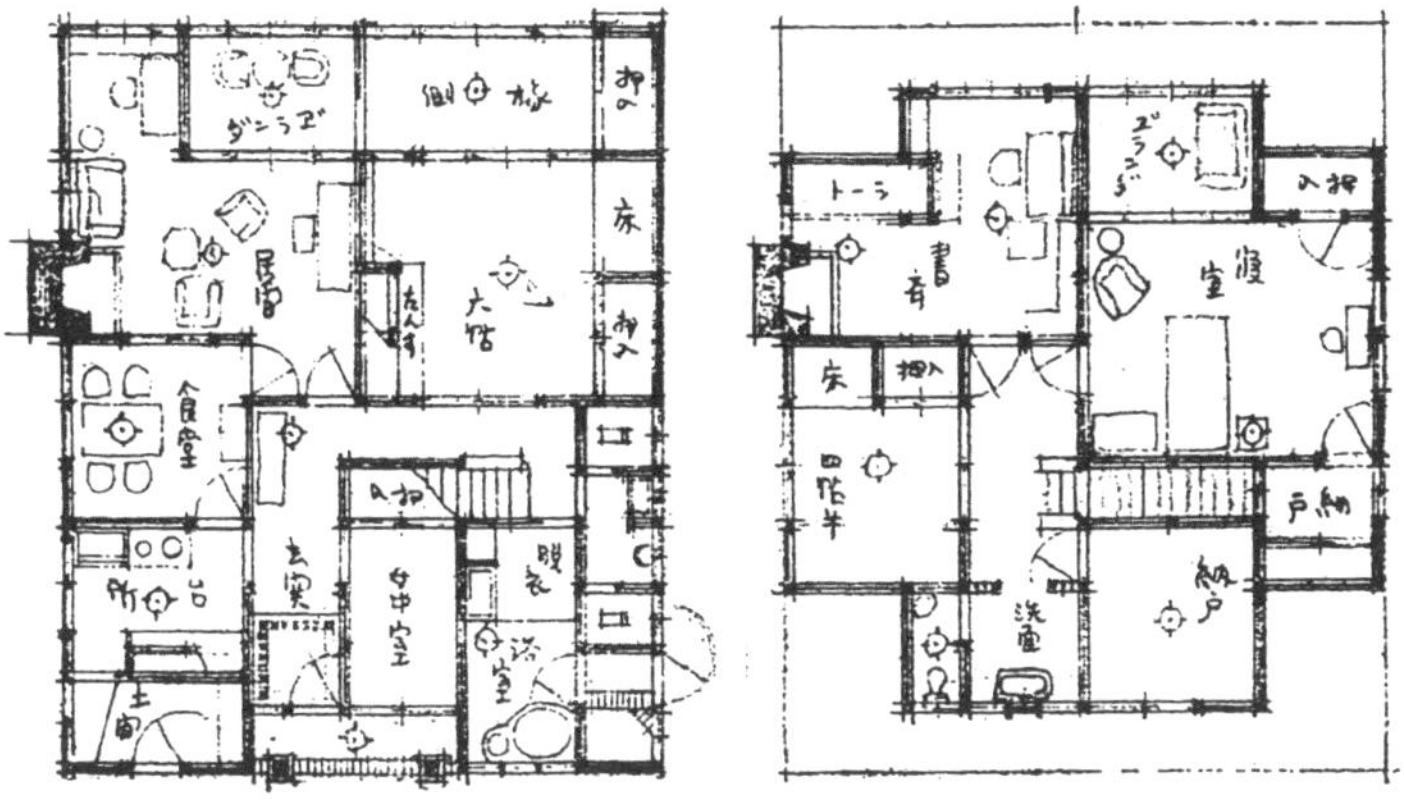

図 12　山本邸平面図

りできるからであった。その意味では、外観上は〈洋風住宅〉に見えたのであり、それは山本が籍を置く西洋館の普及に努めた「あめりか屋」の住宅の限界でもあったのである。いずれにしても、この外壁を大壁とするという方法は、後述するように関東大震災の大きな被害から防火が叫ばれ、その簡便な方法として大壁が推奨される中で確実に浸透していくことになる。

山本拙郎と同潤会

ところで、あめりか屋の創立者橋口信助は故郷宮崎での病気療養の甲斐なく昭和三年(一九二八)に他界した。そのため、技師長である山本拙郎が会社運営に当たることになる。

山本はあめりか屋の運営を引き受けたが、経営面はじり貧で、昭和六(一九三一)年の株式総会でついに問題となり、その責任を取って責任者の座を他に譲ることになる。住宅作家としての才能には恵まれたが、経営の才までは持ち合わせてはいなかったようである。

その後、山本は取締役としてあめりか屋に籍を置くものの、昭和一二(一九三七)年にはあめりか屋から完全に身を引いた。それは、あめりか屋という企業の中で開拓した企業内住宅作家という役割に終止符を打つことを意味していた。

一方、昭和七(一九三二)年頃から、当時の同潤会の住宅課長が三高で同期の細木盛枝であったことから、山本は同潤会の嘱託として公共住宅事業に関わりを持つことになる。

満州、そして上海へ

この同潤会の嘱託となったことが、その後の山本の進路に大きな影響を与えた。山本は、企業内住宅作家の道を閉じ、新たに市井の住宅作家として自宅で個人住宅の設計を行っていた。しかし、酒も呑めない山本に営業ができるはずもなく、まして、山本は人一倍強い自己主張をもって人々を引き付けるタイプではなかった。市井の住宅作家になるには優しすぎたし、それゆえ、自分自身で開拓した企業内住宅作家が似合っていたのである。そのような山本が、同潤会との関係から一つの光明を見いだすことになる。それは、公共住宅を通して住宅と関わりを持つというもう一つの新たな住宅作家の道、すなわち、公共住宅の建設を通して住宅の標準化を追求するという立場での住宅作家、の存在に気づいたことである。

昭和一〇(一九三五)年、山本は、満州電業の社宅の設計の仕事で満州に渡ることになる。それは、満州電業の社員としての参加ではなく、あくまでも自営業の一環の仕事であったが、山本にとっては、一種の公共住宅建設のように感じていたようである。

なお、同潤会での山本の仕事は住宅建築部の相談員で、これは一般の人々を対象に住宅建築に関する指導と援助を行う必要性から昭和七年に開設した部署である。ちなみに、他の相談員は皆一流どころの建築家で、明治三九（一九〇六）年に東京帝大を卒業し東京市建築課長を務めていた加護谷裕太郎と大正九（一九二〇）年の東京帝大卒業と同時に分離派を起こしその名を馳せた堀口捨巳であった。この住宅相談部の仕事は忙しく、時には遠く台湾や満州からも相談の依頼があったという。

満州での仕事が終了した昭和一四（一九三九）年、山本は、今度は上海に移り、中支那振興株式会社の社宅建設に従事している［図13］。そこでの社宅の数はおよそ三〇〇〇軒であったという。

しかしながら、この上海での仕事は山本の命を縮めることになってしまった。山本は、甘いものに目がなく、単身の上海では止める人がいないため糖分の取り過ぎから糖尿にかかり、さらには脳溢血を併発してしまったのである。家族のもとに帰るために、荷物を送り終えた直後の昭和一九（一九四四）年、上海で山本は五四歳の人生を終えた（「山本拙郎のこと」）。このように、山本の人生は、その幕をひとまず閉じた。彼の人生は住宅に始まり住宅で終えたのである。日本の最初の住宅作家の一人と呼ばれる所以である。

図 13　山本の設計した上海の集合住宅

3　ライト風デザインの伝導者・遠藤新

新しい作風を求めて

山本拙郎が、企業内住宅作家として活躍しはじめていた頃、アメリカ人建築家であるフランク・ロイド・ライト（Frank Lloyd Wright, 1867-1819）の建築観に傾倒し、新しい建築のあり方を学び、さらには、実践しようとしていた建築家たちが現れていた。その代表といえるのが遠藤新である。当時、留学や遊学を通して海外の建築事情に精通するものが次第に増えていたが、明治期のお雇い外国人の時代が過ぎると外国人建築家の師事を直接受けるという建築家はほとんどいなかった。そのような中で、遠藤は帝国ホテルの建設で来日していたライトの助手として働き、ライトの建築観を吸収していくことになる。遠藤の手掛けた作品は住宅だけにとどまらず、店舗・会館・教会そして学校というように多岐にわたっている。しかし、全体から見れば住宅が多いこと、さらには、住宅に対して独自の住宅観を持ちつづけていたことを考えると、やはりわが国の最初期の住宅作家の一人に挙げなければならない建築家といえる。

フランク・ロイド・ライトの来日

当時、ライトはアメリカ国内では著名な建築家の一人で、とりわけ、草原住宅

図14　ライトと日本の弟子たち

（プレーリー・スタイル）と呼ばれる一種独特の住宅形式を生み出したことで知られていた［図14］。これは、ライトの生まれ育った広々と展開する草原地帯に対応する形式として追求されたもので、それまでの細切れの閉鎖的な部屋を集めただけの住宅をやめて、家族の団らん用の大きく開放的な部屋を中心とし開放的な各室が十字型やL字型状に伸び、それらの部屋の上にあたかも鳥が羽をいっぱいに広げたように軒の深い一つの大きな屋根を載せたのである［図15］。それは、まさに自然と共存するために、自然そのものを建築の手本にしていることの証であった。そして、この草原住宅の特徴である深い軒や帯状の窓による水平線の強調された立面は、日本建築の影響を受けて生まれたともいわれている。

ちなみに、ライトと日本建築の接点の一つとして明治二六（一八九三）年のシカゴ万国博覧会に日本が建設した日本館（平等院鳳凰堂をモデルとした）が知られている［図16］。そして、このような契機からライトは、浮世絵の収集を趣味とすることになり、この浮世絵の収集のため帝国ホテルの仕事以前にすでに二度来日していた。また、収集の関係から浮世絵をはじめとする東洋の美術品を扱っていたニューヨークの中山商会とは懇意で、明治三四、五（一九〇一、一九〇二）年頃、主任の林愛作とも知り合うことになる。この林愛作こそ後に帝国ホテルの支配人となりライトにホテルの設計を依頼した人だったのである。まさに日本趣味がライトと帝国ホテルとを結び付けたとも言える。

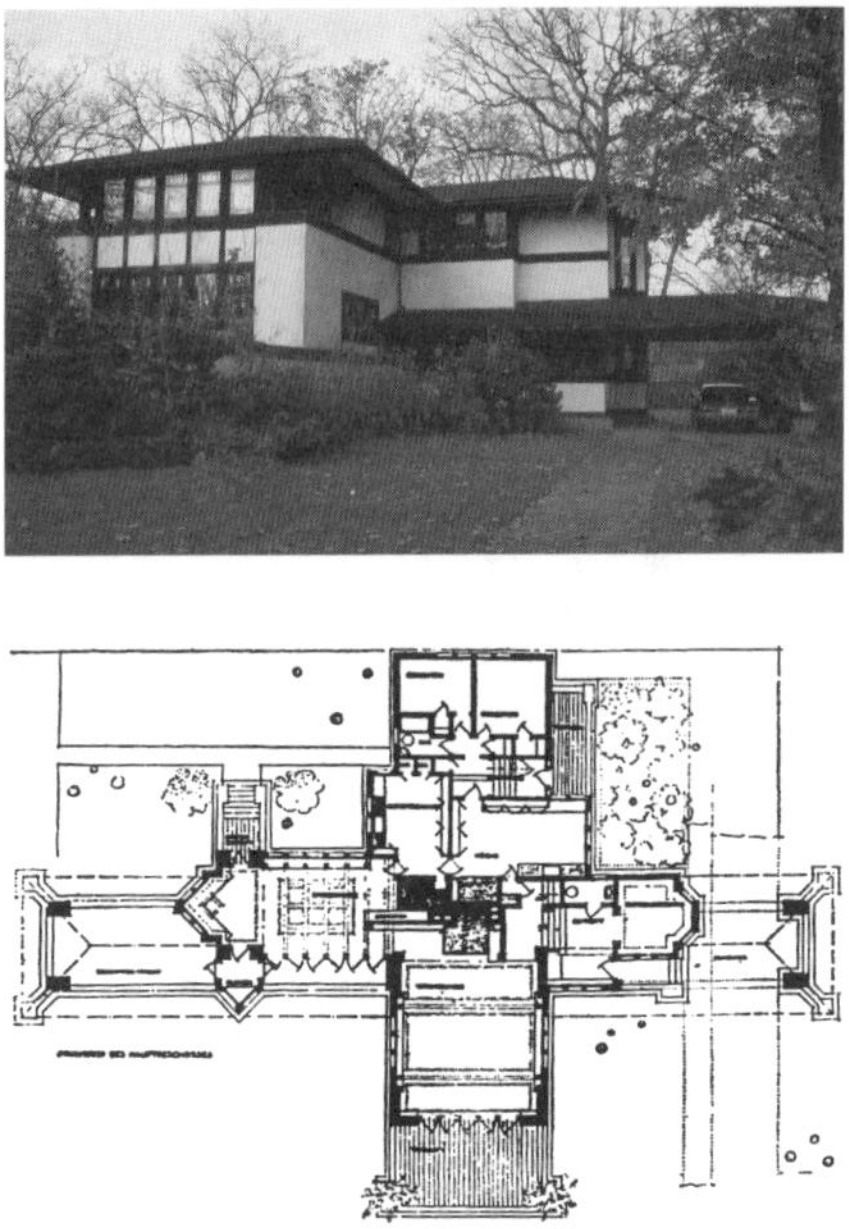

図 15　ウィリッツ邸外観および平面図

図 16　シカゴ博の日本館

さて、アメリカのシカゴ周辺を活動基盤にしていたライトは、帝国ホテル（現在、エントランス部分が明治村に保存されている）の設計の契約のため、大正五（一九一六）年来日し、大正六年四月に契約を終えて帰国している。その際、一人の日本人建築家を同伴して帰国した。滞在の間に林愛作から紹介された遠藤新である。ライトは、帝国ホテル設計の助手として遠藤を採用し、図面作成のためにアメリカのアトリエであるタリアセンへ連れ帰ったのであった。

ライト風デザインの伝導者・遠藤新

ところで遠藤は明治二二(一八八九)年、福島県相馬で生まれ、第二高を経て、大正三(一九一四)年東京帝大建築学科を卒業している[図17]。遠藤とライトの出会いは、学生時代の建築関係書籍でのことだった。また、遠藤は卒業設計のテーマがホテル建築であり、帝国ホテルの見学に行き、林愛作と知遇を得ていたのである[図18]。また、東京帝大在学中は酒も煙草もやらず、また、洗礼を受けていたということからうかがい知れるように、純朴で内向的な性格の持ち主であった。この遠藤の性格は、ライトとの出会いから、一変し、独自の建築観を声高に主張する自信満々の建築家に変貌したという(『昭和住宅物語』)。

その変貌した遠藤は、一年半のアメリカ生活を終え、大正七(一九一八)年一一月に帰国した。そして、翌八年、ライトの来日を待って現場事務所が開かれ、携えた図面をもとに帝国ホテルの工事現場の仕事が開始された[図19]。この時、ライトは、アメリカからアントニン・レーモンドを呼んで助手としていた。このレーモンドは、その後日本で建築事務所を開設し、多くの仕事を残している。この頃の現場事務所のスタッフは、外国人はレーモンドと構造計算と施工監督を担当したポール・ミューラーなどで、日本人は遠藤新を筆頭に土浦亀城・河野伝・田上義也・藤倉健・内山隈三・渡辺巳午蔵らであった。ともに、ライトの下で新しい建築を勉強しようと集まった若い建築家である。そして、その中でも土浦は後に

図17 遠藤新

アメリカに渡り、ライトのアトリエであるタリアセンに留学している。また、田上は帝国ホテルの完成後、北海道に渡りライト風の住宅をつくり続けることになる。まさに、ライト風デザインの伝導者たちが集まっていたのである。そして、その中でもライトはとりわけ遠藤をいつも身近から離さずかわいがったと田上は回顧している。

ところで、ライトはこの帝国ホテルの仕事と平行して、いくつかの仕事をこなしていた。この仕事のうち、現存するものとしては、大正六(一九一七)年の林愛作邸、大正一一(一九二二)年の自由学園明日館[図20]、そして、大正一三(一九二四)年の山邑邸[図21]がある。このうち、明日館はライトと遠藤の共作であり、また、山邑邸は基本設計がライトで実施設計と施工監理は遠藤とやはり帝国ホテルのスタッフであった南信が協力して担当した。

独立へ

大正一一(一九二二)年一二月、帝国ホテルの工事の終了に伴い、遠藤は独立して「遠藤新建築創作所」を帝国ホテルのすぐ近く

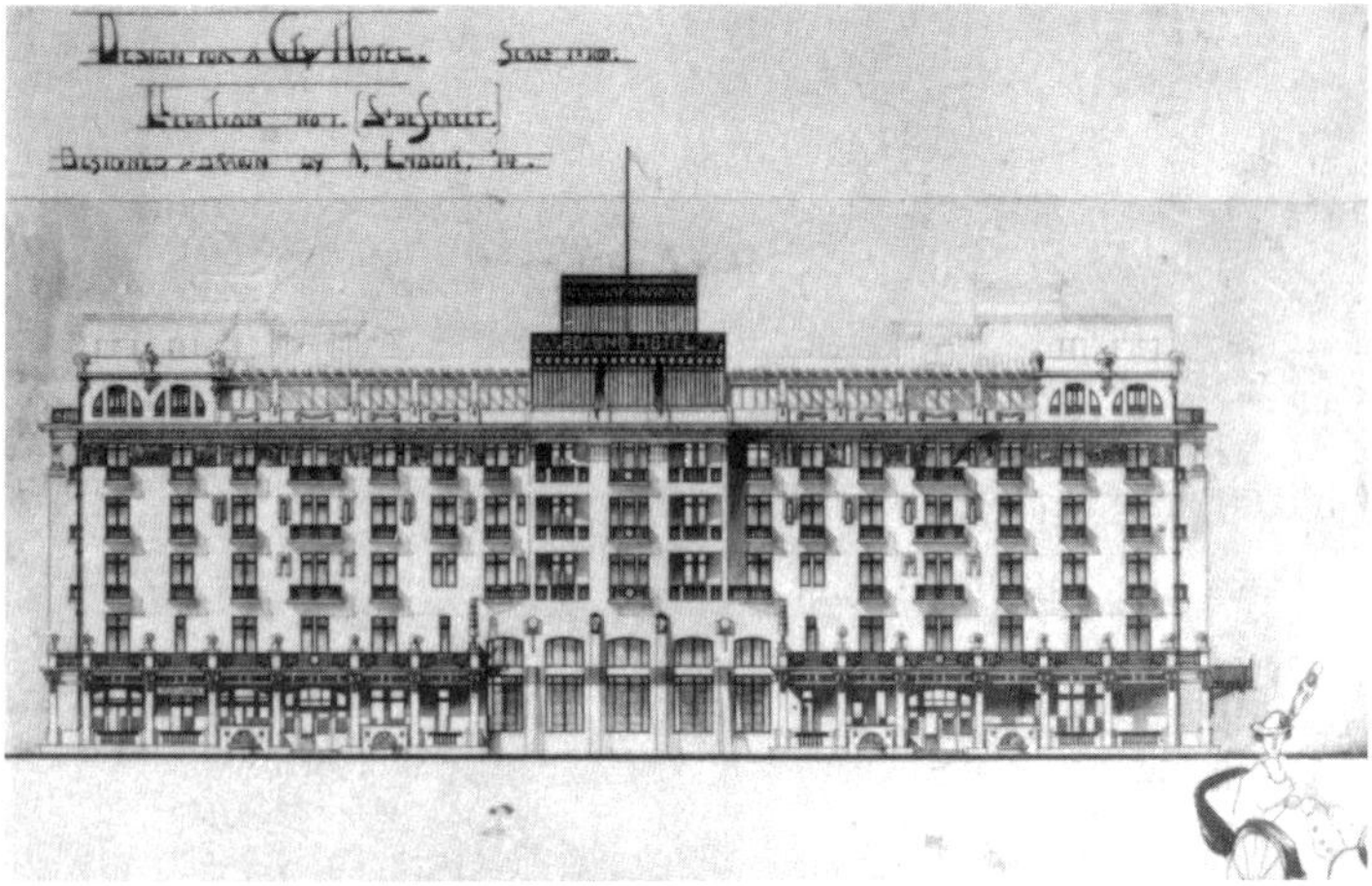

図18　遠藤の卒業設計「シティホテル」

の日比谷に設立している（『遠藤新生誕一〇〇年記念』）。これ以後、さまざまな建築を設計し、多くの住宅も手掛け、住宅界にも影響を残すことになる。

遠藤が、大学卒業後に手掛けた最初の建築は、すでに紹介したように大正四年の家庭博覧会に主催者である国民新聞社が出品したモデル住宅であった。これは実際に建設されたわけではなかったが、実物大の模型として展示されたもので、当時の住

図 19　明治村の帝国ホテル

図 20　明日館

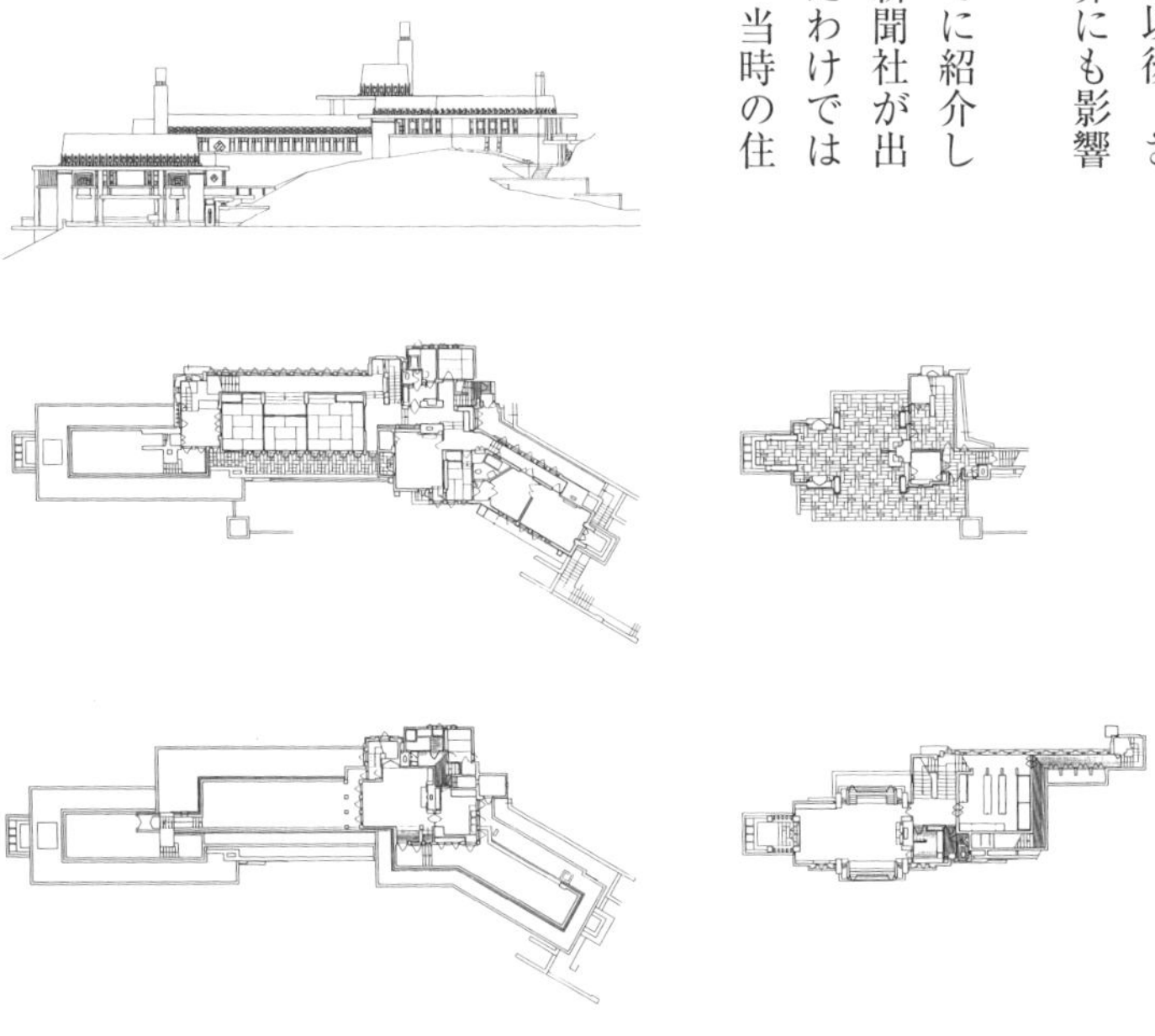

図 21　山邑邸平面図および立面図

宅の動向に大きな影響を与えたと考えられる。その意味では、やはり遠藤は住宅に因縁があったといえる。

一方、ライトの下からの独立後の作品は、師事したライトの建築の考え方を踏襲してつくられ、明らかに大正四年に手掛けた住宅とは、考え方もデザイン自体も大きく異なっていた。このことは、後に「一体家の真中に廊下を通して、小さな家を更に小さくコマ切れにし、あまつさえ、客が五人来れば身動き出来ないようなケチな応接間を鼻の先にブラ下げて体裁ぶった住宅というものは世界のどこにもありません」（「一建築家のする日本インテリへの反省」『国民』昭和二四年三月）と述べ、最初に手がけた住宅にみられる性格を批判していることからも明らかである。

遠藤の住宅観

では、ライトの出会いを契機として展開する遠藤の住宅観とはどのようなものであったのか。それは、大正一三（一九二四）年の『婦人之友』に載せた以下の一文によく表されている。

まづ地所を見る
地所が建築を教えて呉れる
いかに建築が許されるか

いかに生活が許されるか
そしていかに生活が展びられるか
其をそこの自然から学ぶ。
（中略）
自然に合せて物をつくる。そしてその作品を
ひつさげて人間諸共、母なるまたは父なる自然に帰る。
その作品建築。
部分が相済す美しさ、それがまた全体に参ずる美しさ、
そして更に全体が部分に及ぶ美しさ、其美しさと真実。
建築を対自然の、そして対人間の厳粛なる事実として、
必要が必然性を帯びて具象する創作の一元境。
建築家は此の天領に住する。（後略）

（「住宅小品十五種」『婦人之友』大正一三年五月号）

ここで遠藤は建築をつくる際にまず、地所を見ろ、という。それは、自然と対峙するのではなく、あくまでも自然と一体化すべきことを意味している。また、さらに、部分と全体が統一されることの必要性にも言及している。それは、正しくライトの建築観と共通するもので、もっと平たく言えば「建築とはどんなもの

かというとき、内と外の差別をつけない考え方、人間生活の必要動線の上に屋根をかけ、取りたててどこをデザインするという事ではなく、総ては連続したものとして自然にできあがる。建築はそんなものだ」（『近代建築の黎明』）ということになる。このような考え方によってできた建築は「有機的建築」といわれ、遠藤は有機的建築家とも称されている（「わが国における有機的建築家　遠藤新の建築論」）。

さて、このような遠藤の考え方を明快に示すエピソードがある。犬養首相邸を設計していた時のことである。施主の犬養が寄贈された家具を使用しようとした時、遠藤は「家具は家の一部分で家の設計と切離すことは出来ない。僕にだまってそんなものを入れては困る。と断固として受けつけなかった」（「日本のライト　遠藤新」）のだという。これはまさに、部分と全体の統一を欠くことを問題にしたエピソードである。そして、このエピソードと同じ内容が、後述するように大正一四（一九二五）年にわが国初めての住宅論争の中で問われたのである。

いずれにしても、遠藤の建築論は、今日でも南沢の羽仁もと子の興した自由学園の校舎や、現存する住宅建築にはっきりと確認できる。

遠藤の住宅にみる伝統性

遠藤の住宅の特徴は、やはり暖炉をシンボルに据えた居間を中心とした平面形式にある。そして、伝統性に関しては、例えば辻堂の旧近藤別邸や葉山の加地邸に見られるように、住宅の内部には床の間を持つ畳敷の部屋もあるが、その室内は居間に代表される部屋と同様に大壁でつくられており、また、畳敷の部屋に造り付けの椅子が設けられたりというように、保岡や山本がこだわりつづけた〈和〉と〈洋〉の固有の形式の維持に関してはあまり問題視しなかった。旧近藤邸では、居間に隣接する畳の部屋の床を板敷の居間より少し高くし、微妙に変化をつけている。ここでは、まだ、居間と畳の部屋は仕切られていて一体化されてはいないが、後に、藤井厚二が仕切りをとって完全な一体の空間とする原型が試みられている［図22・23］。それは、住みよさの追求の中で自然に生まれた形式と言えるかもしれない。このことを息子の遠藤楽は「父の作品は外見的な伝統や表面的な表現にとらわれず、建物の必要性にともなった形、つまり、形と機能とが一体となるべき、という信条の表れだった」（『遠藤新生誕一〇〇年記念』）と述べている。この点は、一時期アメリカの工法であるツーバイフォー工法を積極的に取り入れようとしていたことからもよくわかる。遠藤は、後述するように耐震性を考えて、重い部材や瓦を屋根に載せる在来工法の代わりに軽いツーバイフォーの採用を企てていたのである。

また、遠藤は独立してほどなくして大正一五（一九二六）年に「八畳床押入つき」（『婦人之友』）という文章を書いている。この中で、遠藤は「我らの八畳間は建築の完成品」であるとし、その良さとは床付きの日本間に内在している上手・下手、前・

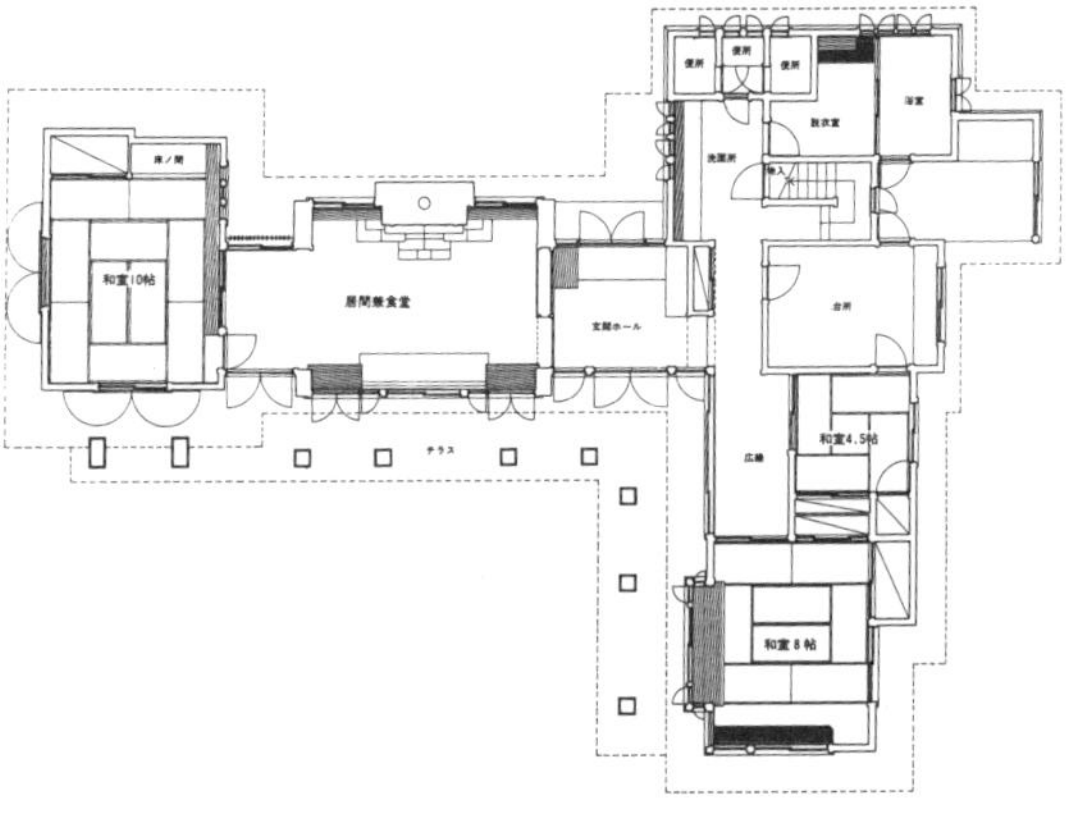

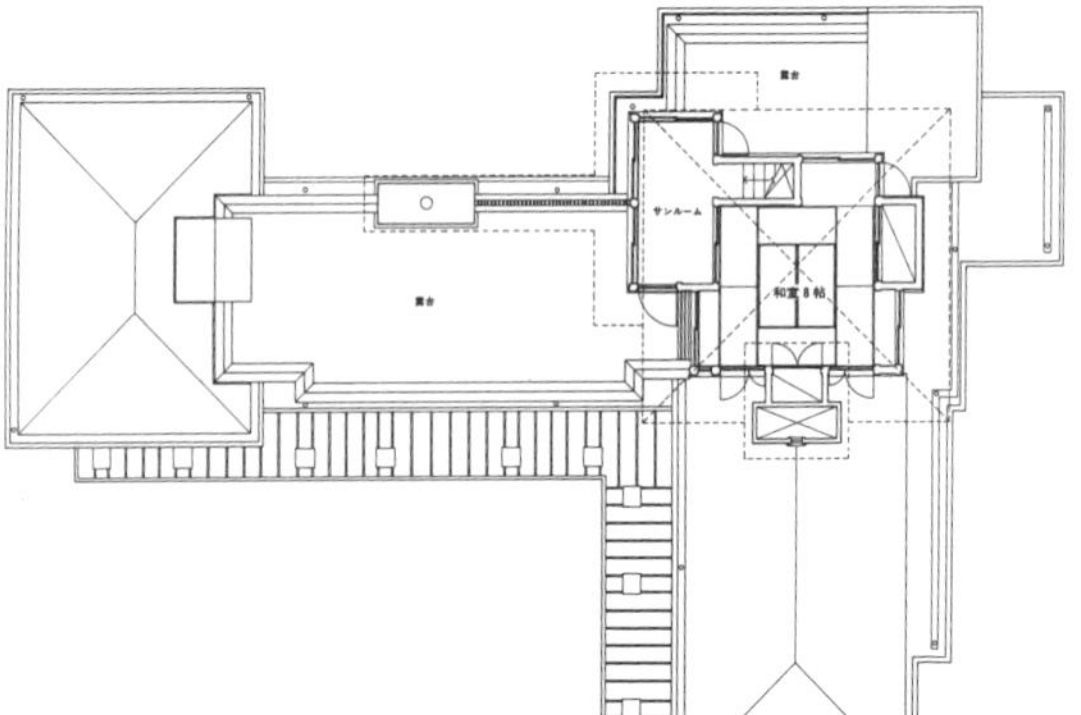

図 22　近藤別邸外観および平面図

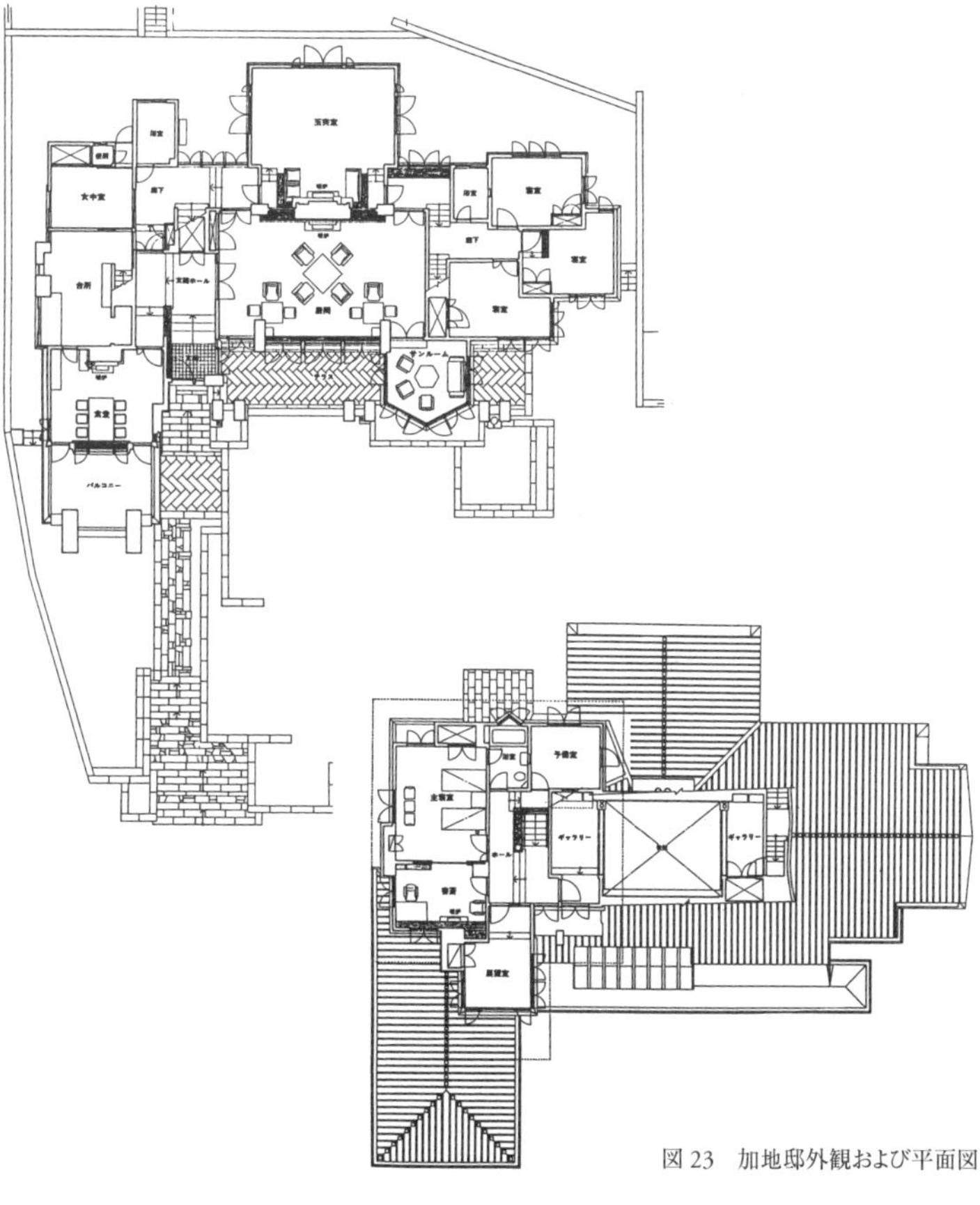

図 23　加地邸外観および平面図

後という方向性にあると述べている。これに対し、西洋間は求心的で、その欠点は局所的・部分的で全体への見通しがなくなることだという。造形的にみれば、伝統的空間には求心的手法はなく「どこを見ても無限のひろがりから切り取った一部であ」り「有限の線や有限の面を使って、無限の意を」表現しているのだという。こう見てくると、遠藤にとっての伝統性として継承すべきものは、この〈方向性〉であって工法とか素材といったものではなかったことがわかる。そして、大壁・真壁といった区別をしなかったこと、ツーバイフォーの採用を試みたことが自然と了解されるのである。そして、さらに述べれば、このような考え方はライトの影響を受けつつも、遠藤個人の独自の住宅観といえるのである。

晩年の遠藤

遠藤新建築創作所での仕事は軌道に乗り、多くの住宅を手掛けている。一方、昭和八(一九三三)年になると、仕事の関係から遠藤は満州へ渡り、以後日本と満州を行き来する生活を送り、終戦は満州でむかえている。満州での代表的仕事は満州中央銀行倶楽部であり、直木倫太郎の住宅も手掛けている。

また、終戦後は、戦前に住宅建築を手掛ける傍ら手掛けてきた自由学園の経験を踏まえ、文部省学校建築企画協議会委員となり新しい教育の場としての学校建築の誕生に寄与するとともに、自ら秋田の十文字中学校・宮城の田尻中学校なども設計したが、昭和二六（一九五一）年六月二九日、ライトというきわめて個性的建築家の良き理解者としての豊かな生涯を閉じた。

4　わが国初めての住宅論争

農商務省の「世帯の会」

農商務省の手によって「世帯の会」は、大正一〇（一九二一）年九月に設立した。この農商務省の行動は、生活改善同盟会を組織した文部省より一年半ほど遅かったが、第一次大戦後のインフレ問題が家庭経済の不安定という問題を引き起こしていたことから生じたもので、家庭経済の安定のために「商品の選択」や「有効な消費」を一般に求めたのである。設立に当たっては、東京女子高等師範学校甫守ふみ子、青山女学院塚本はま子、日本女子大学校井上秀子・大岡蔦枝が中心となって組織固めを行った（「大正期における生活改善運動」）。「世帯の会」の設立目的は、経済問題が中心に据えられていたが、活動内容は講演会や展覧会さらには出版活動というように基本的には生活改善同盟会と共通していた。そのような活動の中で注目すべき展覧会が開催された。

遠藤新の建築展覧会

大正一四（一九二五）年一月一〇日から二〇日まで日比谷の世帯の会事務所を会場に建築家遠藤新の建築展が開かれた［図24］。展示物は、住宅を中心とするさまざまな建築物の設計図、写真、石膏模型がおよそ九〇点で、他に遠藤設計のイスやテーブルなどの家具類も出品されていた。その中で特に注目されるのは、今日ツーバイフォーの名で知られている構造を積極的に採用している住宅例の存在である。繰り返しになるが、遠藤は、関東大震災の被害の一因に、わが国の伝統建築特有の屋根荷重の大きさを挙げ、屋根を軽くするための方法としてツーバイフォーの導入を主張していたのである。

ところで、建築の展覧会は、今日ようやく市民権を得はじめているが、それでも一人の建築家の作品だけを集めた展覧会は、今でも多くはない。そのような特殊な展覧会が大正末期に開かれていたのである。特殊であったためか、展覧会の存在は広く知れ渡り、多くの人が訪れた。あめりか屋技師長として活躍していた山本拙郎も聞きつけ、見学している。そして、山本は、同年一月一七日付けの東京朝日新聞紙上に「住宅建築と宿命　遠藤新氏の個展をみて」と題する感想を寄せた。その内容は、遠藤の住宅への疑問であった。これに対し、遠藤は同じ東京朝日新聞に「建築啓蒙」と題する反論を二〇日・二一日・二二日の三日間展開した。わが国初めての住宅に関する論争である「拙新論争」が始まったのである。

図24　遠藤新の建築展覧会

わが国の建築論争について

建築論争といえば、よく知られているのが世界最古の木造建築として有名な法隆寺の再建非再建論争である。これは、建築史学はもちろんのこと考古学やその他の関連学問の研究成果により一応の結論が出ている。しかし、建築には研究成果だけでは結論の出そうのない論争がしばしば繰り返されている。建築が工学なのかそれとも芸術なのか、という論争である。これは、建築が機械や電気の分野とは異なり、つくるという意味では工学の分野に属しつつ、新しいデザインを追求するという意味では美学の分野にも属するという、いわば二重の性格を備えているという特殊性から生じている。また、建築、とりわけ、住宅は人間が生活する場でもあるため、建築表現において住み手の意向と建築家の意向のバランスをどうすべきかというような問題も生じたのである。

このような結論が出そうにない論争の初めてのものが大正四(一九一五)年の「俊鎮論争」であった。これは建築は芸術ではないとする建築非芸術論を展開していた野田俊彦の「俊」と、それに対する中村鎮の「鎮」をとって命名されたもので、「拙新論争」は、この「俊鎮論争」にならって山本拙郎と遠藤新の名前から一字ずつとって付けられたものであった(『都市廻廊』)。

山本拙郎の批判

ライトの影響を受けつつ独自の建築活動を展開していた遠藤に、山本は批判を向けた。山本は、遠藤の作品について「名刀の切れ味を思わせるような、自由無碍なその平面の組立から、特異な構造、明快な意匠まで、そこに全然新しい遠藤氏の型を完成している(中略)是は家具その他氏の建築全体にわたってぬきさしの出来ない見事な統一を形づくっている」としつつも、その特徴であるあまりにも「見事な統一」に疑問を投げかけたのである。すなわち、遠藤の建築は「隅々まであまりに氏の理智と享楽が行きわたっている」とし、「市井の家具屋で非常に愛すべき一個の卓子を発見しても遠藤氏の住宅に住むものは、それを買うことは許されない。私は住宅に於いてはそれが住む人によって次第に成長させられ、完成されて行くものであるということを信ずる。(中略)統一された遠藤氏の建築はそれ等のものに対して全然適応性を持たない。(中略)それは、自由を愛する人の心にとって、あまりに残酷ではあるまいか」と批判した。

つまり、山本は、住宅は住み手とともに成長・完成するものなのに、遠藤の家具などを含めた住宅建築の内外のデザインの完璧な統一感を求める設計態度のあまり、住み手はその統一感に拘束されて自らの好みという自由を奪われてしまうと批判したのである。この批判は、裏をかえせば、山本の住宅観の表明でもあったのである。

遠藤の反論

さて、山本の批判に対し、遠藤は自信に満ちた反論を展開した。まず、遠藤は住み手の自由を奪っているという批判に対して「私が自然と人間に立脚してつくった建築」が自由を奪っているというが、「人は、漫然と物を見、漫然と物を買って居るのだ。その人達に、私が建築によってそれだけでも目を開き得たということは、即ち建築の力であり、建築の手柄でなくて何だろうか」と反論している。そして、さらにその反論は山本の勧めるあめりか屋に向けられ「何でも持ち込める建築、自然を浅く見、人生を軽くみて、何のプリンシプルもなく、何の見識もなく（中略）造られたる建築、君のアメリカ屋の仕事こそそこなる一団の自然と、その中なる一団の生活とに対して、憎むべき冒瀆であ」ると反撃に転じたのであった。その批判は、設計施工を業務とするあめりか屋に代表される企業の存在の否定を意味し、さらには、一見、何の特徴も見られない山本の作品を施主の言われるままにつくり上げたものと解したものであった。

二つの住宅観

「拙新論争」は、山本の批判に遠藤が答えるというものにすぎなかったが、住宅に対する根本的な二つの対立する住宅観が、そこにははっきりと現れていた。一つは、山本のように自分自身の主義主張を抑えつつ住み手の個性を解読してあくまでも「住みやすさ」を求めて設計を行うというものであり、もう一つは遠藤のように自分自身の独自の思想を展開し、その「思想」の証として建築全体にわたる一貫したデザインを追求するというものである。

言いかえれば、山本は自分を殺した建築家であり、遠藤は自分を生かした建築家と言えるかもしれない。あるいは、山本は住む人を尊重するあまりつくることを軽んじているようにも見え、遠藤はつくることを尊重するあまり住み手を軽んじているようにも見える。いずれにせよ、今日の建築家も、誰彼なしに、山本と遠藤の間に立ちながらどちら側に歩み寄ろうかと苦慮しているのではあるまいか。

いずれにしても、この論争は結論が出るというものではなかった。しかしながら、この二人の間で、住宅をテーマとする問題が真摯に問われることにより、住宅の問題は深化したのであり、それは、住宅がようやく建築家の職域と認められたことを意味していたのである。

なお、余談であるが遠藤が洗礼を受けたのは、論争相手の山本と同じ東京富士見町教会であった。共に大学在学中の洗礼であり、お互いの精神的背景は共通していたと考えられる。そう考えると、山本の住宅観は、個人の資質も関係するが、独立して事務所を構えていたのではなく、あめりか屋という建築会社の技師として、不特定多数の施主を対象に住みやすい住宅を手掛けていたからこそ生み出されたものといえるかもしれない。

もう一つの住宅論争

この「拙新論争」のほとぼりがさめた頃、山本拙郎はより具体的な住宅の設計方法に関する新たな論争を行っている。論争の相手は、山本の母校である早稲田大学助教授白鳥義三郎で、さしずめ「拙義論争」といえる。白鳥は『住宅』の昭和四(一九二九)年七月号に「間取りの経済性」という記事を寄せている。『住宅』という雑誌は、すでに紹介したようにあめりか屋創立者橋口信助と三角錫子が中心となって興した住宅改良会の機関誌である。住宅改良会会主橋口は昭和三年に死去しており、白鳥が寄稿した当時は、山本拙郎が住宅改良会の実質的会主として活躍し、機関誌の編集責任者でもあった。いわば、寄稿者と編集者との論争であった。

さて、白鳥は「間取りの経済性」の中で、「間取りの如何でも充分取り除き得る種々な浪費は全力をあげて取つてしまはなければならない」とし、間取りの経済性を科学的に分析する方法としてドイツ人のアレキサンダー・クラインの考え方に基づいた方法を紹介した[図25]。その方法とは、動線理論とともに、住宅の各部屋を居間・食堂・寝室・客間などを主要室、玄関・廊下・階段・台所・便所・押入などを附属室と分類し、全体の面積の中で附属室の占める面積を少なくすることが、間取りの経済性につながると主張したのである。

これに対し、山本は同年八月号で「住宅の主要室と附属室」と題する記事を寄せ、さっそく反論を試みている。その反論とは、まず、住宅の各室を主要室と附属室に区別することに対し、居間も浴室も生活の場として同じように重要であるとし、また、「居間寝室などの面積の中に、浴室の無駄な広さなど比較にならない程」無駄がある場合があるとし、入口の位置が不適当、通路となるべき部分が部屋の中に取り込まれていること、などのほうが問題であると批判したのであった。まさに、「住みやすさ」を真髄とする山本ならではの批判であった。

白鳥は、同年一〇月号で「山本氏への御返事」として、その批判に反論を試みたが、お互いの異なった意見が明確になるばかりであった。

建築計画学の誕生

この論争の意味は、白鳥が当時どのような立場にいたかを知ることにより明確になる。すなわち、白鳥は学者として、それまで曖昧にされていた住宅の計画の方法を科学的に確立しよう

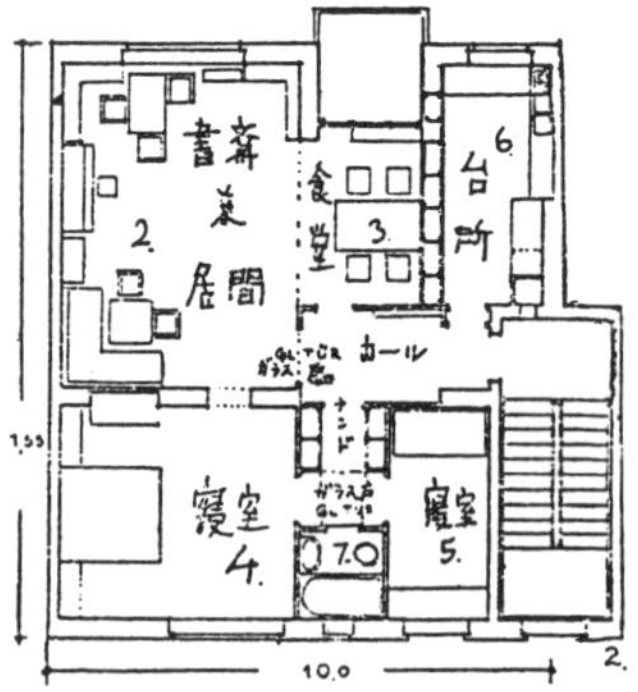

(B)

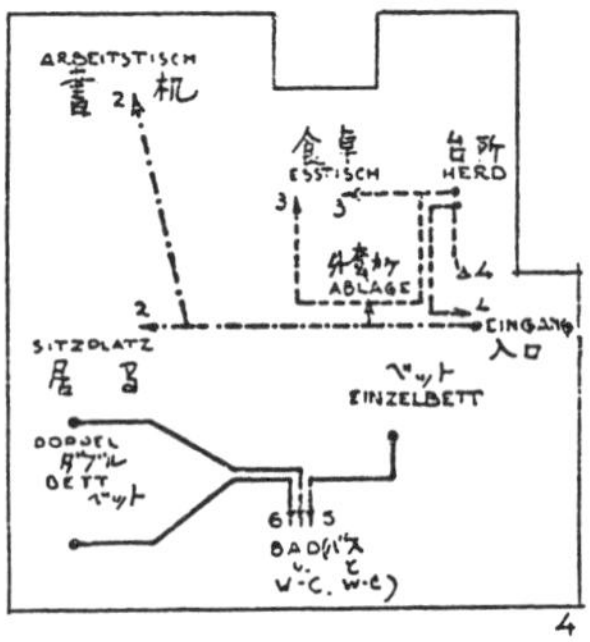

(B’)

(B’)は(B)案の動線による解剖、動線は３つの群に明快にわかれ交差していない

として建築計画学の必要性を唱えていたのである。しかも、白鳥の計画学は、住宅作家の扱うような住宅を対象としたのではなく、同潤会の手になる住宅のような公的住宅に対して科学的な設計方法が必要であると考えていたのであった。その意味では山本と意見が一致するはずはなかったのである。

いずれにせよ、動線理論と面積配分によるクラインの提唱した「小住宅平面研究の新方法」は、科学的な建築計画学の必要性を唱えていた人々に強い影響を与えたのである。それは確かに、山本の批判にみられるように不完全なものであったが、ある面では住宅の平面計画の向上に寄与したのである。そして、このような住宅論争を経ながら、わが国の住宅は確実に新しい時代に突入していたのである。

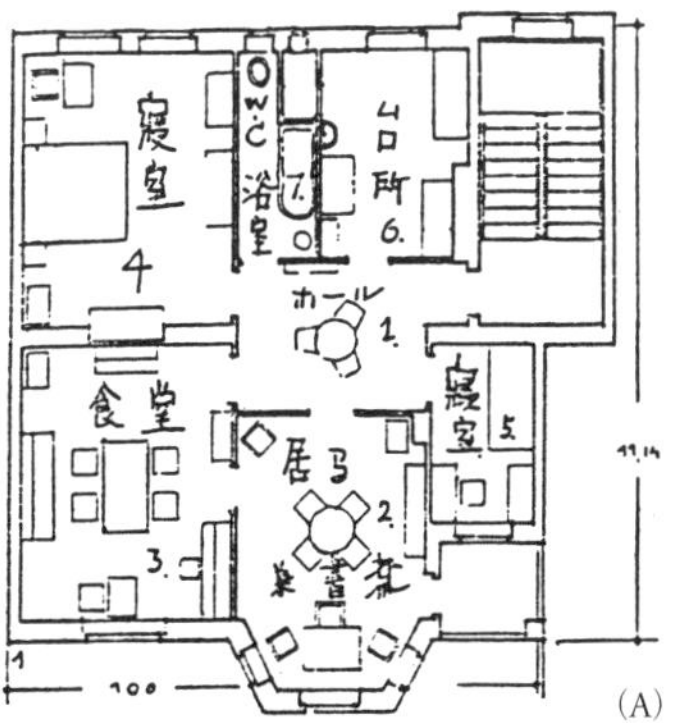

(A)

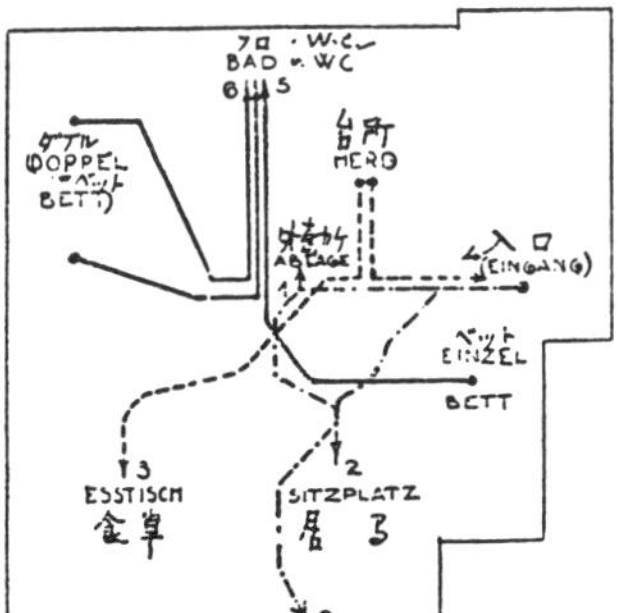

(A')

(A')は(A)案の動線による住宅平面の解剖、動線が複雑で入りまじっている

図 25　クラインの動線理論
(A)はベルリンに建てられたアパート平面、(B)はこれに対してクラインの提案した平面(面積などはほぼ同じ)

第五章　和風住宅をつくり変えた住宅作家たち——昭和戦前期

1　科学的住宅の追求者としての藤井厚二

新しいタイプの住宅作家

大正期も中期を過ぎると、生活の合理性の追求から西洋館を理想的住宅と考えていた人々の中にあって、山本拙郎のように具体的問題解決のために伝統的建築を再評価しはじめる建築家が出現した。そして、昭和初期になると、新たに住宅を〈科学的〉に追求しようとする新しいタイプの建築家が登場することになる。これらの人々は、科学的な根拠をもとに西洋館と在来の伝統的住宅の利点を明らかにし、それらの利点を積極的に取り入れながら再構成して新しい住宅を生みだそうと考えていたのである。その代表的建築家が藤井厚二である［図1］。山本拙郎が、どちらかといえば経験と洞察力に基づいて開発した新しい住宅を自邸を通して実践したのに対し、藤井はより科学的立場を貫くあまり、自邸での実践も五回を数えたのである。まさに、稀有な建築家であった。

藤井厚二は、明治二一（一八八八）年広島県福山市の酒造家の二男として生まれている。生家は、当地を代表する素封家であった。五回も自邸をつくり替えることのできた背景が、そこに見て取れる。さて、藤井は地元の福山中、第六高（岡山）を経て、大正二（一九一三）年東京帝大を卒業している。卒業後は、大阪朝日新聞本社（大正五年竣工）の設計に着手しつつあった竹中工務店に勤めた。当時、竹中工務

図1　藤井厚二

店は、大阪朝日新聞本社の設計を機に設計組織の充実化を目指し、その中心人物として藤井を迎えたのである。このように、藤井の建築家としての活動は、当初から住宅をテーマとしていたわけではなく、一つの転機が彼を住宅作家へと導いたのであった。その転機とは、大正九（一九二〇）年の京都帝大建築学科の創設であり、彼は教師として研究者への道を歩むことになった。

京都帝大と武田五一

京都帝大の創立者といえば、再び武田五一に触れなければならない。武田は、近代日本の建築家の中でも多くの作品を手掛けたことで知られ、百件を超える設計を行っている。すでに紹介したように武田は、東京帝大助教授・京都高等工芸学校図案科教授・名古屋高等工業学校校長を経て、大正九年からは新設された京都帝大教授に着任した。このように、一貫してデザイン教育に従事しつつ、設計活動にいそしみ、関西建築界の実力者となっていくが、実力者のわりには〈国家的〉建築よりも住宅設計に興味を抱いていたようで、住宅の作品数は三十数件と多い。このためか、教育においても、例えば、昭和二（一九二七）年の京都帝大のカリキュラムを見ると武田は、一学年に「計画法第一部」とともに住宅をテーマとした「住宅論」という科目を担当し、熱心に住宅論を開陳していた。その独特の内容は「住宅は新家庭時代・子女教育時代・隠居時代と、少なくとも三度は建て変えるべきだ」(『西洋館を建てた人々』)という住み替え論に根ざしたものであった。ちなみに、この住み替え論は、後に大阪の三越に住宅建築部が開設された際に、武田の命令で派遣された岡田孝男に受け継がれ、コンパクトな新婚時代の住宅、実用的な壮年時代の住宅、趣味を反映した老年時代の住宅、というキャッチフレーズをもつ「三越型小住宅」として商品化されたのである。

研究者の道へ

この武田は、偶然にも竹中工務店が社運をかけて手掛けていた大阪朝日新聞本社の設計に朝日新聞社側の建築顧問として携わっていた。竹中工務店に入社した藤井は、武田との交渉を通して次第に武田の影響を受けることになる。一方、武田は、東京帝大の先輩としてだけではなく、同郷の出身であることもあって藤井をことさら可愛がった。特に、大正八(一九一九)年に京都帝大建築学科の創設委員に任命されると、武田は藤井の才能を高く評価し自分の後継者にしようと考えたようである。なぜならば、大正八年に武田が京都帝大建築学科の創設委員に任命されると、藤井は武田がかつて留学を命じられたイギリスを中心とする海外視察に出かけ、帰国後、直ちに京都帝大に奉職しているからである。そして、さらに想像すれば、武田はこの海外視察の必要性とともに、これからの住宅の研究の重要性や科学的分析の必要性を説き、藤井を住宅の研究者に仕立てようとしたように思える。その武田の目論見は、京都帝大奉職後の藤井の作品が基本的には住宅建築だけであったことや、さらには武田の退官後に藤井が「住宅論」の授業を引き継いでいることからも明らかなように、十分成功したのである。

森鷗外と建築環境工学

では、藤井厚二が行った住宅への〈科学的アプローチ〉とはどのようなものであったのか。それは、気候風土を科学的に分析して理想的な建築環境を追求する中で、わが国にふさわしい新しい住宅を構築しようというものであり、建築学の分野でいう建築環境工学の研究への着手であった。

この建築環境工学という分野は、明治二〇年代に衛生学の中で関心がもたれ、学問的な確立も衛生学の人々に負うところが大きく、体系化は、森鷗外こと森林太郎によって行われていた(「建築環境工学のあけぼの――森林太郎の業績を中心として――」)。鷗外がドイツに留学し、その経験から名作『舞姫』が生まれたことはよく知られているが、留学の真の目的はこの住居環境の研究のためであった。この鷗外が家屋衛生の研究を開始した動機は、当時の彼の身分が陸軍軍医学校教官であったことと深い結びつきがあった。すなわち、軍隊は、常日頃から強靭な兵士を養成する必要があったのである。しかしながら当時の日本では衛生学に対する関心が薄く、このため、脚気・赤痢などは日常的なことであり、軍医の衛生学への関心、とりわけ、生活の場である家屋衛生に関する関心は建築に携わる人々よりはるかに強かったのである。そのような、衛生学で扱われていた問題に建築学者として、藤井は初めて着手したのである。それは、すでに触れた明治三一(一八九八)年の岡本の気候風土論に準拠した建築論が、藤井によりようやく学問的に体系づけられたことを意味する。

藤井厚二の『日本の住宅』

では、藤井は当時普及していた住宅をどのように見ていたのであろうか。藤井自身の研究成果をまとめた昭和三(一九二八)年の『日本の住宅』によると、当時の住宅について次のように述べている。

例へば座式と腰掛式と両様の生活を為すとしても、洋館の屋根を赤い色の瓦で葺いたり鼠色の石板で葺いたりして、それが自己の趣味に合致して居るのなれば、同じ棟つづきの日本家の屋根も同一の材料にて葺けばよい筈ですが、殊更区別して日本家には旧来常に使用せる灰色の瓦を用ひます。我国の気候風土を対象として和風住宅の壁が気温気湿を調整するに最も適当であれば、其の隣に木造の腰掛式の部屋を造る場合にも此の構造の壁を採用して良い訳ですが先に壁の項にて述べたる如き中央空虚にして其の両側は薄き層よりな

る所謂「ハリボテ」〔著者註：大壁のこと〕の壁を使用します

（『日本の住宅』岩波書店、昭和三年）

この一文に彼の考えていたことが集約されている。すなわち、明治期の和洋館並列型の住宅形式以降、わが国に普及していた在来住宅の玄関脇に洋室を構えた住宅形式を取り上げ、和と洋を区別して考えることに疑問を持ったのである。このような疑問は、住宅の研究を開始した時点から抱いていたようで、大正一〇（一九二一）年の『建築画報』誌上でほぼ同様なことを詳しく述べている。少し長いが紹介すると、

一般に造らるる従来の住宅の腰掛の生活をする住宅と坐る暮しをする住宅とは同じ木造建築でも非常な相違があります。これが一住宅内に腰掛の部屋と坐る部屋とを造る場合でも同じ様に非常な相違があつて前者は洋館と呼んで西洋建築の真似をし、後は日本屋と云うて旧来のままの建築です。これ坐るとか腰掛けるとかに就いて深い考へはなく唯腰掛の部屋は西洋風を真似して見たのみで、洋館を持つことが一種の流行となつて居る様に見受けます。坐る場合と腰掛ける場合とに於ける木造建築で相違して居る点を順序に挙げると、

〈坐る部屋〉
一、外観及内部の装飾　日本建築の特徴を表現す
二、壁　柱と柱との間を竹で組み合せ其両側に土を塗る
三、屋根　勾配緩、普通は瓦葺
四、軒　軒の出深く、窓の上に庇あり
五、窓　引違窓、窓の面積大
〈腰掛ける部屋〉
一、外観及内部の装飾　西洋建築の真似
二、壁　柱の両側に木摺を打ちつけその上に漆喰を塗る依て内部に空虚生ず
三、屋根　勾配急、色々の材料
四、軒　浅く庇なく一階と二階とは続いた一平面
五、窓　上下窓或は開き窓、窓の面積小

衣食住其他の事が全く同じでただ坐ると腰掛けるとの相違であります。住む人々の趣味に依つて内部にも外部にも相違は出来ませう。又住む場所の気候風土に依つても相違は出来ませう。然し日本人が日本(東京、京都、大阪及其附近)に住む為めに住宅に同じ材料の木材を使用してこれ程大きな相違の出来る筈は

ないと思ひます。まして同一の人が住む同一の場所で即ち一つの住宅内にこんな非常な相違を平気でして居るのは滑稽です。（中略）旧来の生活の場合は勿論腰掛けて生活する場合でも木造なれば西洋風のものよりは旧来の建築がよくてこれに多少の改良を加へたら遥かに勝れたものになると思ひます

（「腰掛式生活と木造建築」『建築画報』大正一〇年一二月号）

ここでは、椅子座式の生活は西洋風の意匠の部屋で、床座式の生活は伝統的な部屋で、という法則の存在を指摘するとともに、その法則の無意味さを主張しているのである。そして、木造建築であれば伝統的建築を基本として、それを改良することにより新しい住宅が生まれることを述べている。このような考え方は、先に見た山本拙郎と極めてよく似ている。違う点は、つくり上げた新しい住宅に、山本が意匠的には西洋風としたのに対し、藤井は和風とし、かつ、和風のデザインの良さを科学的に示そうとしたことである。

このように藤井は、伝統的和風住宅の気候風土への適合性を評価しつつ、科学的根拠をもとに一層発展させようとしたのである。彼が用いた科学的根拠とは、日本と世界各地の温湿度や気候と死亡率の関係、太陽の直射光線の投影角度、日の出日没の方位と時間というような統計資料はもちろんのこと、実験住宅として建てた住宅で得られたデータである。

五つの実験住宅

藤井は、潜在的に住宅建築に興味があったようで、母親と一緒に住むために大正四年に神戸石屋川に初めて自邸を設けている。そして、大正九(一九二〇)年に京都帝大に招かれると、彼は、京都南西の山崎におよそ一万坪の土地を購入し、以後、大正九年、一一年、一三年そして昭和三(一九二八)年と実験住宅として自邸づくりを繰り返している。自邸を建てては、住みながら問題点を探り、その改良を試みたのである。特に彼が注目したのは、夏の設備であり、具体的には通風と採光であった。彼は、自邸の各室の内外の温度・湿度を測定することにより、室内気候と環境調節のための設備や構法を提案した。例えば、大正一三(一九二四)年の第四回実験住宅では、通風を操作することにより室内温度を調節しようとして、床下の冷たい空気を屋根裏に送る通気筒や室内への空気導入口などを設けている[図2]。このような、工夫をまとめたのが[表1]である。それらのアイデアは、単に和風をよしとする和風回帰ではなく、新しい和風の創造であったことを示しているといえよう。今日、機械設備が発達するあまり、自然の恵

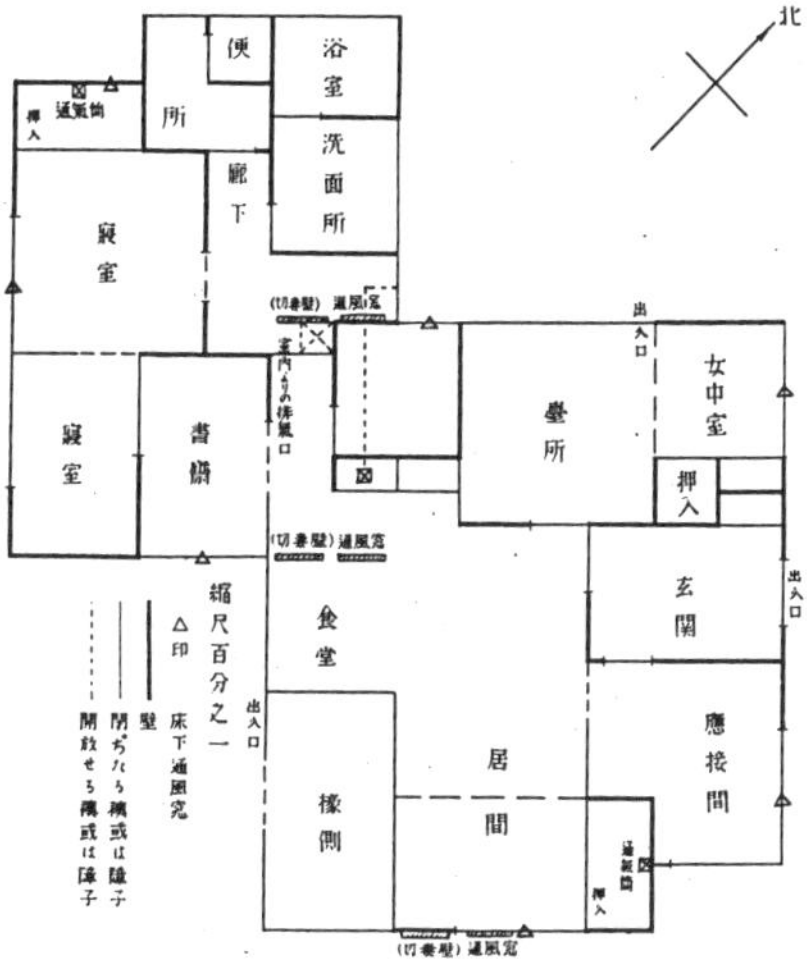

図2 第4回実験住宅の外観（前頁）および環境調節図

対象部位等	設備（装置・工夫）	ねらい・効果
平面	南北2列に配置	日射調整
	家具の寒暑変化に対応した移動	日射調整
	縁側の設置	日射調整
	開放性・居間中心・可動間仕切り・欄間	気流の促進
	主風向の考慮と平面計画	気流の促進
壁	小舞壁・煉瓦壁が良好	遮熱
	壁内中空層を小区分	断熱
	壁内中空層に外気を流通させる	冷却
床下	床下通風・換気口	湿気除去
	換気筒　土台下空気取入れ	冷却（防犯）
	室内換気筒・換気口	冷却（防犯）
屋根	瓦屋根・（柿葺）	遮熱
	屋根裏の利用・妻面の換気窓	冷却
	（冬季閉鎖：暖気の保護）	保温
	ひさしの設置・深い軒	日射調整・雨仕舞
気象条件	建物周囲の気温分布の考慮	冷却・換気
	気流分布の考慮	冷却・換気
	床下・屋根裏の温度差の利用	冷却・換気
	夏季午後4時以後の外気取入れ	冷却・換気
窓	引き違い窓	換気
	ガラスと紙障子の二重窓	防賊風・保温
	紙障子の散光性	採光

表1 諸設備とその効果のリスト

みを住宅内に取り入れようとする素朴な考えは極めて少なくなったが、藤井の試みは、消費社会にあって再び省みられるべき重要な手法と考えられるものであった。

実験住宅にみる和風のデザイン

では、もう少し具体的な内容を見ていこう。この実験住宅として、最後に建てられたのが昭和三(一九二八)年の聴竹居で、藤井の出した最終回答といえるものである[図3]。この住宅は、外壁は大壁であるが、内部は起居様式とは関係なくすべてが伝統的な真壁造りとなっている。これは、『日本の住宅』での主張を実践したものである。

さて、まず、注目されるのは、材料の使い方である。例えば、居間の天井は伝統的な和紙の優良紙として知られる鳥の子紙を、縁側や客室では杉材を編んだ網代天井というように伝統的材料を用いていることである。また、客室は、椅子座の部屋でありながら、床の間が設けられるなどデザイン的には和風のモチーフを積極的に採用し、また、この客間の椅子も和風でかつ座の位置が低く意図されている。もう一つ注目されるのは、椅子座式の居間の一部に三帖の畳敷の部屋が設けられ、しかも、この部屋は、居間より床の高さが三〇センチメートルほど高くつくられていることである。これは、居間で椅子に座っている人と畳の部屋にい

客間

外観

居間

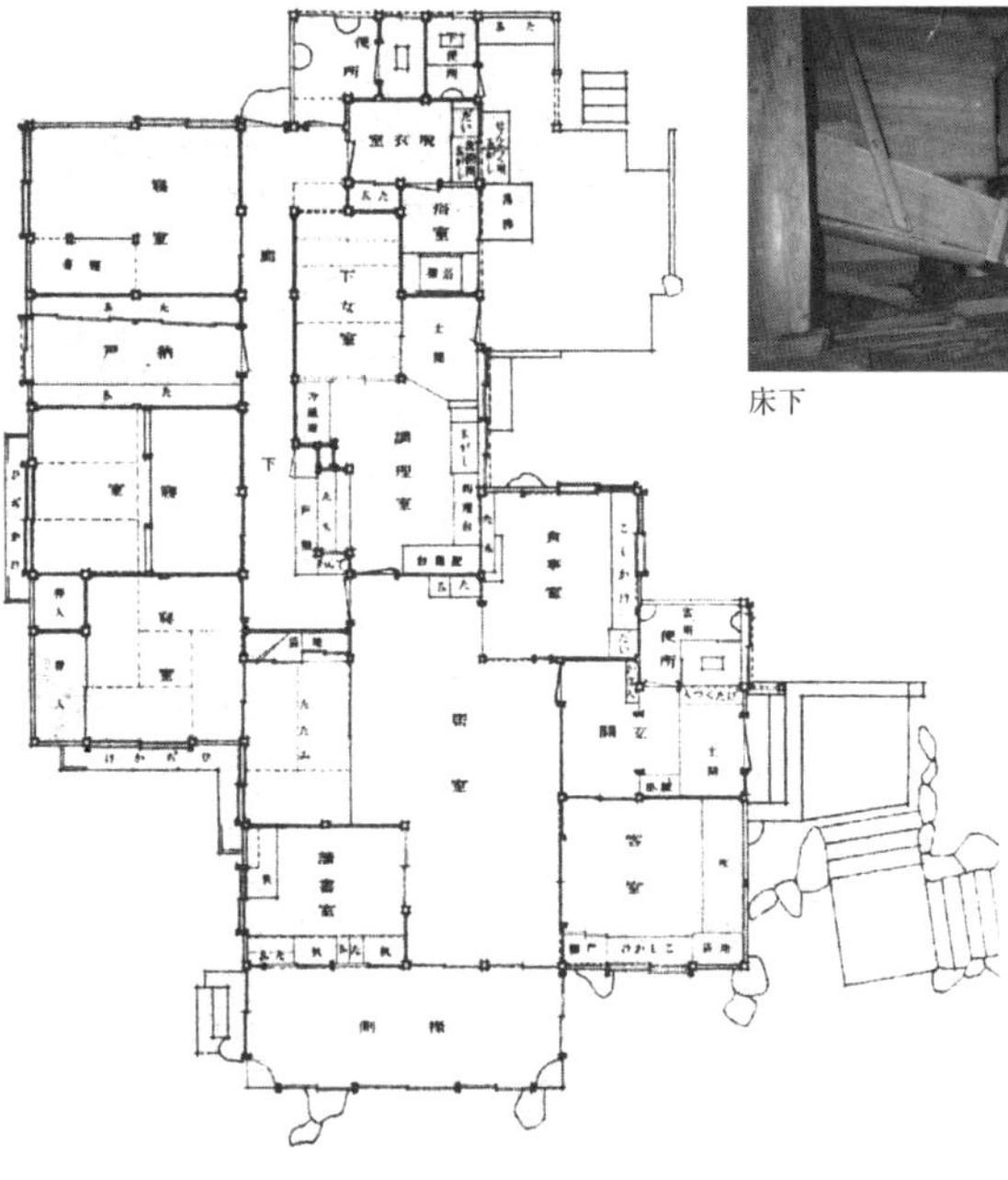

床下

図 3　聴竹居外観、居間および客間内部、平面図、床下部分

る人との視線を合わせるために行ったもので、従来の住宅ではみられない椅子座と床座の融合化を目指した空間といえる。畳敷の床座による部屋の床を椅子座の部屋の床より高くすることは遠藤新がすでに試みていたが、藤井は、さらにそのような畳敷の部屋と椅子座式の部屋とをより積極的に連結して一つの空間とすることを試みたのであり、そのような空間を住宅の中心に据えたのである。また、外部は大壁、内部はすべて真壁というつくり方は、山本拙郎が試みた〈真壁式洋風住宅〉と共通性があるが、山本の考えには床座式(畳敷)や椅子座(板敷)はすべて部屋単位のもので、藤井のような一つの空間に両方の起居様式を融合させようというような方法はなかった。その意味では、空間の質としてはかなり異なったものを追求していたといえる。

趣味人による趣味の住宅

いずれにしても、藤井の建築環境工学の開拓の業績は評価されるべきものであるが、彼の住宅の良さは単に環境工学の住宅設計への応用だけではなく、デザインそのものの質が極めて高いことも忘れてはならない。ちなみに、再び『日本の住宅』に目を転じると、結章のタイトルが「趣味」とある。そこでは、藤井は、強烈な刺激を要求する西洋趣味と清楚で淡泊な日本趣味との間には著しい隔たりがあるとし、これを混和させることは困難であり、どちらかに絞らなければならないと述べている。また、「人情とか風俗習慣とか趣味とか云ふものは其のはぐくまれたる国の気候風土の影響を受けます」とも述べている。そして、結論としては、日本趣味を選ぶべきことを主張している。その意味では、藤井の科学的アプローチとは、科学的とはいいながらも、自分自身の趣味である〈和風〉の正当性を主張するために用意周到に準備されたものであることがわかる。建築の意匠は、科学的方法だけでは決定されず、最終的には〈趣味〉によって決定される部分が多いからである。藤井は、その趣味性を高めるために科学的方法を用いたといえよう。ただ、時代は徐々に暗雲が漂いはじめ、建築も和風回帰へと向かいはじめていた。そのような中で、藤井の住宅は、和風回帰とは異なる真の趣味人だけがつくり得た趣味の家であったといえるかもしれない。

なお、晩年の藤井は科学的アプローチをさらに発展させ、コンクリートによる住宅も手掛けている。これはやはり早くからの目論見であったようで、ちなみに大正一〇（一九二一）年に「木造建築は住宅の最も適当した物であるとは思ひません。鉄筋混凝土の方が適当な材料だと思ひます」と述べている。

ともあれ、このように重要な提案であったが、山本の提案した「真壁式洋風住宅」も藤井の「科学的住宅」も共に建築界ではあまり普及しなかった。戦前は、あくまでも〈和〉と〈洋〉の様式を守って建てることが一般の人々の理想とする認識が強かったからである。

2　健康的住宅の探求者としての山田醇

住宅作家・山田醇

昭和二（一九二七）年に『家を住みよくする法』という本が出版されている。これは、時事新報社記者白木正光が中心となり建築家・医者らを集め、住宅に関する様々なテーマに関してすぐ役立つ意見をまとめたものである。この本の出版企画の理由は、総説を担当した大熊喜邦によれば、大正一一年の東京平和記念博覧会の文化村以来、出品作品が「知識の乏しい職人に、盲目的に真似られたり、鵜呑にされたり」して悪影響を与えているという状況が生じていたからであった。もっと具体的にいえば、住宅改良運動や生活改善運動の成果として住生活の中に経済性・能率性というういわゆる合理的思考が考慮されはじめていたが、一方、「能率一点張りでゆとりと落ち着きを忘れ、（家族）団らんのホームと、事務室と混同する様な誤解に陥ったのではないかと思われる様な家。家族本位に余りに重きを置き過ぎて、人は訪ねて来なくもよい、凡ての人は玄関で追い払えば済む、と家族本位に偏重した様な家（括弧内筆者）」が現れていたのである。時代は、理想的住宅に関する啓蒙活動としての住宅改良運動や生活改善運動の時期から、具体的な〈住みやすい住宅〉の実践の時代へと移行していたことを、この本は教えてくれる。

さて、そのような時期の本であるためか、執筆者は、住宅に一家言を持つ人々が名を連ねている。山本拙郎はもちろんのこと、大正一一年に生活改善同盟会が出品した文化村出品住宅を設計した大熊喜邦、ライトの弟子の遠藤新、山本拙郎と同様にあめりか屋の中心技師であった石川一男、日本大学建築学科の生みの親である佐野利器たちであり、そして、多くの住宅を手掛けつつあった山田醇もその一人であった[図4]。

住宅研究の開始

山田醇は、明治四五(一九一二)年に東京帝国大学工科大学建築学科を卒業し、辰野・葛西建築事務所に入所していた。このようなことから考え、山田自身も端から住宅作家になろうとは思いもよらなかったようである。

では、何が山田をして住宅を一生の仕事としての意義を見いださせたのであろうか。その直接の契機となったのは生後間もない長女の病気であった。熱射病にかかったのである。

山田は、当時、数多い中から物色した借家に住んでいたが、子供の看護に当たった医師によるとその住宅の通風・換気が悪く、室内に湿度や熱気が籠ってしまうことが病気の主原因であるという。小泉秀雄は『健康のための住宅読本』(岩波ブックレットNo.179、一九九〇)の中で今日のわが国の貧しい住宅事情として「過酷な住宅条件が赤ん坊に熱射病を起こ」させた例を紹介しているが、山田の長女の病気の原

図4 山田醇

因もまさにわが国の気候・風土と住宅との関係から生じたものだったのである。そのことが建築家山田を新たな分野としての住宅研究へと向かわせ、さらには住宅作家に転向させた。このように、山田は子供の病気を契機に住宅と健康の関係に興味を持ち、日本の気候・風土に基づく住宅の研究を開始した。それは、大正四（一九一五）年頃のことで、〈健康的住宅〉の探求が始まったのである。

山田醇の作風の源

山田の住宅作家としての作風を語る際に忘れてはならないものに欧米遊学がある。大正一〇年から一一年にかけて山田は、英国を中心に建築見学の旅に出ている。その頃、山田の日本の気候・風土に関する研究も進み、その結果、日本の伝統的建築の姿こそ、日本の気候・風土に最も適応した姿であるという考えに至っていたのである。そのため、伝統的建築の持つ姿をいかにして新しい住宅に継承するかという問題を抱えていた。そのようなテーマを抱えていた山田が、欧米遊学中に魅せられた様式がイギリスのチューダー様式であった。これは、日本ではハーフティンバー様式としても親しまれているもので、山田は、柱や束などが壁面に現れていることに日本建築との類似性を見るとともに、この様式を新しい住宅のモデルと認識することになるのである［図5・6］。

ただ、山田とこのハーフティンバーとの出会いは、初めてのことではなく、師である辰野金吾を通してすでに知っていた。辰野の数の少ない住宅の中で代表的なものの一つに明治四四（一九一一）年竣工の重要文化財でアール・ヌーヴォーを採用していることからよく知られている旧松本健次郎邸（現西日本工業倶楽部）がある。この作品の外観は、ハーフティンバーでまとめられているし、同様に辰野は、自邸でもハーフティンバーを採用していたのである［図7］。「国家」の建築をつくり続けていた辰野であったが、彼の抱いていた問題の一つに、伝統性を意識した新しい木造建築のあり方の追求があった。辰野の師であるコンドルが、明治後期に

図5　ハーフティンバーの住宅

図6　山田の住宅

図7　辰野金吾自邸

在来住宅との類似性からハーフティンバーを好んで用いたことはすでに触れたが、辰野のハーフティンバーの汎用から、辰野自身もハーフティンバーに伝統的建築との類似性を認め、わが国の新しい木造建築のモデルと考えていたように思えるのである。山田は、辰野がイギリス留学によって初めて開かれた日本建築への視線と伝統の問題を同様に海外遊学の中で追体験したのではあるまいか。

なお、余談であるが山田はその遊学中にフランスに渡り、生活苦に追われていた東郷青児に出会っている。「大正一一年七月　巴里　沙留段街一一にて　東郷青児」と記された山田の肖像画は、東郷が山田から受けた援助に対するお礼に描いたものである[図8]。この東郷は、帰国後新しい時代の表現者としてさっそうと画壇に登場し、昭和六年には世田谷にヨーロッパの建築界の最先端の様式であるインターナショナル・スタイルによる自邸を設けている。設計者は、東郷の画風にふさわしく、新しい建築様式の追求を目的に設立された分離派建築会メンバーの石本喜久治で、ル・コルビュジエやミースを彷彿とさせる住宅であった[図9]。世話になった山田に依頼するにしても東郷の目からは、伝統に根ざした山田の作風は古くさいものとしか映らなかったに違いない。一方、山田にとっても東郷の新しさは浮いたもので伝統性とは無縁のものとしか映らなかったように思われる。

図8　東郷青児による山田醇

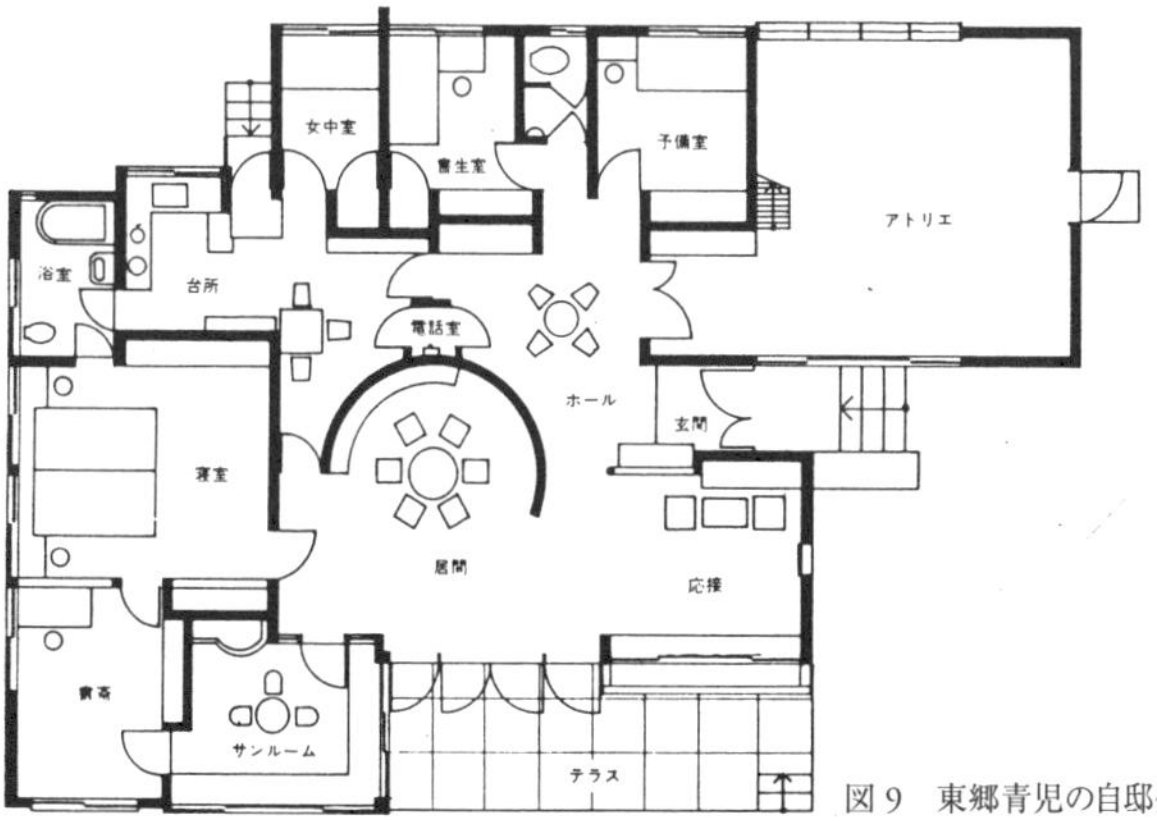

図9　東郷青児の自邸外観および平面図

健康的住宅を求めて

帰国後、山田は本格的な中小の独立住宅の設計活動に入るとともに、建築に関する著作活動も積極的に展開することになる。

山田の設計方法は、最初の著作『家を建てる人の為に』（昭和三年）によると、例えば平面計画については「間取りを作るに当り、先ず第一に考えなければならぬことは、気候との関係であります」という一文に集約されている。具体的には、

① 通風の良い間取りとする

② 夏冬共に都合の良い日光を取り入れることのできる窓を設ける

③ 各部屋の交通をできるだけ便利に工夫する

という三点を挙げている。このように気候との関係を第一に重視していたため、設計段階では方位や日光投射図［図10］などを基にして通風・採光・湿気を考慮した住宅

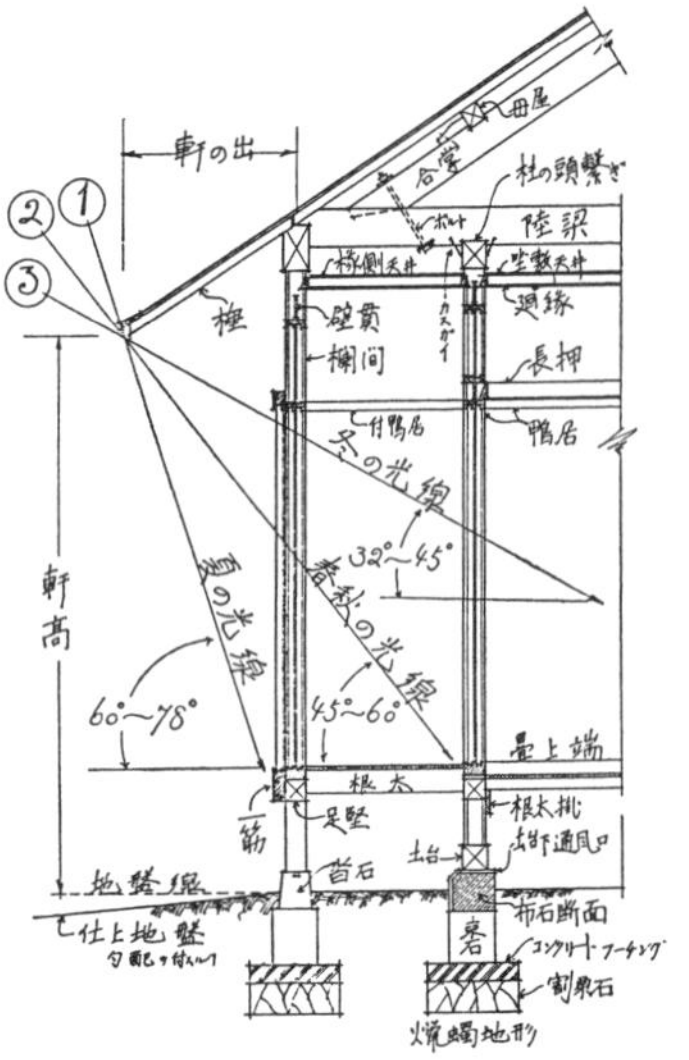

図 10　日光投射図

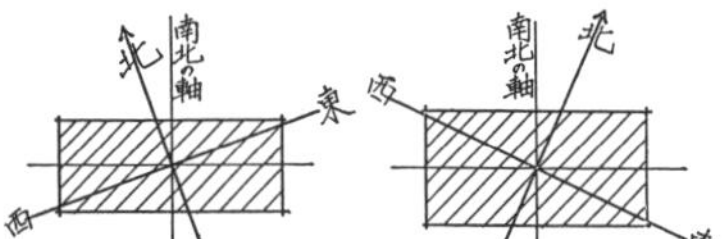

図 11　配置図

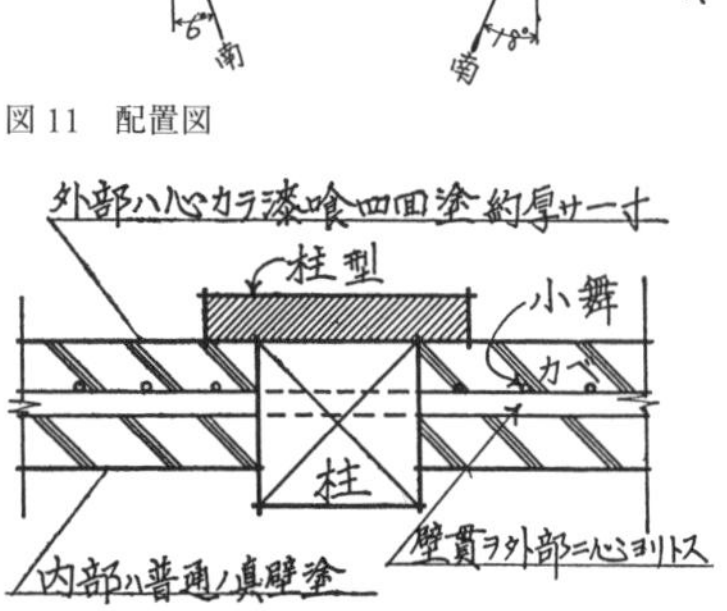

図 12　山田の住宅の壁ディテール

を計画している。この点は、配置計画に端的に表れており「建物の南北の奥行きが、四間半以上あるものを作る場合は、南北の軸が約十度乃至十六七度迄東に振」るのが理想と明快に述べている[図11]。また、外観にしても、伝統的建築に共通する真壁と瓦を継承して、真壁＋羽目板＋ハーフティンバー＋瓦という独特のスタイルをつくることになるのである。ただ、山田は実際の住宅では、外観は真壁に見えるが、外壁は柱の面に壁面を揃えて仕上げ、柱位置に見かけ状の柱に相当する板材を設けて、真壁風に見えるように新たにつくっているのである[図12]。

ところで、山田の住宅は、このように方位や伝統的建築などをベースとする設計方法をとっていたため、必然的にどの住宅の計画も極めて類似したものとなったし、また、外観も大半がハーフティンバーを取り入れたものであった。そのため、山田は自分の住宅観およびそれに基づく作品をまとめた最初の著書を上梓するが、作品は東京朝日新聞紙上で「千篇一律」と批判されている[図13]。

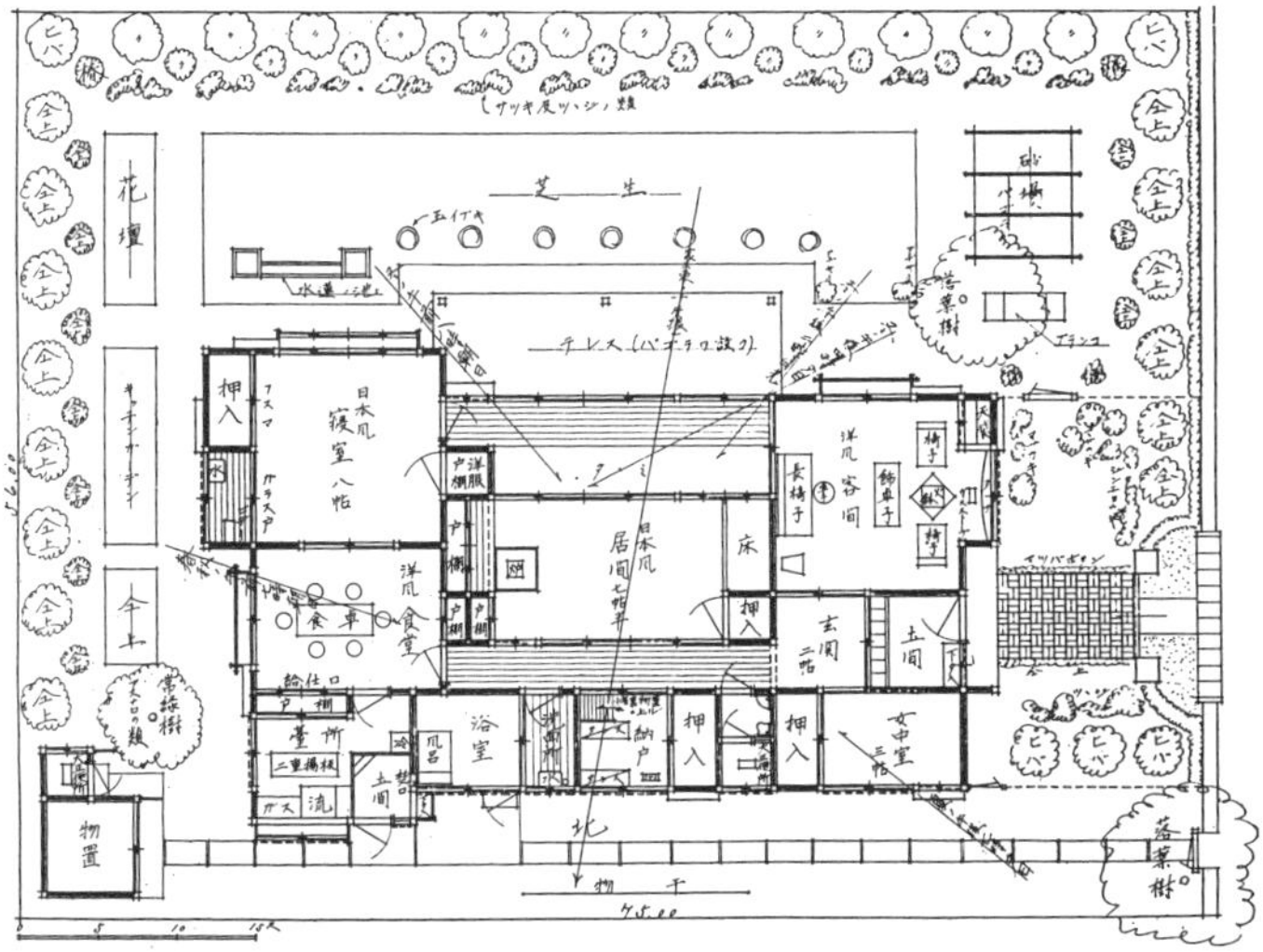

図13　山田醇の典型的平面例

この批判に対し山田は、日本の各地の民家を例にして、地方の風土に従った一つの形式があるように、「理想的敷地を得最も理想的の住宅を作らんとするならば、中小住宅は必ずや大小こそあれ、（中略）一定の形態を構成すべきが当然である」と述べている（『住宅建築の実際』昭和七年）。つまり、理想的住宅は、突き詰めると一つになるのが当然であり、千篇一律に見えるのは理想を追求しているからだというのである。まさに近代という時代における〈健康住宅〉という名の国家的住宅様式を生み出そうという自負心を見る思いがして興味深い。

山田の住宅

山田は、保岡と同様に多くの著書がある［表2］。これらは、基本的には自ら設計した住宅を具体例として山田個人が考えている住宅のあり方や考え方そのものを展開したものである。

これらのうち、『木造中流住宅模範設計図並予算数量書』と『中流住宅設計図並予算数量書』は、平面図・立面図はもちろんのこと、予算書並びに各工事費の詳細な内訳・木材数量書なども紹介されており、実際の住宅建設のためのマニュアルとすべく出版したものと考えられる。

さて、この『中流住宅設計図並予算数量書』掲載の神原邸を例として山田の具体的な住宅を見てみる。山田によればこの住宅は「木造真壁造りで（中略）日本の

昭和 3	『家を建てる人の為に』	資文堂書店
	『木造中流住宅模範設計図並予算数量書』	建築画報社
5	『保健的住宅に就いて』	建築画報社
7	『住宅建築の実際』	新光社
10	『家の建て方』	誠文堂新光社
11	『中流住宅設計図並予算数量書』	誠文堂新光社
14	『保健住宅』	誠文堂新光社
26	『住みよい家之建て方』	誠文堂新光社
35	『これからの健康住宅』	毎日新聞社

表2　山田醇の著作一覧

田舎家と英国の古風な田舎家とをつきまぜた、一種の和洋折衷式」であるという。玄関・応接室・食堂・勉強室が椅子座式、他の居間・寝室・二階の座敷は床座式で、寝室は畳敷であるもののベッドを使用している。このように、椅子座の部屋と床座の部屋があるが、椅子座の部屋の柱はオイルステイン塗りで黒く、また、床座の柱は白木に漆塗りというように仕上げは異なるものの、すべての部屋が真壁でつくられている。客室に関しては、他の住宅を見ると大壁仕上げのものもあるが、真壁で床の間を備えたものあり、基本的には、伝統の継承の証として真壁造を志向していたのである[図14]。

事務所の閉鎖

ところで、住宅作家として活動を展開していた山田も、昭和一〇年代の軍事体制の進行する中では思い通りの活動は難しくなっていた。当時、政府は、類焼防止のため構造体を壁で覆う大壁主体の建築を不燃化建築として奨励していた。ちなみに、パリでは一六六七年、防火対策としてハーフティンバーを漆喰で塗り込めることが命じられたが、同じことが日本の戦時下でも行われたのである。山田は、資材統制下で活動を続けるものの、とりわけ山田のハーフティンバーの壁と柱を見せる真壁を主体とする住宅は、政府の方針とは相反するものであった。そのため、山田はしばしばその方針を批判したという。山田が、ハーフティンバー

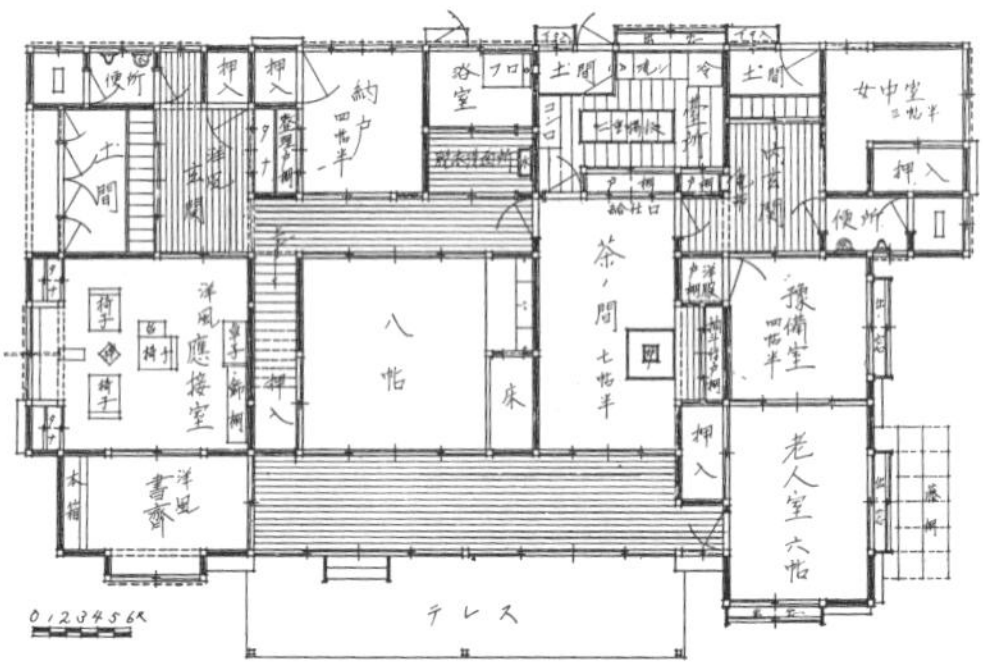

便所
土間
玄関
押入
納戸 四帖半
浴室
フロ
土間
冷
女中室
内玄関
洋風応接室
椅子
八帖
茶ノ間 七帖半
床
予備室 四帖半
押入
老人室 六帖
洋風書斎
テレス
0 1 2 3 4 5 6尺

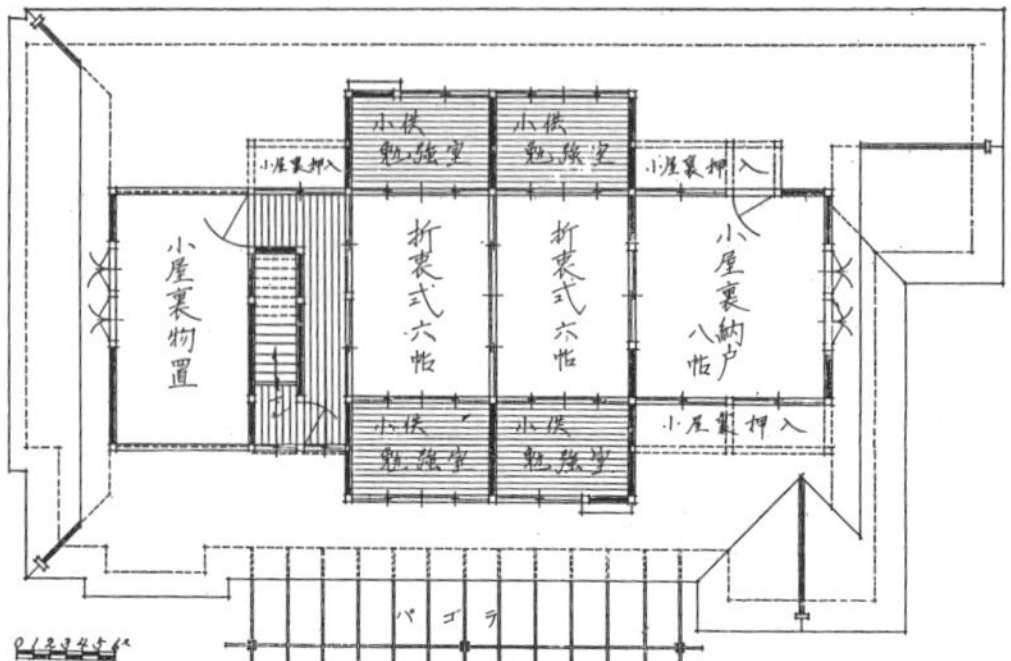

小供勉強室
小屋裏押入
小屋裏物置
折衷式六帖
折衷式六帖
小屋裏納戸八帖
小屋裏押入
パゴラ

を採用していたのは、単に好みからではなく伝統の継承を意味していた。その山田からみれば、類焼防止からとはいえ真壁をすべてモルタルで覆い去ることは、伝統の否定であり、さらには伝統的町並みの否定に見えたのである。私見においても、この防火対策が山田の指摘するように伝統的建築の姿や町並みを徹底的に変えてしまった要因の一つと考えられるのである。

しかし、そのような批判を展開したため、山田は、資材統制の中ではなおさら思うように配給を受けることができなかった。そのような不都合を批判するため、山田は昭和一六（一九四二）年『東京日日新聞』紙上で廃業宣言を行い、事務所を閉鎖することになる［図15］。ちなみに、記事によればそれまで手がけた住宅は「一千数百軒」を数えたという。一住宅作家としては、きわめて多い数といえるが、残念ながら確認できる資料はない。なお、戦後は「保健住宅研究所」を開設し再び活動を開始するが、しばらくしてから閉鎖し、以後建築活動はほとんど行わなかった。そして、昭和四四（一九六九）年一月二二日、八五歳でこの世を去った。

ともあれ、山田醇は、極めて個性的な建築家であった。その住宅観では、気候に適応することを最も重視し、それゆえ、伝統的

“闇”を衝く一石
小住宅建築の權威・山田氏が廢業
資材配給の適正叫ぶ

山田醇氏

中、小住宅の建築業は資材の窮屈と物資の不足から深刻化してゐるが、その一面資材獲得に盛んに闇取引が横行、ために一般建築業者には資材が円滑に行渡らず良心的な建築業者を悩ましてゐる折柄、わが國中、小住宅建築界の權威として知られてゐる[illegible]工學士山田醇氏はこの現状に憤慨し業界の廓正には資材の適正なる配給、配給機構の改善が急務であるとし現状では“良心的な仕事が出來ない”とてこのほど業界の引退を決意、同氏の事務所に關してゐた大工、職人等五十余名と事務員十數名を解雇、卅年にわたる業界生活の足を洗ふに至つた、同氏の悲壮な心境を知る人々の間では氏の行動は當局の反省と業界廓正の一投石として話題となつてゐる

同氏は明治四十五年帝大工學部卒業、大正六年來小住宅の研究及び建築經營に投頭し、すでに一千數百軒を手がけて來てをり、最近では昭和十三年赤坂見附の[illegible]新館の設計建築といふ輝かしい業績を残した——卅年の業界生活に絶縁状を投げつけた山田氏の意見を聞いて見た

◇今、日本は大きな戰爭を遂行してゐるので物資が一般に窮屈になることは當然のことです、然しながら現在の状況を見ると取引されてゐる多くは闇ならざるはなしといつても過言ではない、しかも最近の建築状況を見ると質より量といふ主義で家の恰好さへしてゐればよいといふ叩き大工式のものが出來上り、その上坪當りにしても百五十円、二百円といふ暴利ぶりだ、少い物を闇々と高く買煽るものがゐるから、われ／＼の如く正當な良心的な仕事をしようとするものには資材が入らない、私はこの問題解決の根本は先づ政府が資材の適正な割振りをする必要があると思ふ

前頁：図14　現存する山田醇の住宅外観および一・二階平面図
左：図15　事務所閉鎖を伝える新聞記事

建築が気候に対応しつつ形成されてきたとして、その特性を継承することを意図したのであった。藤井厚二を住宅作家兼研究者とするならば、山田はまさしく市井の住宅作家であった。そして、もう一言付け加えるならば、辰野・葛西建築事務所の所員の中では、辰野の終生抱いていた新しい木造住宅に関する問題を受け継いだ唯一の後継者といえるであろう。

3　近代数寄屋住宅の創作者としての吉田五十八

住宅作家としての吉田五十八

吉田五十八を住宅作家として扱うことには抵抗がある方もあるかもしれない。それは、吉田の作品の中では住宅が多いものの、あくまでも近代数寄屋の様式の確立を目指したもので、住宅づくりそのものが吉田の目的ではなかったようにも思えるからである。また、吉田の扱った住宅の施主が、鏑木清方・小林古径・川合玉堂といった日本美術界の錚々たる人々であったことから、一般住宅と同列には扱えないということもあるかもしれない。確かにそのような見方もあるが、やはり、吉田の近代数寄屋の様式の確立は、その質が一般住宅とはかけ離れていたとしても〈住宅〉を中心に展開された。その意味では、住宅作家そのものであり、伝統的な在来住宅をつくり変えた代表的建築家としては忘れることのできない一人なのである［図16］。

吉田五十八の略歴

吉田は、明治二七（一八九四）年東京日本橋の太田胃散で有名な薬種問屋を営む太田信義の八人目の子供として生まれた。吉田が生まれたのは、父太田信義が五八歳の時であったため、五十八と名づけられたという。神田の東京開成中学を卒業後、大正二（一九一三）年には東京美術学校（現東京芸術大学）の図案科第二部に入学している。東京美術学校への進学の動機は、中学時代の同級生が絵と数学の得意な吉田に建築家になることを勧めたことによるという。なお、入学は図案科であったが、東京美術学校では、大正三年九月に図案科に第二部として建築装飾を分設し、大正一二年五月に建築科と改称していた（東京芸術大学美術学部同窓会名簿編集委員会編『同窓会名簿』一九八一年版）。このため、図案科入学であっても実質的には建築科への入学だったのである。

しかしながら、吉田は東京美術学校に入学はするものの、二年次の途中で胸を患って休学するなど、八年の在学期間を経て大正一二（一九二三）年三月卒業している。東京美術学校では病気がちであったが、中学の同級生が認めてくれていた絵の才能は在学中もはっきりと現れていたようで、大正九年に日本庭園協会が設立

図16　吉田五十八

した際、古宇田実教授の計らいで、機関誌『庭園』の表紙の図案コンペを美校の三年生を対象に行った時、採用されたのが吉田の作品であった［図17］。

ところで、吉田は在学中の思い出として興味深いことを回顧している。それは、東京美術学校では岡田信一郎が日本建築の講義を担当し、その一環として岡田が設計した村上邸の現場を見学した際、「私が学校をでたら、こういった古典一点張りの日本建築は建てない。私は私なりに、新しい数寄屋をたててみたい」と思ったというのである（『現代日本建築家全集　三　吉田五十八』）。在学中に、すでに自分の将来を言い当てていたのであるから、かなり多感な学生であったといえるであろう。

さて、卒業後は、体調が完全に回復したとはいえず、また、経済的にも恵まれていたため、就職はせずに自宅で建築事務所を開設している。しかし、関東大震災を契機に、改めて自分の進むべき方向をはっきりと見定めようと、当時わが国にも紹介され、また、憧れていたドイツ・オランダの建築を見るために大正一四（一九二五）年外遊に出かけている。

しかしながら、憧れていたドイツ・オランダの新しい建築には失望し、代わりにイタリアの初期ルネサンス建築のすばらしさにショックを受け、超名作というものは「そこに生まれた人で、そこの血を受けた人でなければ建てられない建築」であると理解することになったという。そして、その結果、吉田は「日本人は、日本建築によって、西欧の名作と対決すべきだ」と考え、そのためには、伝統的

図17　吉田五十八による『庭園』表紙

な建築に近代性を与えることにより新しい感覚の日本建築を生み出すことが必要であると悟り、帰国の途についた。吉田の近代数寄屋の模索の開始である。

帰国後の大正一五(一九二六)年、吉田は再び建築事務所を開設し、以後、建築設計に従事する傍ら独自の方法により近代数寄屋の創作を続けることになる。そして、昭和一六(一九四一)年にはその才能が認められ、母校の東京美術学校に呼び戻され、建築教育にも従事することになる。

〈大壁〉による和風の提案

ところで、吉田が外遊から帰国した当時の建築界の状況は、帝都復興あるいは復興建築に示されるように耐震・耐火建築が強く奨励されていた。そのような気運の中で、伝統的建築の真壁造は構造材である柱が表出しているため耐火性に問題があるとして、柱を壁で覆う大壁造とすることが求められてもいたのである。吉田は、このような気運から〈大壁〉というものを肯定的に導入することを考えた。それは、山田醇が伝統の継承という理由から〈真壁〉にこだわり、さらには耐火という観点から〈大壁〉の動きに対して、伝統を断ち切るものであるとして批判したのとは極めて対極的な動きであった。

さて、大壁を導入することを考えた吉田は、さらに、大壁による新たな展開を考えた。すなわち、吉田にとって伝統的構法である真壁造は、すべての柱がいやがおうでも見えるため、見せたくない柱まで見せなければならないし、しかも、構造材であるため自由に動かすこともできないという制約のある構法と考えられたのである。そのため、全体を大壁として見せたい柱だけを自由に配置し、他はすべて壁の中に埋めてしまうことを思いついたのである。

吉田は、昭和一〇(一九三五)年、この〈大壁〉による数寄屋の成立の過程を「近代数寄屋住宅と明朗性」と題して高らかに発表している。それによれば、真壁造りによる伝統的室内の壁面と天井は、柱とともに敷居・長押・天井廻縁・竿縁などの様々な部材で仕切られたいくつもの平面から構成されており、特有の〈ウルササ〉があるという。一方、ル・コルビュジエやグロピウスの提案した新しい建築の本質は明朗性であり、それゆえ、伝統的建築にみる〈ウルササ〉は排除されなければならないと主張した。ちなみに、その排除の仕方として、

① 内法上を大壁とする

② 天井と壁を同じ材料として、さらに内法上の大壁と連続させることによりあたかも一つの壁面のように見せる

③ 長押・附鴨居を取り去り、連続した一つの壁画のように見せる

の三つを挙げ、その効果を具体的に図化して紹介している(『昭和住宅物語』)[図18]。そ

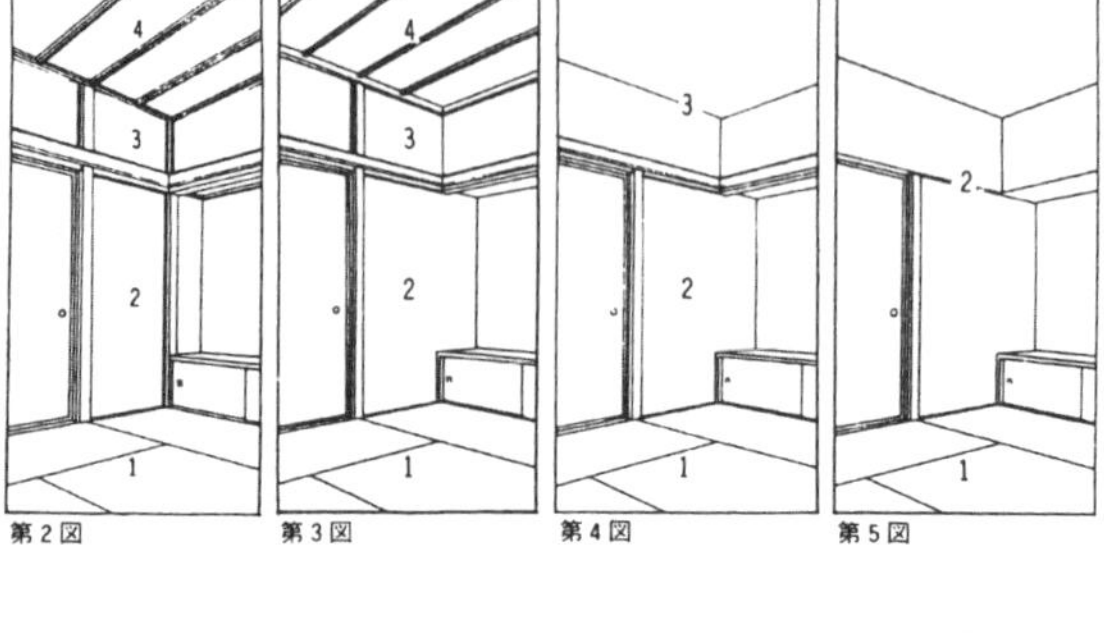

図18 明朗性の図

れは、正しく、柱や他の部材を意匠上の重要な要素として自由自在に扱いながらも、伝統的雰囲気は継承していこうとする意志がよく現れたものであった。そして、さらに書き加えれば、ル・コルビュジエらの近代建築理論を背景として述べていたことは、新しい時代の新しい美学を積極的に受け入れようとする意識の現れでもあったのである。

大壁による和室の意味

このように、吉田は大壁造による新しい和室を実践していくことになる。それは、一見簡単そうでなかなか実践できなかったことであった。そのような実践の心中を吉田は次のように述べている。

書院、床の間、違い棚を昔のままにしておくというこの観念をやめなければ、日本建築は進歩も発展もないと思う。仮に床の間が違い棚の右になければならないと云う昔からの約束があったとしたら、左に持っていってもいいのじゃないかと考える力がないのである。（中略）日本建築をもっと研究した上、これを一度破棄して建設しなければ、デザインの上で日本建築は没落する

（「続々　饒舌抄」『建築世界』昭和一一年一月号）

大壁による新しい和室の創造は、本質的には、日本建築の持つ規範――伝統性――の否定であり、破壊を意味していたからである。その意味では、吉田の〈大壁〉による創造は十分評価されてよい［図19］。

ところで、この大壁造の部屋に畳を導入することは、明治末期のあめりか屋店主橋口がシアトルから持ち帰った組立住宅で実践していた。それは、布団で眠るため、床に畳を持ち込んだことによる。また、保岡勝也の大正一三（一九二四）年刊行の『日本化したる洋風小住宅』でも、大壁造の西洋館に畳を導入して寝室とする例がある。しかし、それらは繰り返すと単に畳を導入したにすぎない。これに対し、遠藤新の住宅では、大壁造の畳の部屋があり、床の間も備えられ、また、壁面にみられる長押状の部材などから真壁造の室内と類似した雰囲気を感じることができる。その意味では、この吉田の試みとよく似ている。しかし、遠藤の大壁による和室は、日本建築の影響はあるものの、あくまでも師であるライトと同様に壁面の意匠として独自に生み出したもので、日本建築の伝統性をいかに継承するかという問題を強く意識したものではない。この点、吉田の大壁による和室の創造という方法は、伝統性を維持しようという考え方から派生したものではあるが、当時建築界に見られた帝冠様式と呼ばれるような日本建築の形式だけを維持することで伝統性を継承しようというものではなかったと考えられる。伝統性の継承という面からみれば、吉田の大壁による和室の創造は、きわめて独創的な

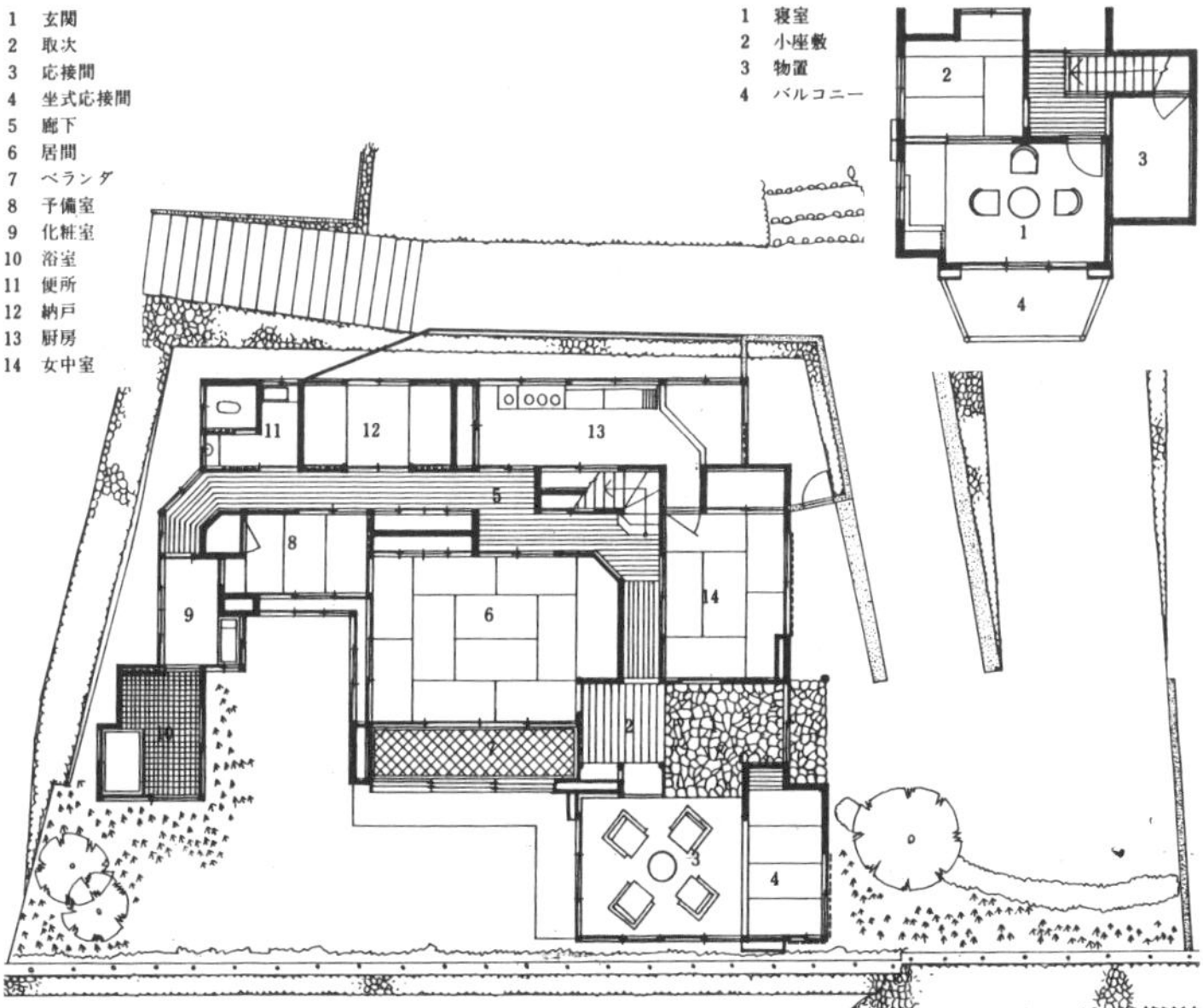

図 19 杵屋別邸外観および内部、平面図

ものといえるのである。

近代数寄屋の誕生

ところで、伊藤ていじは吉田の生み出した新しい建築の手法として以下の六つを挙げている(『吉田五十八作品集』)。

① 大壁造りによる木割からの解放
② 吊束の廃止と欄間の吹抜け
③ 荒組みの障子と横桟の障子
④ 押し込み戸の考案
⑤ 工業生産材料の使用
⑥ レベル差のある部屋

このうち、①~⑤は室内の新しい意匠のための工夫といえる。そして、⑥は意匠というよりは新しい住まい方の提案である。

この新しい住まい方について、吉田は、自ら手掛けた中で近代数寄屋の代表例でもある吉屋信子邸を通して次のように述べている[図20]。

洋服だけでは私たちのあらゆる生活は不便である。それと同様に和服だけでも困る。和服も着、洋服も着ることを悪い意味で二重生活として考えられた事もあるが、これは単なる机上の理論であって、事実はこの問題に就て私たちの周囲は解決済みである。和服と洋服がちゃんと生活の中に於て調和し能率化されて仲よく共に明日の生活の方向に向かって進展している。

図20　吉屋信子邸座敷とベランダ（上）、応接間（下）、平面図（次頁）

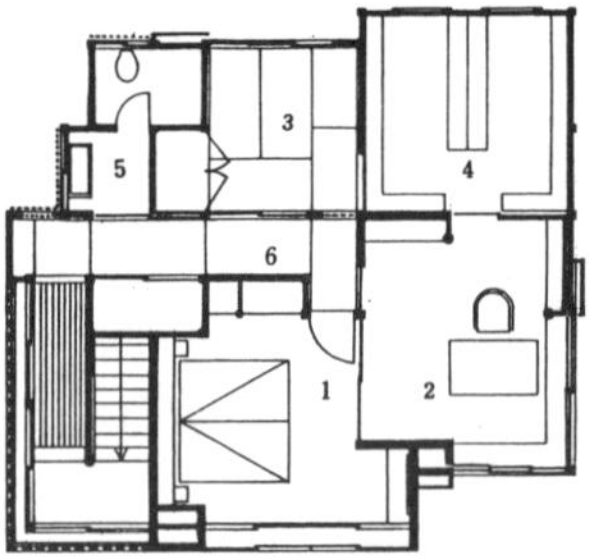

1 寝室
2 書斎
3 予備室
4 書庫
5 洗面所
6 畳廊下

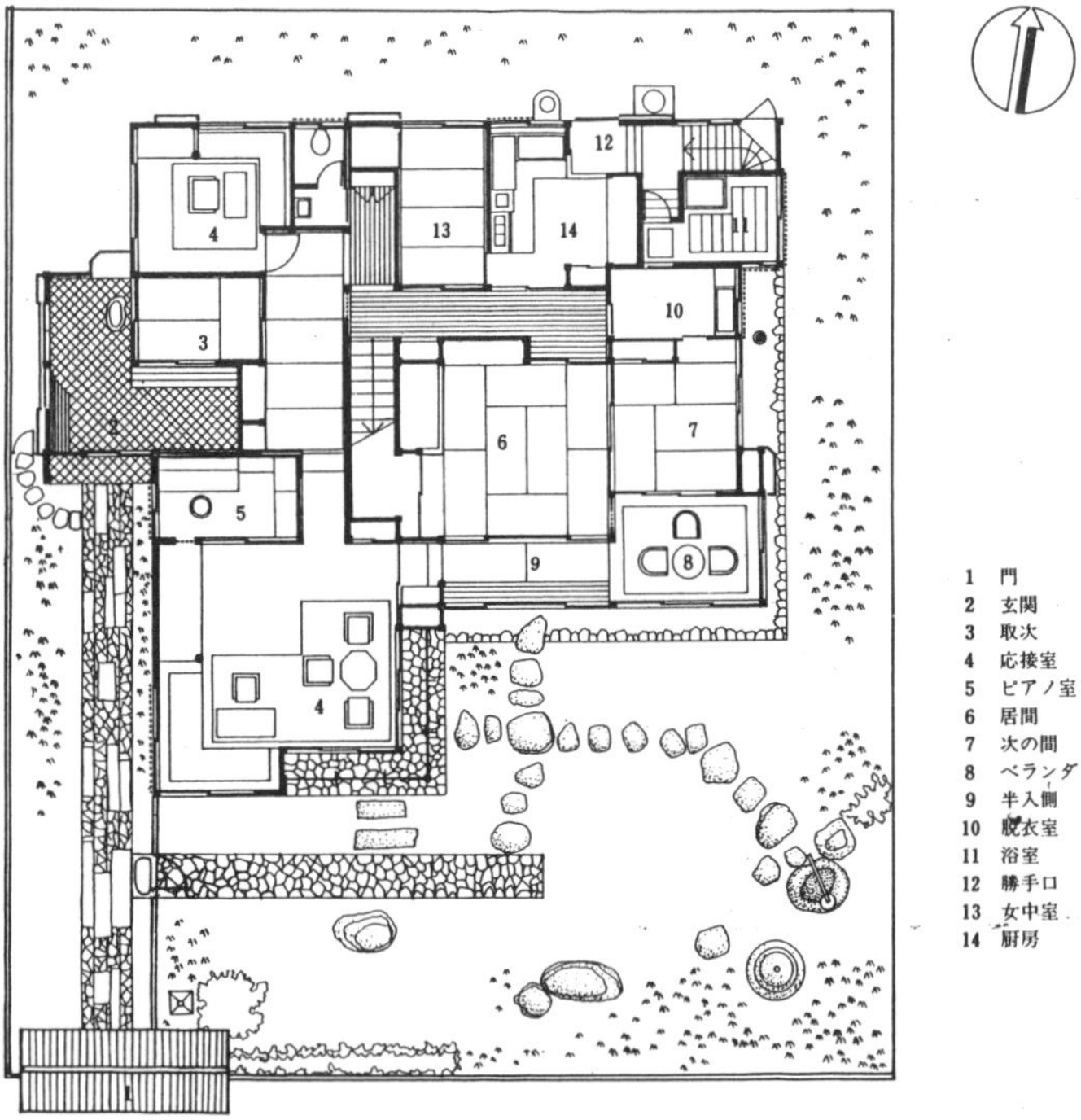

1 門
2 玄関
3 取次
4 応接室
5 ピアノ室
6 居間
7 次の間
8 ベランダ
9 半入側
10 脱衣室
11 浴室
12 勝手口
13 女中室
14 厨房

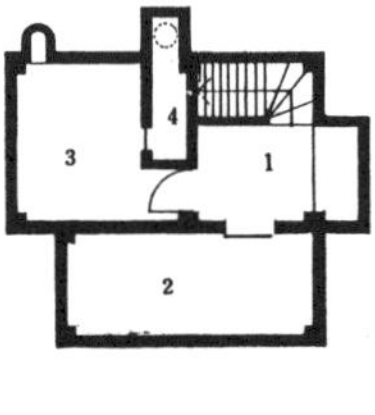

1 広間
2 倉庫
3 暖房室
4 石炭庫

この事は建築の方に於ても同じで洋式和式の両様式が、調和され、能率化されて、吾々の生活をゆたかにさせているのである。

（中略）

四畳半に対するヴェランダ＝私のよく用いる椅子席と畳敷とを一体として考える方法で、椅子席の床が下がっているため、四畳半に座った老人と椅子席の若人とが気持ちよく談笑し得るようになっている。

（「能率的な居間――吉屋信子邸――」『銀鐘　四号』昭和一三年九月）

ここでは、大正期に生活改善運動で批判の対象となっていた二重生活を「生活をゆたかにさせている」ものとして、むしろ積極的に導入しようとしていることがわかる。この二重生活に関する考え方の変化は、吉田の独特なものというよりは、どちらかといえば一般的に昭和期に入ると確認されるもので、現実の生活においては受け入れざるを得ないものであったのである。ちなみに、昭和六年（一九三一）の建築学会発行の『住宅の合理化と研究問題片々』ではこの起居様式の問題に触れ「椅子式と座式の併用即ち所謂和洋折衷の住宅は決して過渡時代の一時的現象でなくして、住宅必然の本態である」と記されている。大正一一（一九二二）年の平和博の際の意見書に記されていた二重生活批判から考えれば、時代と意識は大きく変わっていたのである。

吉田は、そのような気運を感じ取り、床座と椅子座とをより積極的に融合する部屋を追求したのである。その方法は、床座の部分の床を高くして椅子座の人の視線の高さと合わせることを考えたのである。このような試みは藤井厚二以来のもので、大壁造の和室がデザインにおける〈和〉と〈洋〉の融合による新しい様式とすれば、起居様式における〈和〉と〈洋〉の融合の新しい様式といえるものであった。ただ、晩年になって、吉田は「みんな大壁、大壁というけれども、実をいうと大壁建築はきらいなのです。どこまでも木材を美しく見せる、柱を見せるというのが本来だといっているのです。できた時は大壁建築には見えないようにする。誰が見ても大壁に見えたらもう落第ですね」（『新建築』昭和四九年一月号）と述べている。その意味では、真壁造にこだわった山田醇以上に伝統建築の継承を意図していたといえるかもしれない。

いずれにしても、吉田の大壁の使用やレベル差による椅子座式・床座式の融合による新しい和風住宅——近代数寄屋——の試みは、その芸術性の高さゆえ一般住宅としての浸透性はあまり認められないが、明治以降続けられてきた和洋折衷の一つの到達点、すなわち、岡本鑒太郎の主張の中ではっきり確認できた在来住宅をベースとした洋風化の試み（「和館の〈洋風化〉」）と欧米住宅をベースとした和風化の試み（「西洋館の〈和風化〉」）という二つのベクトルの結合点ということができると考える。言いかえれば、この吉田の試みによりとりあえず明治以降追求されてきた新しい中流住宅の一つの姿が提示されたと考えられるのである。しかしながら、戦争へと向かう中、時代はその提示された住宅よりはるかに小規模で廉価な住宅を求めていた。そして、この住宅における〈和風化〉と〈洋風化〉の問題も、戦後、「新日本調」の流行にみられるように、小住宅ブームの中で新しいテーマとして再考されることになる。吉田の住宅についていえば、吉屋邸でレベル差を用いた椅子座式・床座式の融合の空間はベランダに用いられていたが、戦後は、住宅の中心である居間の空間に用いられるようになる。その意味では、新しい試みは戦後に開花したともいえるかもしれない。

終章　結びにかえて——日本の近代住宅の系譜

日本の近代住宅――〈和風化〉と〈洋風化〉の狭間で

ここで改めて、本書のまとめとして、内容を振り返りながらわが国の近代住宅の変遷過程について私見を少し整理しておきたい。本書では、明治から昭和戦前期までの中流層の住宅を中心に、その変遷のプロセスを見てきた。その内容は、明治から戦前期までを、明治初期から中期、明治末期から大正初期、大正期、大正後期から昭和初期、昭和戦前期という五期に区分して論じたもので、和洋館並列型住宅の影響を受けながら新しい中流住宅の模索が開始される一方、独自に海外の新しい住宅様式の導入を試み、さらには、経済性や能率性を重視した合理的生活や椅子座式という新しい起居様式の導入などの動きの中で、住宅を専門とする「住宅作家」と称される人々が輩出し、彼らの手で個性的ながらも新しい住宅が確実に提案されていたことを述べている。取りあげた住宅や住宅作家は、当然ながらその時代を語る際に忘れることのできないと考えられる作品や人々である。

取りあげた際の基本的視点は、わが国の近代住宅の変遷過程を「和館の〈洋風化〉」と「西洋館の〈和風化〉」の二軸を設定して見ているということである。「西洋館の〈和風化〉」という視点は、明治末期から大正期にかけて、いわゆる都市中間層の人々が、理想的住宅として在来の伝統的住宅ではなく諸外国の住宅――とりわけアメリカの中小規模の住宅――を理想像と考えていたことを強く表現することを意識してのものである。その理由は、彼らが実生活の場として西洋館を求めたことが、善かれ悪しかれ、その後のわが国の近代住宅の変遷の強い原動力となったと考えられるからである。ちなみに、この西洋館での生活は実際住んでみると様々な問題を生じ、その解決方法として西洋館に畳を持ち込むことにより、部分的に伝統的起居様式の場を復活させはじめた。そして、その動きは次第に単に畳の導入だけではなく、意匠上でも様々な現象を引き起こしていたのである。そのような動きを本書では、「西洋館の〈和風化〉」と称しているのである。

一方、この〈和風化〉に対するものが〈洋風化〉と呼べる現象で、むしろ、従来の歴史的考察においてはこの〈洋風化〉だけに焦点が据えられていたといえる。具体的にいえば、本書でも扱っているように伝統的住宅に大壁造の応接室を付加するという明治期の和洋折衷住宅の提案はまさにこの「和館の〈洋風化〉」の動きを示すものである。私見によれば、この〈洋風化〉の動きが徐々に強まると、ある時点に至り反転して「西洋館の〈和風化〉」という動きも誘発させたと考えている。そして、このような現象を経る中で、ようやく従来の「和館」や「西洋館」といった範疇ではもはや捉えられない新しい住宅形式が生み出されることになる。それが、「和風住宅をつくり変えた住宅作家たち」の作品に代表される住宅であると考えているのである。

私論——日本の近代住宅の系譜

このような「和館の〈洋風化〉」と「西洋館の〈和風化〉」という二軸からわが国の近代住宅の変遷の過程を見ることを述べたが、その際の有効な一つの視点として、〈壁〉に注目して分類することを提案したい。すなわち、本書で紹介してきた住宅を壁の構造に注目して分類すると、〈真壁造〉と〈大壁造〉に大別することができるからである。これに従えば、「和館」＝「真壁造」、「西洋館」＝「大壁造」の建築ということができる。海外から紹介され、実施された「西洋館」をすべて大壁造と称するのはやや乱暴とも考えられるが、様々な様式の西洋館に見られる共通性という点から見れば、そのような分類も可能と考える。そして、さらにこの〈壁〉による分類は、単なる構造の問題に留まらず、デザインや起居様式とも密接な関係があるものなのである。すなわち、床の仕上げを畳とそれ以外に分けると、畳は床座式、畳以外のものは椅子座式の起居様式で生活していたと考えられるし、さらに、壁の構造と起居様式の対応を見ていくと、「真壁造＝畳敷で床座式」、「大壁造＝板敷などで椅子座式」という対応性が指摘できる。この点は、藤井厚二について触れた中で、藤井自らが当時の住宅を「和風住宅」と「洋風住宅」という二つの対峙するものとしてその特徴を整理していたことからもよくわかることである。このことから「真壁造＝畳敷で床座式」がまさしく和館を、同様に「大壁造＝板敷などで椅子座式」が西洋館をそれぞれ示していることがわかるであろう。本書で、〈壁〉に注目した理由は、この〈壁〉と起居様式の相関性の存在に注目したからである。

そして、壁に限定して見ることの理由をもう一つ付け加えると、例えば「和洋折衷」という表現で様々な動きを述べようとしても、何をもってそう表現するのかという定義が曖昧であれば、近代化の現象を見極めるのは難しくなる。そのため、視界を〈壁〉というように限定することで具体的にどう変化したかが明らかになると考えたからである。いずれにしても、あくまでも私論であり、多くのご批判を仰ぎながら、より整理・発展させたいと考えている。

さて、では、主に本書で取りあげた住宅を中心として、便宜上同一規模にモデル化し、わが国の住宅の変遷の過程を見ていくことにする。［図1］は、本書で扱った住宅を〈壁〉から〈大壁系〉と〈真壁系〉に大別し、時間軸に沿って並べたものである。これらの住宅について、以下簡単に説明してみたい。なお、図中の住宅モデルは、上側を正面と想定して配している。

① 明治初期の上流階級に定着していた和洋館並列型住宅である。和館は、江戸期以来の在来住宅が、洋館は本格的な西洋館が建てられていた。真壁の和館は床座式、大壁の洋館は椅子座式というように起居様式と壁の構造に相関が

ある。そして、この形式をモデルとして、中流住宅の追求が開始された。

② 明治中期の北田案に見られるように、中小規模の和館の玄関脇に洋室が付加されたもので真壁造の住宅に大壁造の一部屋を付加させることにより生まれたものである。いわゆる中廊下形住宅様式の原型である。

③ この住宅は、明治末期にあめりか屋の橋口の輸入した組立住宅で、本体は輸入した大壁造そのままで建設されているが、後方に「使用人室」が付設されている。この部屋は真壁造であることから、大壁造に真壁造の一部屋を付加させることにより生まれたものである。このように、西洋館の後方に真壁造りの部屋を付加させるというタイプは、大正期の保岡の住宅にも見られる。ただ、保岡の扱った大壁系の住宅に付設された真壁造の部屋に注目すると、この「使用人室」や台所などのどちらかといえば使用人専用の場のものと床の間つきの「座敷」のような接客の場が見られる。この接客の場の付設は、西洋館でも接客の場だけは伝統的な形式のものが要求されたことを示すもので、このような例は明治末期から大正期にかけて存在していたと考えられる。

④ 同じく明治末期の大壁系の例である。あめりか屋の組立住宅で、寝室に畳を敷いた例である。ここでは畳が大壁造の部屋の中に敷かれている。このため、壁の構造と起居様式の相関性が崩れることになる。この場合、相関性が崩れたのは床座式の部屋で、椅子座式の部屋は相関性は維持されている。

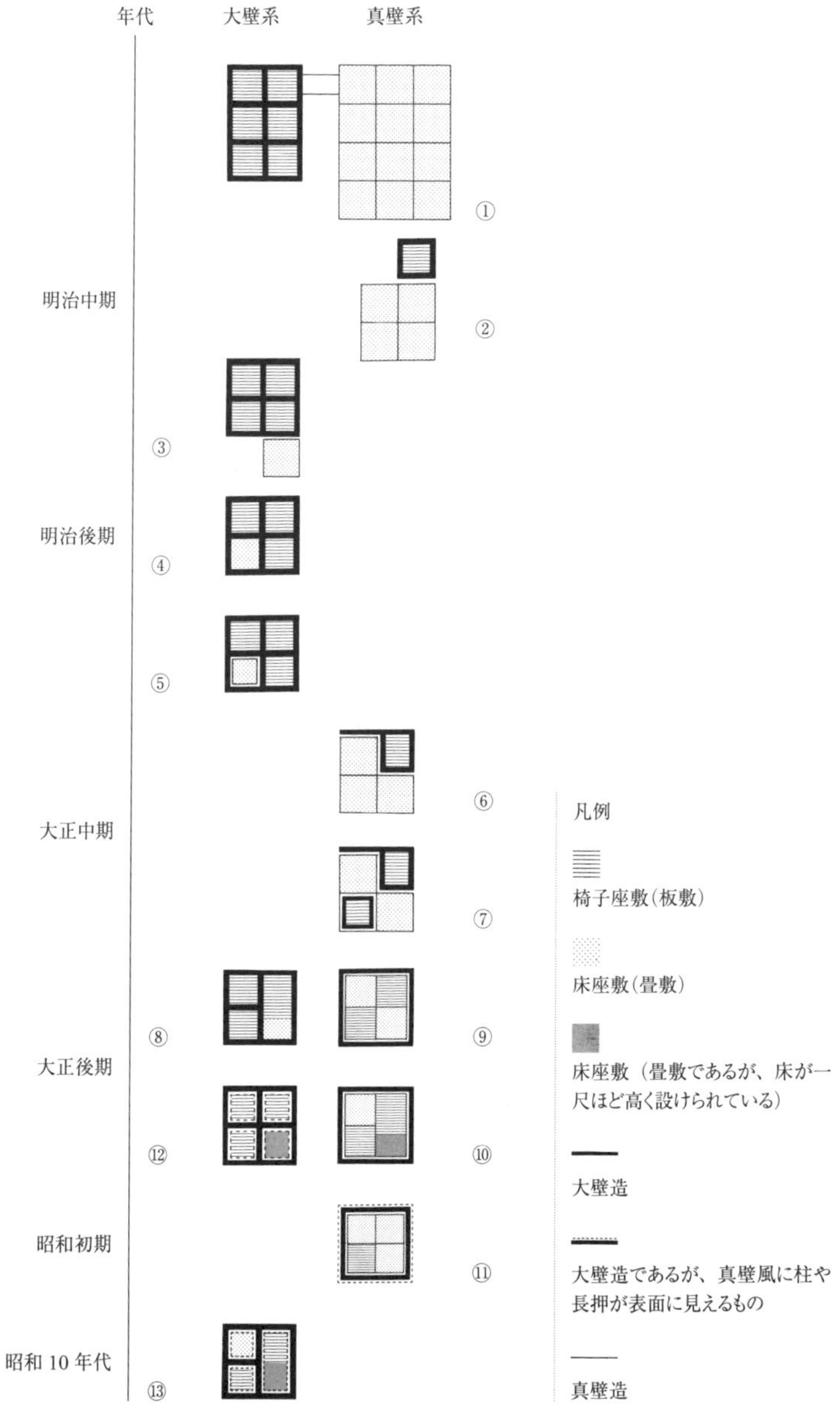
年代
大壁系
真壁系
明治中期
明治後期
大正中期
大正後期
昭和初期
昭和 10 年代
①
②
③
④
⑤
⑥
⑦
⑧
⑨
⑩
⑪
⑫
⑬
凡例
椅子座敷（板敷）
床座敷（畳敷）
床座敷（畳敷であるが、床が一尺ほど高く設けられている）
大壁造
大壁造であるが、真壁風に柱や長押が表面に見えるもの
真壁造

図 1　系譜図

⑤ 同じ明治末期の大壁系の例である。ここでは、畳の敷かれている部屋のみ真壁造となっている。大壁造に真壁造の一部屋を内包した例といえる。このため、この住宅ではすべての部屋の内部の壁の構造と起居様式の相関性は維持されている。

⑥ ②の真壁系の発展例である。しかしながら、竹に木を継いだものという批判を受けることになる。②は真壁造に大壁造の一部屋を付加させたことから、このような批判を受けて、全体を統一したものにするため、正面だけをすべて大壁とすることにより一見統一のある外観とすることが試みられた。保岡の『和風を主とする折衷小住宅』に見られるものである。

⑦ ⑥の発展形で、応接室以外にも必要に応じて大壁造の椅子座式の部屋が設けられた例である。各部屋の壁の構造と起居様式は相関性が維持されている。

⑧ ④の発展形で、一部屋に敷居分だけ高い畳の敷かれた部分と椅子座式の部分が設けられた例である。畳が敷かれてはいても、大壁であることは④と同様である。

⑨ これは、真壁系の例である。一つの住宅の中に大壁造の部屋と真壁造の部屋が存在するこれまでの方法を改め、防犯面から外壁は大壁仕上げとするものの、伝統の継承や建設コストの安さから室内すべてを真壁造としたものである。このため、当然ながら、壁の構造と起居様式の相関性はなくなることに

なる。その際、相関性のなくなるのは椅子座式の室内で、床座式の室内は相関性を維持している。この住宅の形式を、本書では〈真壁式洋風住宅〉と称している。なお、この形式では当然ながら、壁以外にも例えば窓形式も上げ下げ窓ではなく引き違いの伝統的な形式の窓を採用している。また、この例からもわかるように、新しいタイプの住宅の外壁は防犯面やさらには防災面から大壁造へと収束していき、真壁系の住宅でも大正後期頃から、外壁は大壁仕上げで室内側は真壁仕上げという傾向がみられる。そのため、〈和風〉を表現する際は屋根や他の部分の意匠で表現する傾向が強くみられるようになる。

⑩ 基本的には⑨と同様外壁が大壁、内壁が真壁という真壁系の住宅であるが、椅子座式の部屋の一郭に床を高くした畳敷部分を設け、床座と椅子座の融合をはっきりと意図している例で、藤井厚二の作品にみられるものである。

⑪ これは、伝統の継承として真壁造を採用すべきという主張のもとで考案された住宅で、室内の壁はすべて真壁造としている。その意味では、⑨と基本的には同じ性格の住宅である。ただ、外観においても、大壁を採用しつつも真壁造を意識してハーフチンバーとしており、真壁造志向が極めて強いものである。山田醇の作品にみられるものである。

⑫ これは、⑨⑩⑪とは対照的な住宅で、外壁・内壁共に大壁造とした大壁系の

ものである。畳を敷いた床座式の部屋は存在するが、真壁ではなく大壁仕上げとなっている。ただ、室内全体にわたり長押や廻縁のような木組とでも呼ぶべき部材が配されており、雰囲気としては真壁造の柱や長押のある姿に類似している。また、畳の部屋の床は、椅子座式の部屋より高く設けられている。遠藤新の大正末期の作品にみられるものである。

⑬

⑫と同様に外壁・内壁共に大壁造としたものである。ただ、畳を敷いた床座式の部屋は、真壁造の意匠をはっきりと意識して部分的に柱や長押を壁面に用いている。このため、壁の構造と起居様式の相関性はなくなることになるが、意匠上はあたかも相関性があるものとなっている。そのため、この住宅では真壁造・大壁造といった分類がもはや意味をなさず、新しいタイプの住宅と称すべきものとなっている。また、⑫では、畳の部屋が基本的には独立していたのに対し、この住宅の畳の部屋は床が高く、椅子座式の部屋と同時に使用することを意図して計画されている。このため、部屋単位の床座・椅子座といった分類が意味をなさず、この点からも新しいタイプの住宅といえる。これは、吉田五十八の住宅にみられるもので、大壁・真壁と椅子座式と床座式の調和の追求における一つの到達点といえると考えられるものである。

図1をもとに改めて通時的変化を整理すると、上流階級の和洋館並列型住宅の影響により明治中期に真壁系の住宅に動きが見られる。それは「和館の〈洋風化〉」の動きで、在来住宅の玄関脇に大壁造の応接室を付加させるというものである。一方、明治末期になると大壁系の住宅にも新しい動きが開始された。それは「西洋館の〈和風化〉」の動きで、西洋館の後方に真壁造の台所廻りの部屋を設けるというものである。ちなみに、どちらの動きも共に本体である和館や洋館に他の形式からなる部屋を付加させるというものである。ただ、和館に付加した大壁造の部屋は応接室というように表向きの場として設けられていたのに対して、洋館に付加した真壁造りの部屋は主婦や使用人が働く台所廻りというような内向きの場である。それは当時の和館と西洋館のおかれていた立場をよく示していたといえる。

さて、この「和館の〈洋風化〉」と「西洋館の〈和風化〉」という二つの動きは、大正期に至り活発化し、様々な方法が試みられることになる。その具体例は保岡の住宅に端的に見ることができる。すなわち、「和館の〈洋風化〉」は基本的には玄関廻りの諸室を応接室同様に大壁造とするというもので、それは、住宅の正面を西洋館的に統一するということを意味していた。そして、大正後期になると、正面だけではなく外壁全体を大壁造とする例も見られ、真壁系の住宅も外壁のみ大壁造へと移行する傾向がはっきりと見られる。この傾向に対し、内部は椅子座式の部屋も含めてすべて真壁造とするという試みも見られることになる。また、そのような〈洋風化〉の中で一室内の一部に畳を持ち込むことにより一室内で椅子座式と床座式を併用させたり、さらには、床座式部分を一段高くして椅子座式と対応させるという起居様式の融合化の試みも大正後期以降行われている。

一方、「西洋館の〈和風化〉」は、明治末期の西洋館の背後に真壁造の部屋を付加するという方法とともに、明治末期には新たに西洋館内部への畳の導入から畳の敷かれた部屋を真壁造とするという方法が試みられ、また、大正後期になると真壁系の住宅同様に畳の部屋の床を一段高くして椅子座式の生活と融合させるという試みが見られる。なお、西洋館の背後に真壁造の部屋を付加するという方法も同時に見られるが、付加された部屋は客間という表向きの場へと変化している。

このような〈和風化〉と〈洋風化〉による真壁系の住宅と大壁系の住宅の歩み寄りは大正・昭和初期と続き、昭和一〇年代に大壁造ながら真壁造の雰囲気を継承している吉田五十八の住宅が提示されることになる。

ここで、もう一度、確認するならば、日本の近代住宅の誕生の過程を端的に述べれば、伝統的な在来住宅と新たに導入された欧米住宅をどのようにして一つの住宅としてまとめていくのかということであった。言いかえれば、生活様式としては、床座と椅子座のどちらにするのか、あるいは、どう使い分けていくのか、また、デザイン(住宅様式)としては在来住宅と西洋館という欧米住宅のどちらにするのか、あるいは、どう新たに構築していくのか、という問いに対する解答の歴史であったと考えられるのである。とすれば、大壁造の建築に真壁造の建築空間を持ち込むことは「西洋館の〈和風化〉」の現象であり、真壁造の建築に大壁造の建築空間を持ち込むことは「和館の〈洋風化〉」の現象と言えるし、さらには、この現象は〈壁〉に代表される建築の違いや起居様式の違いを伝統的様式として持ち合わせていたわが国特有の住宅の近代化の特徴でもあると考えられるのである。

さて、この吉田の住宅を明治以降の一つの到達点とすることをもっとはっきり示したのが図2である。これは、縦軸に〈大壁造〉〈真壁造〉、横軸に〈椅子座式〉〈床座式〉を取ったもので、その平面座標上に②—⑬の住宅を配置したものである。ちなみに、この図によれば、伝統的な和館と西洋館は共に第一座標と第三座標の中央に位置し、「和館の〈洋風化〉」と「西洋館の〈和風化〉」という現象は、それぞれの位置から原点に向かうベクトルとして認識できることになる[図3]。そして、原点は、〈和風化〉と〈洋風化〉との交点であり、本書では、意匠的には極めて伝統的な真壁造の雰囲気を継承しつつも壁は大壁を主体に真壁を混在した形式が見られること、起居様式にあっても一室内に椅子座式と床座式の混在した形式が採用されていること、の二点からこの原点に位置する住宅として吉田五十八の住宅を見ているのである。これらの図はあくまでもモデル化して並べており、実際の住宅とはやや異なる部分もあるが、おおまかな戦前期までの日本の住宅の近代化の概念図として見ていただきたい。

ただ、このような「和館の〈洋風化〉」と「西洋館の〈和風化〉」という見方は、基本的には「和館」あるいは「西洋館」という言葉が人々に具体的なイメージを抱かせた戦前期までの住宅を分析するのには有効と考えるが、戦後の住宅は新たな視点が必要と思われる。少なくとも戦後の住宅は、ここで注目した〈壁〉の問題からは解放されているように思えるし、さらには、伝統的建築に対する新しい理解の仕方がなされているからである。例えば、戦後の小住宅ブームの中で森博士の住宅で王朝時代の生活形式である「鋪設」という考え方を採用し「新日本調」というブームを興した清家清は、その採用した「鋪設」という考え方を「ルーズな使いかたというとだらしないというようにとられるかもしれないが、そういう意味ではなくて、ここは書斎とか、ここは居間というようなキチンと極まった西欧式の使いかたではなくて、和風のそれはなんとなく居間にもなっているし、書斎にもなっているというような、ルーズな使いかたもあってよいと思う。和風のすまい方のなかには、こうした無限定な空間に鋪設——機能的な設営をすることで、現代的な意味での機能主義的なしつらえができるという伝統的な方法である」（『現代日本建築家全集　一六』）と述べている。ここでは、伝統性は意匠上の問題ではなく空間のあり方として認識されているのである。また、いわゆるモダンリビング

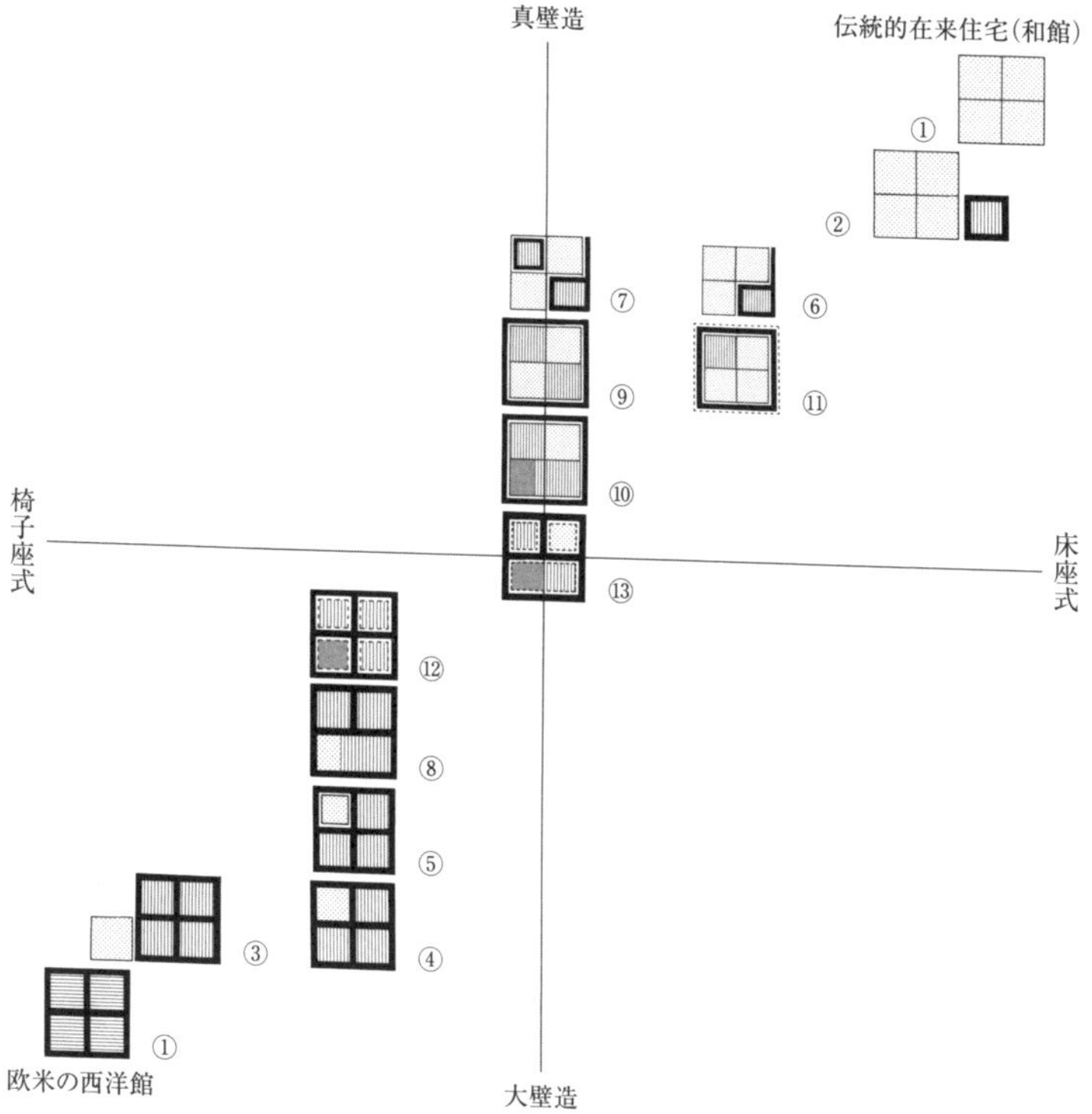

図2　系譜図

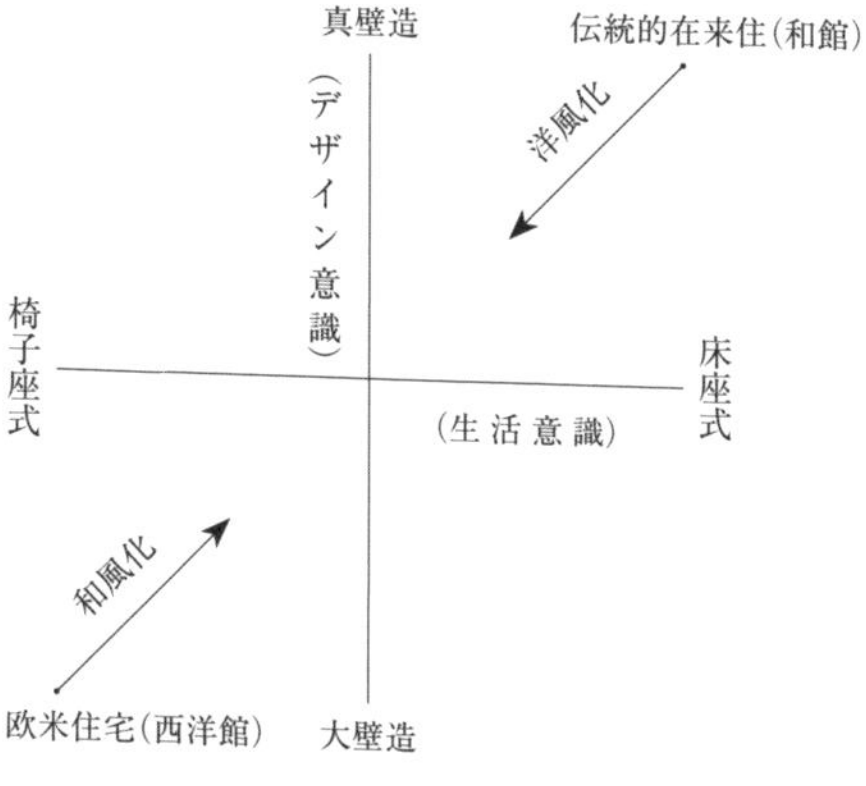

図3　わが国の住宅近代化の概念図

の流れを確立した吉村順三は、日本建築の特徴を「第一の特色は、流動的な自由な空間をもつということである。その他、伝統建築のすぐれた要素としては、純粋さ、誠実さ、それらからくる芸術性、この四つの要素が考えられるし、これらを近代技術の助けによって、ますます自由に発展させていくことによって、日本の建築家としては、ユニークな仕事を世界に示すことができると思う」とし、さらに、「これら(日本建築の特徴)を現代に生かすには、いたずらに文化財的な古典主義にもどるということでなく、これを新しい材料、新しい機械設備で生かすということが、必要である(括孤内筆者)」(『現代日本建築家全集　八』)と述べている。この吉村も伝統建築の第一の特徴として流動的な自由な空間というようにその空間性を挙げている。このように戦後になると伝統建築に対する理解の仕方が、その空間性として把握されるに従い、伝統性の継承として戦前期にこだわり続けた伝統的建築形式の採用という方法に固執することがなくなり始めていた。戦後、改めて〈和風〉と〈洋風〉の問題は新しい住宅の形成の過程で継承されるが、その内容は新たな視点と共に進展していたのである。まさに新たなる伝統性の継承の模索の始まりであった。

初出一覧

本書の基となった『住宅金融月報』に連載した「住宅の近代化に生きた人々」（一九九〇年四月号から一九九一年三月号にわたって連載）を一覧として以下に記す。

「1　商品としての住宅の誕生」（一九九〇年四月号）
「2　家庭博覧会と住宅」（一九九〇年五月号）
「3　『住宅改良会』と三角錫子」（一九九〇年七月号）
「4　中小西洋館の建設ブーム」（一九九〇年八月号）
「5　住宅作家山本拙郎と電気の家」（一九九〇年九月号）
「6　生活改善同盟について」（一九九〇年一〇月号）
「7　わが国初めての住宅論争」（一九九〇年一一月号）
「8　大正一一年の平和記念東京博覧会文化村住宅について」（一九九〇年一二月号）
「9　科学的住宅の追求者・藤井厚二」（一九九一年一月号）
「10　健康的住宅の探求者・山田醇」（一九九一年二月号）
「11　都市型住宅としてのアパートメント・ハウス」（一九九一年三月号）

あとがき

　これまで二〇年近く、主に日本の近代住宅について関心を抱いてきた。五年前、大学院時代に勉強していた近代住宅の変遷過程に関する事例を一冊の本にまとめる機会があった（『あめりか屋商品住宅――「洋風住宅」開拓史――』住まいの図書館出版局　一九八七・九）。それは、主として、本書でも触れている「あめりか屋」というわが国最初期の住宅専門の設計・施工の会社とその設立者の事績を通していわゆる「洋風住宅」がわが国で生まれ・定着する動きを述べたものであった。しかしながら、一企業の動きを中心に据えていたため、わが国の近代住宅の変遷過程を扱ったものではあるが、一般的動向を示すものとしてはもう少し扱う対象を広くすることが必要であった。

　本書は、そのような考えに基づき、対象をもう少し広げてわが国の近代住宅の変遷過程について論じたものである。特に最後に記した〈日本の近代住宅の系譜〉は、いま現在考えてる途中段階の私論である。本書の終わりに際し、私論を紹介したものの、全体の構成が私論を全面的に展開するものとはなっていないため、やはり最後が浮いてしまったようにも感じられ、新たな構成が必要であったのではと反省もしている。とりあえず批判を覚悟であえて載せてみた。まだ、論じなければならないことや、取り上げなければならない住宅や住宅作家の存在が気になるが、本書に対し多くの方からご批判やご教示をいただければ望外の幸いである。

ところで、本書は、平成二年五月から一年間日本住宅金融公庫の機関誌である『住宅金融月報』に連載した「住宅の近代化に生きた人々」に加筆修正を行って新たにまとめたものである。その連載は、元をただせば東京工業大学建築学科助教授（現・東京工業大学名誉教授）である八木幸二氏からのご紹介により始めさせていただいたもので、その意味では、八木氏は本書の生みの親とも言える。ここに記して感謝の意を表したい。また、本書をまとめるにあたっては、多くの方々に感謝しなければならない。記述内容においては当然ながら多くを先学の業績に負うている。その先学の人々全ての方々の名前を挙げることはできないが、明治期の上流階級の住宅に関しては国立小山高等工業専門学校教授（現・国立小山高等工業専門学校名誉教授）河東義之氏の研究の成果を利用させていただいた。また、東京大学生産技術研究所助教授（現・東京大学名誉教授）藤森照信氏からは助言と共に一連の研究成果から、いろいろ刺激を受けたり、特に住宅作家に関しては研究成果を利用させていただいた。また、山本拙郎に関しては未亡人であられる山本多賀子氏、遠藤新に関しては遠藤の住宅研究を続けられている井上祐一氏ならびに御子息氏遠藤楽氏、山田醇に関しては御子息の山田達也氏にいろいろとお世話になった。ここに記して感謝の意としたい。そして、最後に、本書の出版の労をとってくださった鹿島出版会の森田伸子氏に感謝したい。

一九九二年八月　家族とともに哲学堂にて

内田青藏

SD選書化にあたって

一九九二年に、幸いにも本書を出版した。その後、類似本がほとんどなかったこともあって、増刷を重ねることができた。その際には誤字脱字の変更だけで、本文にはほとんど手を加えずに今日まで来てしまった。一方、この四半世紀の間にわが国の近代住宅史研究の蓄積も増えてきた。著者としてはこのままいつまでも読んでもらいたいという気持ちの一方で、研究者としては新しい研究成果も加えながら本書を加筆修正していきたいという考えも強く持つようになった。そこで考えた方法は、思い切って大幅な加筆修正を行った新版とするか、あるいは、まったく異なった一冊を新たに書くか、の二つの方法であった。鹿島出版会の渡辺さんに相談したところ、そのままの内容で本書をSD選書に収めてはどうかという話であった。筆者としては、学生時代から憧れていたSD選書に本書を取り込んでいただけるのは大変光栄な話で、さっそくお願いした。いずれにせよ、加筆修正したいという思いはあるものの、本書で論じているわが国の住宅近代史の解釈は、今でも十分理解していただけるものと考えているし、取り上げた建築家や作品の歴史的評価はますます高くなっているように思う。その意味では、まだまだ本書は、近代住宅史の古典としての役割を担えるものと考えている。その思いもあり、SD選書化で本書が残ることをうれしく思う。今後は、新しい近代日本住宅史を完成させたいと考えている。完成のあかつきには改めて本書とあわせて、お読みいただければ望外の幸せである。

なお、SD選書化にあたっては、鹿島出版会の渡辺さんに大変お世話になった。また、図版準備にあたっては私の研究室に在籍する院生の大前香菜さんにお世話になった。ここに記して感謝したい。

二〇一五年一二月

内田青藏

図 17　遠藤新……遠藤楽氏所蔵
図 18　遠藤の卒業設計「シティホテル」……『東京帝国大学工学部建築学科卒業設計図集　明治大正時代』
図 19　明治村の帝国ホテル……内田撮影
図 20　明日館……内田撮影
図 21　山邑邸平面図および立面図……『重要文化財　旧山邑家住宅（淀川製鋼迎賓館）保存修理工事報告書』
図 22　近藤別邸外観、平面図……外観内田撮影、平面図は『住宅建築』1981 年 10 月号
図 23　加地邸外観および平面図……内田撮影、平面図は『住宅建築』1981 年 10 月号
図 24　遠藤新の建築展覧会……遠藤楽氏所蔵
図 25　クラインの動線理論……『建築世界』昭和 5 年 8 月号
表 1　保岡勝也の著作リスト

［**第 5 章**］
図 1　藤井厚二……『京都大学建築学教室六十年史』
図 2　第4回の実験住宅外観および環境調節図……『日本の住宅』
図 3　聴竹居外観、居間および客間内部、平面図、床下部分……外観・床下内田撮影、平面図、居間および客間内部は『聴竹居図案集』
図 4　山田醇……山田達也氏所蔵
図 5　ハーフティンバーの住宅……『住宅建築の実際』
図 6　山田の住宅……『住宅建築の実際』
図 7　辰野金吾自邸……『建築写真類聚　住宅の外観』
図 8　東郷青児による山田醇……山田達也氏所蔵
図 9　東郷青児の自邸外観および平面図……『新建築臨時増刊　昭和住宅史』1976 年
図 10　日光投射図
図 11　配置図
図 12　山田の住宅の壁ディテール
図 13　山田醇の典型的平面例……図 10 ～ 13 の 4 点とも『住宅建築の実際』
図 14　現存する山田醇の住宅外観および一・二階平面図……内田撮影、平面図は『住宅建築の実際』
図 15　事務所閉鎖を伝える新聞記事……『東京日日新聞』昭和 16 年 5 月 3 日
図 16　吉田五十八……『建築文化』昭和二七年七月号
図 17　吉田五十八による『庭園』表紙
図 18　明朗性の図……『昭和住宅物語』
図 19　杵屋別邸外観および内部、平面図……外観は内田撮影、他は吉田五十八記念芸術振興財団所蔵
図 20　吉屋信子邸座敷とベランダ、応接間、平面図……吉田五十八記念芸術振興財団所蔵
表 1　諸設備とその効果・リスト……「藤井厚二の体感温度を考慮した建築気候設計の理論と住宅デザイン」『日本建築学会計画系論文報告集』
表 2　山田醇の著作一覧

［**終章**］
図 1　系譜図……内田作成
図 2　系譜図……内田作成
図 3　わが国の住宅近代化の概念図……内田作成

作成
図 23　あめりか屋の広告……『住宅』大正7年5月号
図 24　旧徳川慶久邸外観……内田撮影
図 25　田辺邸外観……内田撮影
図 26　旧細川護立邸立面図……『住宅』大正6年8月号
図 27　ヴォーリズ『吾家の設計』『吾家の設備』表紙および旧朝吹山荘・昭和6年竣工……内田撮影
図 28　文化村全体配置図……『文化村の簡易住宅』
図 29　文化村の会場風景……『文化村の簡易住宅』
図 30　文化村出品住宅の外観および平面図……『平和記念東京博覧会出品文化村住宅設計図説』
1　生活改善同盟会
2　あめりか屋
3　島田藤吉
4　小沢慎太郎
5　東京木材問屋同業組合
6　日本セメント工業株式会社
図 31　青山アパート外観……内田撮影
図 32　江戸川アパート外観……内田撮影
図 33　森本厚吉……『東京文化学園五〇年史』
図 34　文化アパート外観および平面図……内田撮影、平面図は『建築雑誌』471号、大正14年6月
表 1　文部省の展覧会リスト……『日本博物館発達史』
表 2　東京の人口の変遷表……『東京百年史 4』
表 3　同潤会のアパートメント事業リスト……『近代日本建築学発達史』

［**第4章**］

図 1　保岡勝也……『新建築臨時増刊日本近代建築史再考』
図 2　和風を主とする折衷住宅例……2-1:『和風を主とする折衷小住宅』、2-2～2-4:『欧米化したる日本小住宅』
図 3　洋風を主とする折衷住宅例……3-1・3-2・3-4:『洋風を主とする折衷小住宅』、3-3:『日本化したる洋風小住宅』
図 4　保岡設計の住宅・山崎別邸外観および平面図……外観内田撮影、平面図は『改訂増補最新住宅建築』
図 5　山本拙郎……山本多賀子氏所蔵
図 6　『拙先生絵日記』より　外観、一・二階平面図および応接室内部パース……山本多賀子氏所蔵
図 7　山本忠興……『山本忠興伝』
図 8　電気の家外観、平面図および内部……『住宅』大正12年3・4月号
図 9　真壁式洋風住宅立面図、平面図および内部スケッチ……『住宅』大正11年3月号
図 10　大壁と真壁の図……『日本の住宅』
図 11　『拙先生絵日記』より　山本自邸スケッチ……山本多賀子氏所蔵
図 12　山本邸平面図……『住宅』大正12年3月号
図 13　山本の設計した上海の集合住宅……山本多賀子氏所蔵
図 14　ライトと日本の弟子たち……遠藤楽氏所蔵
図 15　ウィリッツ邸外観および平面図……内田撮影、平面図は『フランク・ロイド・ライト建築の理念』
図 16　シカゴ博の日本館……「一八九三年シカゴ万国博における鳳凰殿の建設経緯について」

立面図……『JORNAL OF THE ROYAL INSTITUTE OF BRITISH ARCHITECTS』V. XIV、1907年

図11　橋口信助　……山田俊子氏所蔵

図12　橋口商店　……山田俊子氏所蔵

図13　「シアーズ」のメール・ハウスのカタログ……『HOUSE BY MAIL』より

図14　明治末に日本に紹介されたアメリカの組立住宅……『建築雑誌』明治43年279号

図15　橋口の持ち帰った組立住宅の一例……『建築写真類聚　住宅の外観』

図16　バンガローの一例……『バンガロー式　明快な中流住宅』

図17　グラバー邸外観および平面図……福重涼太撮影、平面図は『重要文化財旧グラバー住宅修理工事報告書』

図18　オルト邸外観および平面図……内田撮影、平面図は『重要文化財旧オルト住宅修理工事報告書』

表1　コンドルの住宅関係作品リスト……内田作成。『建築雑誌』402号、大正9年を基に作成。様式などは河東義之編『コンドル図面集』を参考とした

［第3章］

図1　家庭博覧会の開催を告げる新聞記事……『国民新聞』大正4年3月18日

図2　一畳半の台所……『国民新聞』大正4年4月29日

図3　羽仁もと子出品の裁縫室と納戸……『理想の家庭』

図4　日本女子大学校出品の子供室……『理想の家庭』

図5　国民新聞社出品の中流住宅平面図および書斎内部パース……『理想の家庭』

図6　あめりか屋本店……『THE AMERICAN ARCHITECT』1917年10月号

図7　三角錫子……『トキワ松六〇年史』

図8　橋口の「千五百圓で出来る洋風の住宅」……『婦人之友』明治44年8月号

図9　三角自邸1階平面……『主婦之友』大正5年6月号

図10　クリスティーン・フレデリックの平面……『アメリカンホームの文化史』

図11　ヴォーリズの台所……『吾家の設計』

図12　ビゴーの風刺画……『ビゴー素描コレクション　二』

図13　『住宅』創刊号表紙……『住宅』

図14　『住宅』誌上の最初のコンペ当選案平面図および立面図……『住宅』大正6年3月号

図15　住宅改良会出品作品の模型写真および平面図……『住宅』大正9年1月号

図16　三角錫子の出品した「半坪の主婦書斎」……『住宅』大正9年1月号

図17　E. ハワードの田園都市のダイアグラム……『明日の田園都市』

図18　佐野利器出品の「規格住宅」模型写真……『住宅』大正9年1月号

図19　展覧会に出品された風刺画……国立科学博物館所蔵資料

図20　田辺淳吉の改良住宅……『住宅家具の改善』

図21　大正一二年当時の田園都市株式会社広告……『東京朝日新聞』大正12年10月

図22　あめりか屋の住宅の建設地状況（大正五年から昭和一八年）……内田

図版出典

［**第1章**］

図1　築地ホテル館外観錦絵……『都市紀要　築地居留地』

図2　開智学校立面図……『重要文化財開智学校保存修理工事報告書』

図3　銀座煉瓦街大通り……『明治大正建築写真聚覧』

図4　泉布観外観……『明治大正建築写真聚覧』

図5　洋服姿の天皇……内田所蔵絵葉書

図6　明治宮殿外観……『明治工業史 建築編』

図7　明治宮殿内部……『明治工業史 建築編』

図8　黒田邸外観……『建築雑誌』150号、明治32年

図9　岩崎茅町邸外観・塔屋部分外観……姜明采撮影、平面図は『最新住宅建築』

図10　山縣有朋別邸1・2階平面図・立面図……『建築雑誌』37号、明治23年

図11　「A PRINCE' S RESIDENCE」（明治15年　河合浩蔵設計）

図12　「A NOBLEMAN' S MANSION」（明治18年　渡邊五郎設計）

図13　「A DWELLING HOUSE」（明治35年　清水清三郎設計）

図14　「A VILLA AT SEA-SIDE」（明治37年　加護谷祐太郎設計）

図15　「A SUBURBAN HOUSE」（明治38年　弘中儀一設計）

図16　「住宅」（明治43年　安井武雄設計）

図17　「A MANSION」（大正2年　増田清設計）

図18　「共同住宅」（富永長治設計、大正7年）

図19　「職工長屋」（矢田茂設計、大正9年）

図11から図19まで……『東京帝国大学工学部建築学科卒業計画図集　明治大正時代』

図20　岡本が紹介している改良住宅の例……『建築雑誌』142号、明治31年

図21　北田考案の和洋折衷住宅平面図および立面図……『建築雑誌』144号、明治31年

［**第2章**］

図1　ジョサイア・コンドル……『建築画報』6巻3号、大正4年

図2　有栖川宮邸外観……『建築雑誌』402号、大正9年

図3　コンドルのハーフティンバー様式の住宅例、今村邸外観……『建築雑誌』402号、大正9年

図4　明治四二年の紳士邸宅建築設計応募図案一等当選案……『建築世界』明治42年9月号

図5　古河邸外観および平面図……『建築雑誌』402号、大正9年

図6　武田五一……『建築画報』大正4年、6巻4号

図7　福島邸一・二階平面図および立面図……『建築世界』明治42年3巻11・12号

図8　天鏡閣外観および暖炉タイル詳細……内田撮影、暖炉タイルは『重要文化財天鏡閣保存修理工事報告書』

図9　松本邸外観および内部……『重要文化財　旧松本邸保存修理工事報告書』

図10　西オーストラリアの住宅平面図および

- 中島邦「大正期における生活改善運動」『史艸』第15号、1974年
- 日向進「仰木魯堂」『新住宅』1990年11月号
- 原田勝弘「森本厚吉：生活改善運動の使徒」『近代日本の生活研究』光生館、1982年
- 樋口清「遠藤新の住宅建築」『住宅建築』1983年2月号
- 樋口清「わが国における有機的建築家 遠藤新の建築論」『日本建築学会論文報告集』69号、1961年10月
- 藤岡洋保「木子幸三郎」『新住宅』1990年4月号
- 藤岡洋保「日本の住宅を科学した藤井厚二」『新住宅』1990年9月号
- 藤岡洋保「アントニン・レイモンド」『新住宅』1990年10月号
- 藤島亥治郎「豪商　寛ぎの邸」『新住宅』1991年5月号
- 藤森照信「丸の内をつくった建築家たち：むかし・いま」『別冊新建築　三菱地所』1992年
- 藤谷陽悦「我が国の公営住宅の先駆『同潤会』」『新住宅』1990年12月号
- 藤谷陽悦「幻の田園都市」『生活文化史』第20号1991年
- 堀越哲美・堀越英嗣「藤井厚二の体感温度を考慮した建築気候設計の理論と住宅デザイン」『日本建築学会計画系論文報告集』386号、1988年4月
- 町田玲子「都市住宅における家事労働の住空間的条件の変遷」『日本建築学会計画系論文報告集』363号、1986年5月
- 三島雅博「1893年シカゴ万国博における鳳凰殿の建設経緯について」『日本建築学会計画系論文報告集』429号、1991年11月
- 森田俊雄「住宅改造会と機関誌「住宅研究」について」『大阪府立図書館紀要』第26号、1990年
- 山形政昭「ウィリアム・メレル・ヴォーリズ」『新住宅』1990年5月号
- 「近代日本の百冊を選ぶ」『現代』1991年1月号
- 山本多賀子「山本拙郎のこと」『富士見町教会旧会堂のこと』日本基督教団富士見町教会、1985年
- 「数寄屋造りの詳細吉田五十八研究」『住宅建築別冊』17、1985年
- 『昭和住宅史』新建築臨時増刊号、1976年
- 『日本近代建築史再考』新建築臨時増刊号、1974年
- 『日本の建築家』新建築臨時増刊号、1981年
- 「リベラルな士族建築家　武田五一先生」『建築士』1959年11月号
- 「女子建築教育の草分け　佐藤功一先生」『建築士』1959年12月号
- 「粋な建築芸術家　岡田信一郎先生」『建築士』1960年9月号
- 「日本のライト　遠藤新」『建築士』1962年4月号
- 「不世出の偉人　佐野利器」『建築士』1962年9月号
- 「住宅建築の先覚者　藤井厚二先生」『建築士』1965年4月号

・ 村松貞次郎『日本近代建築の歴史』日本放送出版協会、1977 年
・ 村山裕三『アメリカに生きた日本人移民』東洋経済新報社、1989 年
・ 森末義彰・他『体系日本史叢書 17　生活史 III』山川出版社、1969 年
・ 安島博幸・十代田朗『日本別荘史ノート』住まいの図書館出版局、1991 年
・ 山形政昭『ヴォーリズの建築』創元社、1989 年
・ 山形政昭『ヴォーリズの住宅』住まいの図書館出版局、1988 年
・ 山口廣編『郊外住宅地の系譜』鹿島出版会、1987 年
・ 山田正吾・森彰英『家電今昔物語』三省堂、1983 年
・ 山本忠興博士伝記刊行会『山本忠興伝』1953 年
・ 吉田五十八『銭舌抄』新建築社、1980 年
・『明治大正図誌 1 ～ 3』筑摩書房、1979 年
・『日本の建築明治大正昭和 1 ～ 10』三省堂、1979 年～ 1982 年
・『吉田五十八作品集　改訂版』新建築社、1980 年
・『夏目漱石と美術』富士美術館、1989 年
・『異文化への理解』東京大学出版会、1988 年
・『日本の目と空間』セゾン美術館、1990 年
・『日本の目と空間 II』セゾン美術館、1992 年
・『遠藤新生誕一〇〇年記念』INAX、1989 年
・『日本タイル博物誌』INAX、1991 年
・『東京駅と辰野金吾』東日本旅客鉄道株式会社、1990 年
・『戦前の住宅政策の変遷に関する調査(8)』日本住宅総合センター、1988 年

［**雑誌・論文など**］

・ 足立裕司「武田五一とアール・ヌーヴォー」『日本建築学会計画系論文報告集』357 号、1985 年 11 月
・ 足立裕司「野口孫市」『新住宅』1990 年 2 月号
・ 安西園恵「保岡勝也の経歴と作品について」『日本建築学会大会学術講演梗概集』1992 年 8 月
・ 石田潤一郎「武田五一」『新住宅』1990 年 3 月号
・ 礒野さとみ「生活改善同盟会に関する一考察」『昭和女子大学学苑』第 621 号、1990 年 7 月
・ 内田青藏「海外からもたらされた二つのコロニアル住宅」『月刊文化財』1987 年 9 月
・ 内田青藏「山田醇」『新住宅』1990 年 6 月
・ 内田青藏「住宅専門会社「あめりか屋」創立者橋口信助と技師長山本拙郎」『新住宅』1990 年 7 月号
・ 内田青藏「大正・昭和初期の生活改善運動に関する一考察」『生活文化史』第四号 1990 年
・ 河東義之「ステータスシンボルとしての洋館」『月刊文化財』1987 年 12 月
・ 河東義之「ジョサイア・コンドル」『新住宅』1990 年 1 月号
・ 崔康勲「遠藤新」『新住宅』1990 年 8 月号
・ 関根孝「建築環境工学のあけぼの：森林太郎の業績を中心に」『建築雑誌』1984 年 11 月

1988
- 司馬遼太郎『明治という国家』日本放送出版協会、1988年
- 鈴木博之・初田亨編『図面でみる都市建築の明治』柏書房、1990年
- 砂川幸雄『建築家吉田五十八』晶文社、1991年
- 生活研究同人会『近代日本の生活研究』光生館、1982年
- 世田谷住宅史研究会『世田谷の住居』世田谷区、1991年
- 高杉造酒太郎『建築人国雑記』日刊建設工業新聞社、1973年
- 多木浩二『天皇の肖像』岩波書店、1988年
- 谷川正己『ライトと日本』鹿島出版会、1977年
- 谷川正己『建築の発想』朝日新聞社、1985年
- 津金澤聰廣『宝塚戦略』講談社、1991年
- 東京都『銀座煉瓦街の建設』1955年
- 東京都『東京百年史』第四巻、1972年
- 東京都『都市紀要　四　築地居留地』1957年
- 東大建築学科木葉会編『東京帝国大学工学部建築学科卒業計画図集　明治大正時代』洪洋社、1928年
- 中根君郎・江面嗣人・山口昌伴『ガス灯からオーブンまで』鹿島出版会、1983年
- 中山千代『日本婦人洋装史』吉川弘文館、1987年
- 西山卯三『日本のすまい』勁草書房、1976年
- 日本建築学会編『近代日本建築学発達史』丸善、1972年
- 日本史籍協会編『明治天皇行幸年表』東京大学出版会、1982年復刻
- 野田正穂・中島明子『目白文化村』日本経済評論社、1991年
- 芳賀徹・清水勲・酒井忠康・川本皓嗣『ビゴー素描コレクション1・2・3』岩波書店、1989年
- 長谷川堯『神殿か獄舎か』相模書房、1972年
- 長谷川堯『都市回廊』相模書房、1975年
- 長谷川堯『建築有情』中央公論社、1977年
- ハル・松方・ライシャワー『絹と武士』文芸春秋、1987年
- 平井聖『日本住宅の歴史』日本放送出版協会、1974年
- 福田晴虔『日本の民家　8　洋館』学習研究社、1981年
- 藤森照信『明治の東京計画』岩波書店、1982年
- 藤森照信『昭和住宅物語』新建築社、1990年
- 藤森照信・小泉和子『アール・ヌーヴォーの館：旧松本健次郎邸』三省堂、1986年
- 堀越三郎『明治初期の洋風建築』南洋堂書店、1973年
- 南博編『日本モダニズムの研究』ブレーン出版、1982年
- 宮津小五郎『同潤会十八年史』1942年
- 村松貞次郎『西洋館を建てた人々』南洋堂、1965年
- 村松貞次郎『日本建築家山脈』鹿島出版会、1965年
- 村松貞次郎『お雇い外国人』鹿島出版会、1976年
- 村松貞次郎『日本近代建築技術史』彰国社、1976年

参考文献

・ 稲垣栄三『日本の近代建築』丸善、1959年
・ 上原敬二『この目で見た造園発達史』この目で見た造園発達史刊行会、1983年
・ 内田青藏『住宅改良会の活動からみた大正・昭和初期(戦前)における洋風系独立住宅の導入と成立に関する研究』私家版、1986年
・ 内田青藏『あめりか屋商品住宅』住まいの図書館出版局、1987年
・ 近江栄『建築設計競技』鹿島出版会、1985年
・ 近江栄・藤森照信編『近代日本の異色建築家』朝日新聞社、1984年
・ 大河直躬『住まいの人類学』平凡社、1986年
・ 太田博太郎編『住宅近代史』雄山閣、1969年
・ 小木新造『東京庶民生活史研究』日本放送出版協会、1979年
・ 奥出直人『アメリカンホームの文化史』住まいの図書館出版局、1988年
・ 小野一成『鹿島建設の歩み』鹿島出版会、1989年
・ 小野木重勝『明治洋風宮廷建築』相模書房、1983年
・ 小能林宏城『建築について』相模書房、1965年
・ 開国百年記念文化事業会編『明治文化史1～14』原書房、1979～1981年
・ 学術文献普及会『明治工業史建築篇』1968年
・ 柏木博『近代日本の産業デザイン思想』晶文社、1979年
・ 柏木博・藤森照信・布野修司・松山巌『建築作家の時代』リブロポート、1987年
・ 加藤百合『大正の夢の設計家』朝日新聞社、1990年
・ 神島二郎『近代日本の精神構造』岩波書店、1961年
・ 川添登『今和次郎・その考現学』リブロポート、1987年
・ 河東義之『ジョサイア・コンドル建築図面集1～3』中央公論美術出版、1980～1981年
・ 川本彰『近代文学に於ける「家」の構造』社会思想社、1973年
・ 木村徳国『日本近代都市独立住宅様式の成立と展開に関する史的研究』私家版、1959年
・ 桐敷真次郎『明治の建築』日本経済新聞社、1966年
・ 栗田勇監修『現代日本建築家全集　三　吉田五十八』三一書房、1974年
・ 栗田勇監修『現代日本建築家全集　八　吉村順三』三一書房、1972年
・ 栗田勇監修『現代日本建築家全集　十六　清家清』三一書房、1974年
・ 小泉和子『家具と室内意匠の文化史』法政大学出版局、1979年
・ 小泉秀雄『健康のための住宅読本』岩波ブックレットNo.179、岩波書店、1990年
・ 神代雄一郎『近代建築の黎明』美術出版社、1963年
・ 児玉定子『日本の食事様式』中央公論社、1980年
・ 坂本勝比古『明治の異人館』朝日新聞社、1965年
・ 坂本勝比古『西洋館』小学館、1977年
・ 椎名仙卓『日本博物館発達史』雄山閣出版、1988年
・ 宍戸実『軽井沢別荘史』住まいの図書館出版局、1987年
・ 週刊朝日編『値段史年表』朝日新聞社、

［**著者**］

内田青藏（うちだ・せいぞう）

工学博士。一九五三年秋田県生まれ。一九七五年神奈川大学工学部建築学科卒業。一九八三年東京工業大学大学院理工学研究科建築学専攻博士課程退学。文化女子大学造形学部住環境学科教授、埼玉大学教育学部教授を経て、二〇〇九年より神奈川大学工学部建築学科教授。また、神奈川大学非文字資料研究センター長を兼務。なお、本書で一九九四年度日本建築学会奨励賞受賞。二〇〇四年度日本生活学会今和次郎賞受賞。二〇一二年度日本生活文化史学会賞受賞。

著書に『郊外住宅地の系譜：東京の田園ユートピア』（共著、鹿島出版会）、『あめりか屋商品住宅』（住まいの図書出版）、『近代日本の郊外住宅地』（共著、鹿島出版会）『新版図説・近代日本住宅史』（共著、鹿島出版会）、『同潤会に学べ：住まいの思想とそのデザイン』（王国社）、『「間取り」で楽しむ住宅読本』（光文社）、『お屋敷拝見』（河出書房新社）ほか。

本書は一九九二年に刊行した同名書籍の改訂・新装版です。

SD選書 266

日《に》本《ほん》の近《きん》代《だい》住《じゅう》宅《たく》

二〇一六年一月三〇日　第一刷発行

著者　内田《うちだ》青藏《せいぞう》

発行者　坪内文生

発行所　鹿島出版会

〒一〇四—〇〇二八　東京都中央区八重洲二—五—一四

電話〇三（六二〇二）五二〇〇

振替〇〇一六〇—二—一八〇八八三

印刷・製本　三美印刷

ISBN 978-4-306-05266-6　C1352

©Seizo UCHIDA, 2016, Printed in Japan

落丁・乱丁本はお取り替えいたします。

本書の無断複製（コピー）は著作権法上での例外を除き禁じられています。

また、代行業者等に依頼してスキャンやデジタル化することは、

たとえ個人や家庭内の利用を目的とする場合でも著作権違反です。

本書の内容に関するご意見・ご感想は左記までお寄せください。

URL: http://www.kajima-publishing.co.jp　e-mail: info@kajima-publishing.co.jp

SD選書目録

四六判（*＝品切）

001 現代デザイン入門 勝見勝著
002* 現代建築12章 L・カーン他著 山本学治訳編
003* 都市とデザイン 栗田勇著
004* 江戸と江戸城 内藤昌著
005 日本デザイン論 伊藤ていじ著
006* ギリシア神話と壺絵 沢柳大五郎著
007 フランク・ロイド・ライト 谷川正己著
008 きもの文化史 河鰭実英著
009 素材と造形の歴史 山本学治著
010* 今日の装飾芸術 ル・コルビュジエ著 前川国男訳
011 コミュニティとプライバシイ C・アレグザンダー著 岡田新一訳
012* 新桂離宮論 内藤昌著
013 日本の工匠 伊藤ていじ著
014 現代絵画の解剖 木村重信著
015 ユルバニスム ル・コルビュジエ著 樋口清訳
016* デザインと心理学 穐山貞登著
017 私と日本建築 A・レーモンド著 三沢浩訳
018* 現代建築を創る人々 神代雄一郎編
019 芸術空間の系譜 高階秀爾著
020 日本美の特質 吉村貞司著
021 建築をめざして ル・コルビュジエ著 吉阪隆正訳
022* メガロポリス J・ゴットマン著 木内信蔵訳
023 日本の庭園 田中正大著
024* 明日の演劇空間 尾崎宏次著
025 都市形成の歴史 A・コーン著 星野芳久訳
026* 近代絵画 A・オザンファン他著 吉川逸治訳
027 イタリアの美術 A・ブラント著 中森義宗訳
028 明日の田園都市 E・ハワード著 長素連訳
029* 移動空間論 川添登著
030* 日本の近世住宅 平井聖著
031* 新しい都市交通 B・リチャーズ著 曽根幸一他訳
032* 人間環境の未来像 W・R・イーウォルド編 磯村英一他訳
033 輝く都市 ル・コルビュジエ著 坂倉準三訳
034 アルヴァ・アアルト 武藤章著
035* 幻想の建築 坂崎乙郎著
036* カテドラルを建てた人びと J・ジャンペル著 飯田喜四郎訳
037 日本建築の空間 井上充夫著
038* 環境開発論 浅田孝著
039* 都市と娯楽 加藤秀俊著
040* 郊外都市論 H・カーヴァー著 志水英樹訳
041* 都市文明の源流と系譜 藤岡謙二郎著
042* 道具考 榮久庵憲司著
043 ヨーロッパの造園 岡崎文彬著
044* 未来の交通 H・ヘルマン著 岡寿麿訳
045* 古代技術 H・ディールス著 平田寛訳
046* キュビスムへの道 D・H・カーンワイラー著 千足伸行訳
047* 近代建築再考 藤井正一郎著
048* 古代科学 J・L・ハイベルク著 平田寛訳
049 住宅論 篠原一男著
050* ヨーロッパの住宅建築 S・カンタクシーノ著 山下和正訳
051* 都市の魅力 清水馨八郎、服部銈二郎著
052* 東照宮 大河直躬著
053 茶匠と建築 中村昌生著
054* 住居空間の人類学 石毛直道著
055 空間の生命 人間と建築 坂崎乙郎著
056* 環境とデザイン G・エクボ著 久保貞訳
057* 日本美の意匠 水尾比呂志著
058* 新しい都市の人間像 R・イールズ他編 木内信蔵監訳
059 京の町家 島村昇他編
060* 都市問題とは何か R・パーノン著 片桐達夫訳
061 住まいの原型I 泉靖一編
062* コミュニティ計画の系譜 佐々木宏著
063* 近代建築 V・スカーリー著 長尾重武訳
064* SD海外建築情報I 岡田新一編
065* SD海外建築情報II 岡田新一編
066 天上の館 J・サマーソン著 鈴木博之訳
067 木の文化 小原二郎著
068* SD海外建築情報III 岡田新一編
069* 地域・環境・計画 水谷穎介著
070* 都市虚構論 池田亮二著
071 現代建築事典 W・ペーント編 浜口隆一他日本語版監修
072* ヴィラール・ド・オヌクールの画帖 藤本康雄著
073* タウンスケープ T・シャープ著 長素連他訳
074* 現代建築の源流と動向 L・ヒルベルザイマー著 渡辺明次訳
075* 部族社会の芸術家 M・W・スミス編 木村重信他訳
076 キモノ・マインド B・ルドフスキー著 新庄哲夫訳
077 住まいの原型II 吉阪隆正他著
078 実存・空間・建築 C・ノルベルグ＝シュルツ著 加藤邦男訳
079* SD海外建築情報IV 岡田新一編
080* 都市の開発と保存 上田篤、鳴海邦碩編
081* 爆発するメトロポリス W・H・ホワイトJr.他著 小島将志訳
082* アメリカの建築とアーバニズム（上） V・スカーリー著 香山壽夫訳
083* アメリカの建築とアーバニズム（下） V・スカーリー著 香山壽夫訳
084* 海上都市 菊竹清訓著
085* アーバン・ゲーム M・ケンツレン著 北原理雄訳

086* 建築2000 C・ジェンクス著 工藤国雄訳
087* 日本の公園 田中正大著
088* 現代芸術の冒険 O・ビハリメリン著 坂崎乙郎他訳
089* 江戸建築と本途帳 西和夫著
090* 大きな都市小さな部屋 渡辺武信著
091* イギリス建築の新傾向 R・ランダウ著 鈴木博之訳
092* SD海外建築情報V 岡田新一編
093* IDの世界 豊口協著
094* 交通圏の発見 有末武夫著
095 建築とは何か B・タウト著 篠田英雄訳
096* 続住宅論 篠原一男著
097* 建築の現在 長谷川堯著
098* 都市の景観 G・カレン著 北原理雄訳
099* SD海外建築情報VI 岡田新一編
100* 都市空間と建築 U・コンラーツ著 伊藤哲夫訳
101* 環境ゲーム T・クロスビイ著 松平誠訳
102* アテネ憲章 ル・コルビュジエ著 吉阪隆正訳
103* プライド・オブ・プレイス シヴィック・トラスト著 井手久登他訳
104* 構造と空間の感覚 F・ウイルソン著 山本学治他訳
105* 現代民家と住環境体 大野勝彦著
106* 光の死 H・ゼーデルマイヤ著 森洋子訳
107* アメリカ建築の新方向 R・スターン著 鈴木一訳
108* 近代都市計画の起源 L・ベネヴォロ著 横山正訳
109* 中国の住宅 劉敦楨著 田中淡他訳
110* 現代のコートハウス D・マッキントッシュ著 北原理雄訳
111 モデュロールI ル・コルビュジエ著 吉阪隆正訳
112 モデュロールII ル・コルビュジエ著 吉阪隆正訳
113* 建築の史的原型を探る B・ゼーヴィ著 鈴木美治訳
114 西欧の芸術1 ロマネスク上 H・フォシヨン著 神沢栄三他訳
115 西欧の芸術1 ロマネスク下 H・フォシヨン著 神沢栄三他訳
116 西欧の芸術2 ゴシック上 H・フォシヨン著 神沢栄三他訳
117 西欧の芸術2 ゴシック下 H・フォシヨン著 神沢栄三他訳
118* アメリカ大都市の死と生 J・ジェイコブス著 黒川紀章訳
119* 遊び場の計画 R・ダットナー著 神谷五男他訳
120 人間の家 ル・コルビュジエ他著 西沢信弥訳
121* 街路の意味 竹山実著
122* パルテノンの建築家たち R・カーペンター著 松島道也訳
123 ライトと日本 谷川正己著
124 空間としての建築(上) B・ゼーヴィ著 栗田勇訳
125 空間としての建築(下) B・ゼーヴィ著 栗田勇訳
126 かいわい[日本の都市空間] 材野博司著
127* 歩行者革命 S・プライネス他著 岡並木監訳
128 オレゴン大学の実験 C・アレグザンダー著 宮本雅明訳
129* 都市はふるさとか F・レンツローマイス著 武基雄他訳
130* 建築空間[尺度について] P・ブドン著 中村貴志訳
131* アメリカ住宅論 V・スカーリーJr.著 長尾重武訳
132* タリアセンへの道 谷川正己著
133* 建築VS.ハウジング M・ポウリー著 山下和正訳
134* 思想としての建築 栗田勇著
135* 人間のための都市 P・ペータース著 河合正一訳
136* 都市憲章 磯村英一著
137* 巨匠たちの時代 R・バンハム著 山下泉訳
138 三つの人間機構 ル・コルビュジエ著 山口知之訳
139 インターナショナル・スタイル H・R・ヒッチコック他著 武沢秀一訳
140 北欧の建築 S・E・ラスムッセン著 吉田鉄郎訳
141* 続建築とは何か B・タウト著 篠田英雄訳
142* 四つの交通路 ル・コルビュジエ著 井田安弘訳
143 ラスベガス R・ヴェンチューリ他著 石井和紘他訳
144 ル・コルビュジエ C・ジェンクス著 佐々木宏訳
145* デザインの認識 R・ソマー著 加藤常雄訳
146* 鏡[虚構の空間] 由水常雄著
147* イタリア都市再生の論理 陣内秀信著
148 東方への旅 ル・コルビュジエ著 石井勉他訳
149 建築鑑賞入門 W・W・コーディル他著 六鹿正治訳
150* 近代建築の失敗 P・ブレイク著 星野郁美訳
151* 文化財と建築史 関野克著
152* 日本の近代建築(上)その成立過程 稲垣栄三著
153* 日本の近代建築(下)その成立過程 稲垣栄三著
154 住宅と宮殿 ル・コルビュジエ著 井田安弘訳
155* イタリアの現代建築 V・グレゴッティ著 松井宏方訳
156 バウハウス[その建築造形理念] 杉本俊多著
157 エスプリ・ヌーヴォー[近代建築名鑑] ル・コルビュジエ著 山口知之訳
158* 建築について(上) F・L・ライト著 谷川睦子他訳
159 建築について(下) F・L・ライト著 谷川睦子他訳
160* 建築形態のダイナミクス(上) R・アルンハイム著 乾正雄訳
161 建築形態のダイナミクス(下) R・アルンハイム著 乾正雄訳
162 見えがくれする都市 槇文彦他著
163* 街の景観 G・バーク著 長素連他訳
164 環境計画論 田村明著
165* アドルフ・ロース 伊藤哲夫著
166* 空間と情緒 箱崎総一著
167 水空間の演出 鈴木信宏著
168* モラリティと建築 D・ワトキン著 榎本弘之訳
169* ペルシア建築 A・U・ポープ著 石井昭訳
170* ブルネッレスキ ルネサンス建築の開花 G・C・アルガン著 浅井朋子訳
171 装置としての都市 月尾嘉男著
172 建築家の発想 石井和紘著
173 日本の空間構造 吉村貞司著
174 建築の多様性と対立性 R・ヴェンチューリ著 伊藤公文訳
175 広場の造形 C・ジッテ著 大石敏雄訳
176 西洋建築様式史(上) F・バウムガルト著 杉本俊多訳
177 西洋建築様式史(下) F・バウムガルト著 杉本俊多訳
178 木のこころ 木匠回想記 G・ナカシマ著 神代雄一郎他訳

179* 風土に生きる建築 若山滋著
180* 金沢の町家 島村昇著
181* ジュゼッペ・テッラーニ B・ゼーヴィ編 鵜沢隆訳
182* 水のデザイン D・ベーミングハウス著 鈴木信宏訳
183* ゴシック建築の構造 R・マーク著 飯田喜四郎訳
184 建築家なしの建築 B・ルドフスキー著 渡辺武信訳
185 プレシジョン(上) ル・コルビュジエ著 井田安弘他訳
186 プレシジョン(下) ル・コルビュジエ著 井田安弘他訳
187* オットー・ワーグナー H・ゲレツェッガー他著 伊藤哲夫他訳
188 環境照明のデザイン 石井幹子著
189 ルイス・マンフォード 木原武一著
190 「いえ」と「まち」 鈴木成文他著
191 アルド・ロッシ自伝 A・ロッシ著 三宅理一訳
192 屋外彫刻 M・A・ロビネット著 千葉成夫訳
193 「作庭記」からみた造園 飛田範夫著
194 トーネット曲木家具 K・マンク著 宿輪吉之典訳
195 劇場の構図 清水裕之著
196 オーギュスト・ペレ 吉田鋼市著
197 アントニオ・ガウディ 鳥居徳敏著
198 インテリアデザインとは何か 三輪正弘著
199* 都市住居の空間構成 東孝光著
200 ヴェネツィア 陣内秀信著
201 自然な構造体 F・オットー著 岩村和夫訳
202 椅子のデザイン小史 大廣保行著
203 都市の道具 GK研究所、榮久庵祥二著
204 ミース・ファン・デル・ローエ D・スペース著 平野哲行訳
205 表現主義の建築(上) W・ペーント著 長谷川章訳
206* 表現主義の建築(下) W・ペーント著 長谷川章訳
207 カルロ・スカルパ A・F・マルチャノ著 浜口オサミ訳
208* 都市の街割 材野博司著
209 日本の伝統工具 土田一郎著 秋山実写真

210 まちづくりの新しい理論 C・アレグザンダー他著 難波和彦監訳
211* 建築環境論 岩村和夫著
212 建築計画の展開 W・M・ペニヤ著 本田邦夫訳
213 スペイン建築の特質 F・チュエッカ著 鳥居徳敏訳
214* アメリカ建築の巨匠たち P・ブレイク他著 小林克弘他訳
215* 行動・文化とデザイン 清水忠男著
216 環境デザインの思想 三輪正弘著
217 ボッロミーニ G・C・アルガン著 長谷川正允訳
218 ヴィオレ・ル・デュク 羽生修二著
219 トニー・ガルニエ 吉田鋼市著
220 住環境の都市形態 P・パヌレ他著 佐藤方俊訳
221 古典建築の失われた意味 G・ハーシー著 白井秀和訳
222 パラディオへの招待 長尾重武著
223* ディスプレイデザイン 魚成祥一郎監修 清家清序文
224 芸術としての建築 S・アバークロンビー著 白井秀和訳
225 フラクタル造形 三井秀樹著
226 ウイリアム・モリス 藤田治彦著
227 エーロ・サーリネン 穂積信夫著
228 都市デザインの系譜 相田武文、土屋和男著
229 サウンドスケープ 鳥越けい子著
230 風景のコスモロジー 吉村元男著
231 庭園から都市へ 材野博司著
232 都市・住宅論 東孝光著
233 ふれあい空間のデザイン 清水忠男著
234 さあ横になって食べよう B・ルドフスキー著 多田道太郎監修
235 間(ま)——日本建築の意匠 神代雄一郎著
236 都市デザイン J・バーネット著 兼田敏之訳
237 建築家・吉田鉄郎の『日本の住宅』 吉田鉄郎著
238 建築家・吉田鉄郎の『日本の建築』 吉田鉄郎著
239 建築家・吉田鉄郎の『日本の庭園』 吉田鉄郎著
240 建築史の基礎概念 P・フランクル著 香山壽夫監訳

241 アーツ・アンド・クラフツの建築 片木篤著
242 ミース再考 K・フランプトン他著 澤村明＋EAT訳
243 歴史と風土の中で 山本学治建築論集①
244 造型と構造と 山本学治建築論集②
245 創造するこころ 山本学治建築論集③
246 アントニン・レーモンドの建築 三沢浩著
247 神殿か獄舎か 長谷川堯著
248 ルイス・カーン建築論集 ルイス・カーン著 前田忠直編訳
249 映画に見る近代建築 D・アルブレヒト著 萩正勝訳
250 様式の上にあれ 村野藤吾著作選
251 コラージュ・シティ C・ロウ、F・コッター著 渡辺真理著
252 記憶に残る場所 D・リンドン、C・W・ムーア著 有岡孝訳
253 エスノ・アーキテクチュア 太田邦夫著
254 時間の中の都市 K・リンチ著 東京大学大谷幸夫研究室訳
255 建築十字軍 ル・コルビュジエ著 井田安弘訳
256 機能主義理論の系譜 E・R・デ・ザーコ著 山本学治他訳
257 都市の原理 J・ジェイコブズ著 中江利忠他訳
258 建物のあいだのアクティビティ J・ゲール著 北原理雄訳
259 人間主義の建築 G・スコット著 邉見浩久、坂牛卓監訳
260 環境としての建築 R・バンハム著 堀江悟郎訳
261 パタン・ランゲージによる住宅の生産 C・アレグザンダー他著 中埜博監訳
262 褐色の三十年 L・マンフォード著 富岡義人訳
263 形の合成に関するノート／都市はツリーではない C・アレグザンダー著 稲葉武司、押野見邦英訳
264 建築美の世界 井上充夫著
265 劇場空間の源流 本杉省三著
266 日本の近代住宅 内田青藏著